Gisela Haupt

SCHWARZGELD

So gehen Sie geschickt damit um

SÜDWEST

INHALT

Dem Finanzminister müssen die Augen tränen 6

Und plötzlich war die Ruhe vorbei 10

Was ist bei Bankenfahndungen erlaubt und was nicht? 10
Die Zulässigkeit von Kontrollmitteilungen 13
Ist eine Selbstanzeige für Bankkunden empfehlenswert? 18
Bankdurchsuchungen legen eine falsche Fährte 20

Das Schwarzgeld des kleinen Mannes 21

Werbungskosten 21
Lohnsteuerhinterziehung des Arbeitgebers 34
Die vielfältigen Entdeckungsmöglichkeiten des Finanzamtes bei Falschangaben 36
Übersicht: Wann das Finanzamt von Arbeitnehmern detaillierte Belege sehen will 38

Schwarzes Geld von anderen: Schenkungen und Erbschaften 40

Übersicht: Freibeträge bei Erbschaft- und Schenkungsteuer 41
Übersicht: Der Verwandtschaftsgrad bestimmt die Steuerklasse 42

Übersicht: Die Steuerklasse bestimmt den Steuersatz 42
Wie Finanzämter meistens vom neuen Reichtum Wind bekommen 43
Geschickte Weitergabe von Schwarzgeld 51
Warum Schenkungen gefährlicher sind als Erbschaften 54

Heimliche Kapital- und Renteneinkünfte 58

Das Geldwäschegesetz und seine Bedeutung im Besteuerungsverfahren 58
Geldanlagen im Inland – wie weit reicht das Bankgeheimnis in Deutschland? 63
Was zählt zu den Kapitaleinkünften, und wie werden sie versteuert? 65
Was passiert, wenn man Schwarzgeld anlegt? 69
Nichtversteuerte Renteneinkünfte – so fallen Sie auf! 71

Die Schwarzgeldkasse der Vermieter 73

Steuerumgehung durch Vermietung an Angehörige 75
Manipulationen mit Werbungskosten 76
Schwarzgeld-Einsatz für den Bau oder Kauf einer Immobilie 81
Ein heißes Eisen: die Auslandsimmobilie 89

Die schwarze Kasse der Unternehmer 91

Die »Steckenpferde« der Betriebsprüfer 92
Prüfen Sie, ob Ihre Zahlen mit den Richtsätzen übereinstimmen 98

Übersicht: Einzelhandel – Handelsspanne und Gewinn 98
Übersicht: Dienstleistungen und Handwerk 101
Laufende Schwarzeinnahmen 104

Wie erfährt das Finanzamt von Ihren heimlichen Schätzen? 105

Anzeigen aus dem persönlichen Umfeld 105
Ungereimtheiten bei Außenprüfungen des Finanzamts 106
Übersicht: Betriebsgrößenklassen und Zeiträume für Prüfungen 109
Oft gefährlicher: Prüfungen bei anderen Firmen 111
Kleine Fehler – große Folgen: Wie sich mancher selbst verrät 121

Wie Unternehmer beim Schummeln überführt werden 124

Die Aufgaben der Buchführung 125
Was jeder Unternehmer wissen muss 127
Die Außenprüfung des Finanzamts – wann droht sie? 138
Der Prüfer wird fündig – was passiert nun? 158

Steuerhinterziehung und die Möglichkeiten der Strafbefreiung 163

Innerhalb bestimmterer Fristen können Steuererklärungen berichtigt werden 163
Selbstanzeigen zur Vermeidung von Strafverfahren 165
Ausreden statt Selbstanzeigen – was bringen sie? 177

Die Arbeit der Steuerfahndung 184

Das Arbeitsprinzip der Steuerfahndung 185
Wann wird die Steuerfahndung tätig? 187
Wie das Steuerstrafverfahren eingeleitet wird 192
Durchsuchungen bei Banken – öffentlichkeitswirksamste Waffe 193
Beschlagnahme, Verhaftung – was dürfen Steuerfahnder? 197
Ermittlungsabschluss und Strafprozess 206

Auslandskonten und Steueroasen im Euro-Zeitalter 211

Flucht ins Ausland – Prominente machen es vor 212
Wie Auslandsvermögen aufgespürt wird 215
Kapitalflucht ins Ausland – nicht nur die Steuersätze sind wichtig 228
Fluchtpunkte in Europa von A bis Z 232
Fluchtpunkte außerhalb Europas 243

Denken Sie immer an das Beispiel von Al Capone 249

Abkürzungsverzeichnis 253
Impressum 254
Register 255

Dem Finanzminister müssen die Augen tränen

Alle reden darüber, das schwarze Geld beschäftigt Juristen ebenso wie Politiker. Aber doch tappen fast alle buchstäblich im Dunkeln. Denn niemand weiß genau, über welche Summen gesprochen wird.

Klar ist nur: Es handelt sich um Einnahmen oder Vermögen, das am Fiskus vorbei verdient wird, das in keiner Steuererklärung aufaucht, und dass durch diese heimlichen Einnahmen der öffentlichen Hand jährlich Milliarden Mark an Einnahmen verloren gehen.

Schätzungen zufolge beträgt allein der Anteil der Schattenwirtschaft, also der klassischen Schwarzarbeit, etwa zehn bis 15 Prozent des Bruttosozialprodukts. In Zahlen ausgedrückt: Dem Fiskus und den Sozialversicherungen entgehen dadurch pro Jahr Einnahmen in einer Größenordnung von über 50 Milliarden DM. Schon diese Zahlen zeigen: Schwarzgeld ist auch das Thema des »kleinen Mannes«, des Arbeitnehmers, des selbstständigen Einzelunternehmers.

Am Fiskus vorbei Geld verdienen

Bleiben noch die Milliarden an schwarzem Geld, die ohne Wissen des Fiskus irgendwo angelegt sind. Nimmt man nur mal die offiziellen Zahlen, bietet sich folgende Rechnung: Das gesamte »weiße« Privatvermögen der Bundesbürger beträgt weit über fünf Billionen DM. Genug, um daraus zehn Jahre lang den gesamten Bundeshaushalt zu bestreiten. Anders gerechnet: Könnte der Bundesfinanzminister pro Jahr nur ein Prozent dieses Vermögens in seine Kasse umleiten, hätte er bereits zehn Prozent seines gesamten Haushalts finanziert. Kein Wunder also, dass ihm beim Gedanken an diese Vermögen die Augen tränen und er mit seinen Helfern nach immer neuen Zugriffsmöglichkeiten sucht.

Nun geht es dem Finanzminister aber nicht nur um angelegtes Geld, das ja oft eher grau als schwarz ist. Denn in vielen

Fällen werden Schwarzgeld-Anlagen schließlich aus bereits einmal versteuertem Geld gebildet. Der Steuerzahler versucht also lediglich, der Doppelbesteuerung seiner ursprünglich weißen Einnahmen zu entgehen.
Brisanter ist für den Fiskus, dass sich die Schwarzgeldbildung auf alle Steuerarten bezieht. Dabei ist Schwarzgeld das Geld, mit dem Steuern hinterzogen werden.

Viele Steuerarten sind von der Schwarzgeldbildung betroffen

- Bei der Einkommensteuer sind es die heimlichen Einnahmen, mit denen die Einkommensteuer hinterzogen wird.
- Bei der Umsatzsteuer sind die Umsätze das Schwarzgeld, mit dem Steuern hinterzogen werden.
- Bei der Zinsabschlagsteuer ist es das heimliche Vermögen, mit dem diese Angabe entzogen wird.
- Und bei der Vermögensteuer schließlich war es das heimliche Vermögen, mit dem die Vermögensteuer hinterzogen wurde. Nun ist zwar die Vermögensteuer 1997 abgeschafft worden. Aber ihre Wiedereinführung war, unter welchem Namen auch immer, schon bei der Arbeit an diesem Buch geplant. Und so wird es wohl auch kommen, denn die desolate Finanzlage des Bundeshaushaltes lässt dem Kassenwart kaum eine andere Chance. Und was da zu holen ist, haben wir oben schon mal in Größenordnungen gefasst.

Schwarzgeld – das ist kein Thema nur für die »Reichen«

Es geht um zu viel Geld, als dass der Finanzminister das Thema schleifen lassen könnte. Und so gilt für den Fiskus eine einfache Definition: Wer Schwarzgeld bildet, handelt immer vorsätzlich in der festen Absicht, Steuern zu vermeiden oder zu verkürzen. Laut § 370 AO wird Steuerhinterziehung mit hohen Geld- oder Gefängnisstrafen sanktioniert. Und dabei handelt es sich eben um kein Thema, das man vielen Presseberichten zufolge nur als Problem der reichen Steuerflüchtlinge mit ihren hohen Anlagevermögen verstehen könnte. Denn die Steuerart, bei der am meisten hinterzogen wird, ist die Einkommensteuer – was angesichts der

Vor allem bei der Einkommensteuer wird Geld hinterzogen

hohen Steuersätze nicht verwunderlich ist. Und so wird das Thema Schwarzgeld eben doch zum Massenthema. Wobei sich die Schwarzgeldbilder der Illegalität ihres Handelns natürlich bewusst sind und versuchen, möglichst keine Spuren zu hinterlassen. Aber das gelingt bei weitem nicht immer. Denn wer heimliche Einnahmen oder Vermögen erzielen und auch steuerfrei behalten will, muss ganz schön clever sein, nicht erwischt zu werden.

Schwarzgeld durchaus ein Massenthema

Gerade weil nicht nur Millionäre und Prominente die oft als »Volkssport« bezeichnete Steuerhinterziehung betreiben, ist sie so brisant. Schon vor langer Zeit erkannte ein damaliger bayrischer Finanzminister, dass der Steuerspartrieb in Deutschland größer sei als der Fortpflanzungstrieb. Das ist nicht neu und wird sich auch mit den dubiosen Steuerplänen neuer Regierungsverantwortlicher in Bonn nicht ändern. Die ersehnte Steuerreform mit so einfachen Regeln, dass jeder ohne fremde Hilfe die Erklärungen für den Fiskus erstellen kann, mit niedrigen Steuersätzen und gerechten Grundregeln, ist weiter entfernt als je zuvor. Denn eine Reform bedeutet immer Vereinfachung und Verbesserung. Aber schon die Pseudo-Steuerreform ab 1999 hat wieder einmal nur Umverteilungen gebracht.

Steuerreform

Je nach Berechnungsmethode ergeben sich nämlich keine Erleichterungen, sondern allein für Unternehmer Netto-Mehrbelastungen von jährlich 34 Milliarden DM! Folge: Die Leistungsträger werden durch den Wegfall von steuerlichen Abzugsmöglichkeiten oder Freibeträgen mal wieder besonders gebeutelt. Dabei sind zur Eindämmung der hohen Arbeitslosigkeit sowie für den Konjunkturaufschwung gerade steuerliche Anreize für Arbeitgeber erforderlich.

Schuld an der Schwarzgeld-Problematik sind die Politiker

Wen wundert es, wenn angesichts steigender Lebenshaltungskosten und staatlicher Verschwendung die Steuermoral der Bürger sinkt. Im gleichen Maße aber wächst erfahrungsgemäß der Einfallsreichtum, Geld am Fiskus vorbei zu verdienen. Daran tragen aber die Politiker die Hauptschuld. Denn warum soll das steuerliche Gewissen seiner Geldlieferanten größer sein als das eigene? Die öffentliche Hand geht mit unseren Steuergeldern unverantwortlich und verschwenderisch um – ohne dafür ausreichende Rechenschaft ablegen, geschweige denn Sanktionen befürchten zu müssen. Die Fälle von Verschwendung bei Steuergeldern werden zudem – wenn überhaupt – nur schlampig aufgeklärt oder vor der Öffentlichkeit vertuscht. So fühlt sich der Steuerzahler von Vater Staat nicht nur angesichts fehlender Steuerreformen im Stich gelassen, sondern auch verraten und betrogen.

Öffentliche Hand – Verschwendung mit Steuergeldern

Solange sich hier nichts ändert, wird die Bildung heimlichen Vermögens wohl auch künftig Deutschlands beliebtester Volkssport bleiben. Wobei der Reiz nicht nur in der Steuerverkürzung, sondern auch darin liegt, sich nicht erwischen zu lassen.

Aus juristischen Gründen dürfen die folgenden Kapitel kein Ratgeber für Schwarzgeldbildung oder Steuerhinterziehung sein. Aber wir wollen (und dürfen) Ihnen aufzeigen, wie das Finanzamt Ihren Schwarzeinnahmen auf die Schliche kommen kann und mit welchen Sanktionen Sie rechnen müssen. Auch strafbefreiende Möglichkeiten werden ausführlich erörtert. Und wenn Ihnen das Pflaster in Deutschland angesichts anhaltender Bankenfahndungen zu heiß geworden ist, bleiben Ihnen immer noch attraktive Steueroasen, in denen Ihr Kapital herzlich willkommen ist!

Gisela Haupt & Team

Und plötzlich war die Ruhe vorbei

Großrazzien bei Geldinstituten

Jahrelang warben deutsche Großbanken mit dem Slogan »Reisen bildet – zum Beispiel Kapital!« Genau dies aber wurde vielen Anlegern zum Verhängnis. Nämlich allen, die über deutsche Konten Geld auf Konten ausländischer Tochterfilialen anlegten – natürlich unter Umgehung der deutschen Quellen- und Einkommensteuer. Zwar lief dies für die Anleger jahrelang prima – bis deutsche Steuerfahnder seit 1994 zu Großrazzien auf deutsche Geldinstitute ansetzten und quasi überall Steuerhinterziehungen in mehrstelliger Millionenhöhe aufgedeckt wurden.

Bis zum Redaktionsschluss dieses Buches fanden die derzeit bundesweit 2.035 Steuerfahnder in rund 100 Kreditinstituten Beweismaterial.

Und vom Erfolg verwöhnt, werden weitere Aktionen folgen. Niemand sollte sich jetzt schon zurücklehnen, weil er bislang nicht ertappt wurde. Denn ein Ende der Fahndungsaktionen ist nicht in Sicht.

Im Gegenteil: Die Verlängerung von steuerlichen Aufbewahrungsfristen seit dem 1. Januar 1999 erfolgte vor allem im Hinblick darauf, dass die Fahnder den Zugriff auf Beweismaterial lange behalten sollen.

Was ist bei Bankenfahndungen erlaubt und was nicht?

Flächenfahndungen sind rechtens

Die betroffenen Banken haben durch Anrufung des Bundesverfassungsgerichtes versucht, die Durchsuchungs-, Beschlagnahmungs- und Ermittlungsaktionen (kurz: Flächenfahndungen) zu unterbinden – ohne Erfolg. Im Gegenteil: Das Bundesverfassungsgericht antwortete mit zwei Entscheidungen, die den Fahndern weitgehende Befugnisse einräumen, wenn konkrete Hinweise auf Steuervergehen vorliegen. So heißt es im Beschluss Nr. 1 (BVerfG v. 23. März 1994, 2 BvR 396/94):

Die Banken müssen Durchsuchungen dann tolerieren, wenn den Ermittlungsbehörden Hinweise auf systematische Beihilfehandlungen für steuerhinterziehende Kunden durch Bankmitarbeiter vorliegen.

Strafrechtlicher Anfangsverdacht

In diesem Beispiel hatte die Bank Geld nach Luxemburg ohne Namensnennung transferiert, nur mit einer Kenn-Nummer. Die Zuordnung zum Anleger erfolgte über eine Konkordanzliste, zu der nur wenige Mitarbeiter Zugang hatten. Die Bank hatte außerdem in einem Zivilprozess erklärt, dass Schwarzgeldtransfers über anonyme Barschecks erfolgten. Bei diesen Fakten können die Ermittler von einem strafrechtlichen Anfangsverdacht ausgehen, der eine Durchsuchung und Beschlagnahmung von Beweismitteln rechtfertigt.
Ebenso brisant ist auch der Beschluss Nr. 2 (BVerfG v. 13. Dezember 1994, 2 BvR 894/94):

Die Banken müssen die Beschlagnahme von Bankunterlagen hinnehmen.

Besteuerungsgleichheit der Steuerpflichtigen

Die Steuerfahnder stellten bei den Durchsuchungen mehr als 40.000 Beweisstücke sicher. Hier genügt es, wenn die beschlagnahmten Dokumente zur weiteren Sachverhaltsaufklärung dienen können, z. B. zur Feststellung des Umfanges an Auslandsüberweisungen. Es ist nicht erforderlich, dass jedes einzelne Dokument bei dieser Beschlagnahme zunächst schon in einem erkennbaren Zusammenhang mit dem Tatbestand einer strafbaren Steuerhinterziehung steht. Das Gericht akzeptiert mit diesem Urteil, dass auch Unterlagen von Bankkunden, die keine Steuerhinterziehung begangen haben, beschlagnahmt und ausgewertet werden. Dies geschieht dann mit dem Argument, dass die Besteuerungsgleichheit aller Steuerpflichtiger gesichert werden müsse.

Nicht ins Blaue fahnden

Nun dürfen die Fahnder bei den Bankenermittlungen allerdings nicht ins Blaue hinein forschen – auch wenn dies für Außenstehende und Bankkunden so aussieht. Voraussetzung für eine Durchsuchung und Beschlagnahme von Beweisstücken ist die Erkenntnis der Finanzverwaltung, dass Steuerhinterziehung begangen wurde. Hier billigt das Bundesverfassungsgericht auch negative Auswirkungen auf das Bankensystem im Inland und den Finanzplatz Deutschland.

Unter Berücksichtigung der vom Bundesverfassungsgericht gesetzten Richtlinien haben Steuerfahnder im Bankenbereich fast unbegrenzte Ermittlungsmöglichkeiten, von denen der Bankkunde selbst als Letzter erfährt!

Woraufhin die Steuerfahnder aktiv werden

Beispiele für die Zulässigkeit einer Steuerfahndungsprüfung bei Banken aufgrund konkreter Hinweise und Erkenntnisse gibt es viele. Grünes Licht bekommt der Fiskus z. B. durch:

- Anzeigen dritter Personen, etwa von verlassenen Lebens-, verärgerten Geschäftspartnern, entlassenen Mitarbeitern
- Normale Steuerveranlagungsverfahren, bei denen der Sachbearbeiter aus den eingereichten Unterlagen oder unklaren Angaben in der Steuererklärung konkrete Hinweise für Schwarzgeld bzw. Schwarzkonten erhält
- Betriebsprüfung bei Unternehmern, etwa wenn der Betriebsprüfer mehrere Auslandsüberweisungen oder -kontakte feststellt, sogar Briefkastenfirmen vermutet oder hohe Zahlungen ins Ausland erfolgten, die im Inland zum Betriebsausgabenabzug führten
- Geldtransfers über CpD-Konten oder durch Verwendung von Codebezeichnungen
- Selbstanzeigen von Bankenmitarbeitern, die sich vor strafrechtlichen Konsequenzen ihrer Mittäterschaft schützen wollen. Oftmals beichten ehemalige Bankmitarbeiter sogar dem Fiskus die Praktiken der Hinterziehungsbeihilfe ihres ehemaligen Arbeitgebers, was eine Bankenfahndungsaktion bei der betreffenden Bank auslöst

- Selbstanzeigen von Bankkunden, die damit Straffreiheit erlangen wollen. Da hier oft auf die Hinterziehungs-Kooperativität der Bankmitarbeiter hingewiesen wird, lösen solche Geständnisse fast zwangsläufig Großfahndungen aus. Und dabei richtet sich das Interesse der Steuerfahnder besonders auf die Entdeckung unversteuerter ausländischer Kapitalanlagen.

Bankdurchsuchungen lösen immer eine Kettenreaktion aus

Die publikumswirksamen Massendurchsuchungen bei deutschen Banken dienten in großem Maße auch dazu, Kapitalanleger zu verunsichern. Und die Rechnung der Finanzverwaltung ging auf. Immer wieder wurden Kettenreaktionen ausgelöst. Kaum war die Nachricht einer Durchsuchung verbreitet, erleichterten auch schon Kapitalanleger ihr Gewissen durch eine Selbstanzeige. Logisch, dass diese quasi »nebenbei« erzielten Ergebnisse dann den eigenen Ermittlungserfolgen der Fahnder gern noch hinzugerechnet werden.

Bankdurchsuchungen folgen Selbstanzeigen

Über welche Größenordnungen wir hier sprechen, lassen einzelne Zahlen erkennen: So brachten allein die Durchsuchungsaktionen in hessischen Kreditinstituten bis Januar 1998 rund 15.000 Fälle unversteuerter Zinseinkünfte ans Tageslicht, hinzu kamen rund 3.500 Selbstanzeigen von Bankkunden. Die vom Fiskus geforderten Nachzahlungen betragen hier 170 Millionen DM. Und da die Steuerfahnder aus dem gesichteten Material täglich neue Hinterziehungsfälle entdecken, fließt noch viel mehr Geld in die Kassen der Finanzverwaltung.

Die Zulässigkeit von Kontrollmitteilungen

Was der Öffentlichkeit gar nicht oder weniger bewusst ist: Alle Banken und Sparkassen bekommen außerdem regelmäßig Besuch vom Betriebsprüfer. Die anlässlich dieser Außenprüfungen durch Einsichtnahme in bankinterne Konten gewonnenen Erkenntnisse dürfen jedoch nicht als Kon-

Regelmäßige Außenprüfungen

Finanzamt

Finanzamt

Hamburg	
Postfach	, 2____ Hamburg
Dienstgebäude	
Telefon - Durchwahl	Vermittl. ( ) Telefax
Bearbeiter(in)	Zimmer

Zutreffendes ist [X] angekreuzt

Sofort
KM zurücksenden, wenn Steuerpfl. unter der angegebenen Anschrift nicht zu ermitteln ist.

Geschäftszeichen

Kontrollmitteilung (KM)

zu den Steuerakten des / der Steuerpflichtigen

Name, Vorname oder Firma

Anschrift (Straße, Hausnr. Wohnort)

Dortige Steuernummer

1. Vorstehend genannte(r) Steuerpflichtige(r) hat

☐ erhalten ☐ erteilt ☐ getätigt / erbracht

☐ von ☐ an

Name, Vorname oder Firma

Anschrift (Straße, Hausnr. Wohnort)

☐ Zahlungen ☐ Gutschriften ☐ Lieferungen ☐ Leistungen ☐

lfd. Nr.	a) Zahlungstag b) Tag der Gutschrift c) Rechnungstag	Bruttobetrag DM	Pf	Im Betrag lt. Rechnung enthalt. Umsatzsteuer DM	Pf	Steuer - satz	Gegenstand des Geschäfts, für das Entgelt gezahlt worden ist; oder Bezeichnung und Menge der gelieferten Waren

- Bitte wenden -

OFD Hmb Bp 27

(Doc. N) 07.97

Angaben zur Zahlungsart

zur lfd. Nr.	bar (X)	**Bankverbindung** (Kontonummer und Bankleitzahl) des **Schuldners**	des **Empfängers**

2. ☐ Forderungen ☐ Schulden

Art der Forderung - Schuld -	Forderung - Schuld am	Betrag DM	Pf	Zinssatz v. H.

Unterschrift

Finanzamt

Verfügung

1. Steuerlich geführt unter Steuernummer

	Erledigt am	Nz.
Steuerliche Zuständigkeit ermitteln		

	Zurück am	Nz.
Steuerpflichtige(r) konnte nicht ermittelt werden; KM urschriftlich zurück an Einsender		

	Erledigt am	Nz.
2. Ausgewertet (Blatt ______) Ohne steuerliche Auswirkung.		

	Datum	Nz.
3. ☐ a) Bp vorgesehen		

	Datum	Nz.
☐ b) Bp angeregt		

4. ☐ Wiedervorlage (wg. Bp) am - Termin notieren - ☐ Z. d. A.

	Erledigt am	Nz.

Datum / Nz.

trollmitteilung an die Wohnsitzfinanzämter der Bankkunden geschickt werden. So steht es in § 30a Abs. 3 AO. Diese Vorschrift steht allerdings in Diskrepanz zum Inhalt des § 194 Abs. 3 AO. Denn danach darf der Außenprüfer die Bankunterlagen auswerten bzw. Kontrollmaterial erstellen, sofern ein hinreichender Anfangsverdacht besteht oder dies bedeutsam ist für die Feststellung einer unerlaubten Hilfeleistung in Steuersachen. Fatal dabei ist:

Hinreichender Tatverdacht muss gegeben sein

Der BFH hat entschieden, dass sich die Schutzzone des § 30a Abs. 3 AO nicht auf die bankinternen Sammelkonten (CpD-Konten) und Kreditkonten bezieht.

Fazit für den Steuerzahler: Es gibt keinen Schutz gegenüber dem Finanzamt. Und weil die Aufbewahrungsfrist sämtlicher Belege auf künftig zehn Jahre ausgedehnt ist, haben die Prüfer auch weiterhin umfangreiche Kontrollmöglichkeiten!

Verwertungsverbot erwirken

TIPP: Wenn Sie eine Kontrollmitteilung Ihres Finanzamtes aufgrund einer Bankenprüfung erhalten, sollten Sie auf dem Weg der einstweiligen Verfügung das Verwertungsverbot der bankinternen Unterlagen zu erwirken versuchen. Oft stammen die (unerlaubten) Kontrollmitteilungen nämlich aus Bankordnern, die mit dem eigentlichen Vorwurf der Beihilfe zur Steuerhinterziehung gegen Bankangestellte nichts zu tun haben.

Die Bank darf in einem Strafverfahren nur solche Unterlagen herausgeben, die für die jeweilige Anklage relevant sind – was aber fast nie beachtet wird!

Weitere Ansatzpunkte für die Finanzbehörden

Auch den Finanzbeamten ist die seinerzeit aggressive Werbung der Banken bezüglich Auslandsgeldanlagen nicht entgangen. Waren sie doch für die Anleger hauptsächlich dann attraktiv, wenn die Anlagen und Erträge nicht versteuert werden sollten. Daher werden seit einigen Jahren verstärkt noch andere Methoden gewählt, solche meist heimlichen Kapitalanlagen aufzudecken.

Außer den Durchsuchungen kann die Finanzverwaltung nämlich noch durch folgende Aktivitäten Kenntnisse von (heimlichen) Auslandskontenverbindungen erlangen:

Sammelauskunft

Sammelauskunftsersuchen bei Banken über Geldtransfers ins Ausland. Diese flächendeckenden Kontrollen sind nach dem BFH-Urteil vom 24. Oktober 1989 (VII R 1/87) dann zulässig, wenn konkrete Anhaltspunkte für Steuerverkürzungen vorliegen oder entsprechende Erfahrungswerte dafür sprechen.

Hier reicht es z. B. schon, wenn die Finanzverwaltung aufgrund einer Prognoseentscheidung zu dem objektiv nachvollziehbaren Schluss kommt, dass die Sammelauskunft zur Aufdeckung wichtiger steuerrechtlicher Sachverhalte führt.

TIPP: Für die Finanzverwaltung bietet eine Auslandsanlage immer einen Hinweis auf Steuerhinterziehung. Wenn Sie nichts zu verbergen haben, sollten Sie Auslandseinkünfte in der Steuererklärung nicht verheimlichen und auch deren Kapitalherkunft freiwillig offen legen. Dann bleiben Ihnen lästige Anfragen und/oder weitreichendere Ermittlungen der Finanzverwaltung erspart!

Wichtigste Grundregel für Anleger: Behalten Sie die Nerven!

Vorschnelle Selbstanzeige

Die Finanzverwaltung versucht, Bankmitarbeiter und Bankkunden zur kollektiven Selbstanzeige zu überreden. Das Lockmittel ist simpel und erfolgreich: Die Betroffenen würden dann strafrechtlich nicht weiter belangt, die hinterzogenen Steuern müssten dann jedoch zuzüglich Strafzinsen entrichtet werden.

Viele Auslandskapitalanleger haben jedoch vorschnell Selbstanzeige erstattet und sich somit selbst ans Messer geliefert.

Jeder Steuerfahnder erledigt pro Jahr höchstens 20 Fälle, da bleiben viele tausend Belege im Jahr unerledigt liegen.

Strafverfolgungsverjährung

Steuersünder mit starken Nerven warten darum den Eintritt der fünfjährigen Strafverfolgungsverjährung ab, bei deren Ablauf Sie für eine Steuerhinterziehung nicht mehr belangt werden können.

Bankmitarbeiter

Die Steuerfahnder dürfen vor einer Durchsuchung nicht zu dem Täter (Bank) Kontakt aufnehmen, dem Geldinstitut also auch keine Gelegenheit zur Erstattung einer Selbstanzeige verschaffen. Insofern ist die kollektive Selbstanzeige zugunsten von Bankangestellten unmöglich. Sie wird aber gerne als Täuschungsmanöver eingesetzt, um die Bankkunden zur alles offenbarenden Selbstanzeige zu bewegen.

Wichtig: Die Selbstanzeige eines Bankmitarbeiters kann nur Wirkung entfalten, wenn der Amtsträger zur Ermittlung einer Steuerstraftat noch nicht erschienen ist (§ 371 Abs. 2 Nr. 1a AO).

Ist eine Selbstanzeige für Bankkunden empfehlenswert?

Ausländische Konten

Kapitalanleger, die ihr Geld in bar über die Grenze transferiert und auf einem ausländischen Konto angelegt haben, müssen kaum etwas befürchten. Denn deutsche Steuerfahnder dürfen bei ausländischen Banken keine Durchsuchungen vornehmen.
Diejenigen, die Geld von einem deutschen Konto auf eine ausländische Bank transferiert haben, eventuell unter einer Codeziffer, müssen jedoch eine Entdeckung befürchten. Und welche Bank von der Steuerfahndung als nächste durchforstet wird, ist weder der Bank noch ihren Kunden be-

kannt. Ist der Fahnder bei der Bank erschienen, bleibt eine Selbstanzeige der Bankkunden ohne die erhoffte Wirkung. Leider ist es so, dass die Staatsanwaltschaft den Beihilfevorwurf gegen Bankangestellte zum Teil nur aus einem einzigen Grund erhoben hat: So konnte sie in allen Bankunterlagen wühlen. Von diesem Täuschungsmanöver aber haben sich viele Kapitalanleger zu einer vorschnellen Selbstanzeige verleiten lassen. Und die wenigsten wurden anwaltlich beraten. Ansonsten nämlich hätten sie wohl Rechtsmittel nach § 136a StPO wegen verbotener Vernehmungsmethoden eingelegt!

Beihilfevorwurf gegen Bankangestellte

Wann ist eine Selbstanzeige der Bankkunden überhaupt möglich?

Die reine Feststellung, dass ein Kunde ein ausländisches Konto besitzt, reicht für die Einleitung eines Ermittlungsverfahrens noch nicht aus. Dafür muss mindestens ein Anfangsverdacht vorliegen. Dieser aber ist z. B. gegeben, wenn der Fahnder nach Einsicht in die Unterlagen »Ungereimtheiten« feststellt. Zwischen diesen Schritten jedoch liegt genügend Zeit. Und die sollte der Kapitalanleger zur Fertigung einer Selbstanzeige nutzen, was ihn vor Strafe schützt. Nicht geschützt ist man allerdings vor Steuernachzahlungen – eventuell sogar für die zehn zurückliegenden Jahre zuzüglich sechs Prozent Hinterziehungszinsen.

Wichtig: Eine Selbstanzeige muss richtig formuliert und umfassend sein. Hier müssen nicht nur die bisher verschwiegenen Erträge, sondern auch »schwarzes« Vermögen deklariert werden. Wer sich hier über die Höhe der Zahlen nicht sicher ist, kann eine abgestufte Selbstanzeige stellen. In der ersten Stufe werden die geschätzten Beträge gebeichtet, die erst in der zweiten Stufe konkretisiert werden. Die Steueränderungsbescheide ergehen dann zunächst unter dem Vorbehalt der Nachprüfung und werden gegebenenfalls später korrigiert – entweder nach oben oder nach unten!

Abgestufte Selbstanzeige

Bankdurchsuchungen legen eine falsche Fährte

So brisant die Fahndungen bei den Geldinstituten sind und sosehr sie das Bewusstsein der Öffentlichkeit für die Aktivitäten der Steuerfahnder geschärft haben – sie führen auf eine falsche Fährte.

Denn allzu leicht könnte man daraus den folgenden unrichtigen Schluss ziehen: Auslandsanlagen über Banken bin ich nicht eingegangen – also droht mir auch keine Gefahr.

Auslandsanlagen sind nur die Spitze des Eisbergs

Falsch ist die Schlussfolgerung deshalb, weil Auslandsanlagen eben nur einen Teil, und vermutlich einen relativ kleinen, der Gesamtproblematik darstellen. Deutlich wird dies, wenn man sich die Entstehung von Schwarzgeld anschaut.

In den folgenden Kapiteln wollen wir deshalb – fast chronologisch – den Weg des Schwarzgeldes verfolgen. Beim Arbeitnehmer ebenso wie beim Unternehmer.

Und Sie werden feststellen, dass es viel brisantere Gesichtspunkte gibt als die öffentlichkeitswirksamen Bankdurchsuchungen …

Das Schwarzgeld des kleinen Mannes

Natürlich haben Nur-Arbeitnehmer die schlechtesten Karten, »am Finanzamt vorbei« zu verdienen. Denn sie können ihre Einnahmen nicht manipulieren. Sie beziehen jeden Monat ein festes Gehalt, von dem bereits monatlich die Lohnsteuer eventuell noch zuzuglich der Kirchensteuer und auch noch der Solidaritätszuschlag einbehalten werden.

Steuersenkende Maßnahmen

Wenn der Arbeitnehmer in seiner Freizeit nicht als »heimlicher« Unternehmer arbeitet und z. B. dem Nachbarn nebenbei die Wohnung tapeziert, beschränken sich die Manipulationsmöglichkeiten nur auf seinen beruflichen Ausgabenbereich.

Werbungskosten

Nur die Ausgaben, die mit seinem offiziellen Beruf in Zusammenhang stehen, also mit der Arbeitnehmertätigkeit, sind also gemeint. Diese Ausgaben heißen im Finanzamtsdeutsch Werbungskosten. Und darunter fallen nach § 9 Abs. 1 EStG alle Aufwendungen zum Erwerb, zur Sicherung und Erhaltung der Einnahmen. Die Werbungskosten sind bei der Einkunftsart abzuziehen, bei der sie entstanden sind, z. B. bei den Arbeitnehmereinkünften oder auch bei den Vermietungseinkünften.

Abzugsfähige Kosten

Da Schwarzeinnahmen als gesetzwidrige Einnahmen nicht unter die steuerpflichtigen Einkunftsarten nach § 2 EStG fallen, dürfen in diesem Fall keine finanziellen Ausgaben dagegengerechnet werden.

Steuersenkende Maßnahmen sind bei Arbeitnehmern hauptsächlich im Bereich der Werbungskosten möglich.

Da bei sehr vielen Arbeitnehmern die Werbungskosten nicht über dem Werbungskostenpauschbetrag (z. Zt. jährlich 2.000 DM) liegen, sind den Steuersenkungsmöglichkeiten enge Grenzen gesetzt. Liegen die Werbungskosten darüber, werden die von Ihnen geltend gemachten Aufwendungen vom Finanzamt genau geprüft. Zunächst verlangt das Finanzamt den belegmäßigen Nachweis der Aufwendungen, wobei in Einzelfällen auch schon mal Eigenbelege anerkannt werden, falls Ihnen ein Beleg verloren gegangen ist.

Fahrtkosten

Machen Sie Fahrtkosten zwischen Wohnung und Arbeitsstätte mit dem eigenen Pkw geltend, so sind die Kilometerangaben einzutragen. Diese Angaben werden von Ihrem Finanzbeamten geprüft. Umwegfahrten werden jedoch anerkannt, wenn Sie dadurch schneller zur Arbeit kommen. Sie können aber trotzdem keine beliebigen Kilometerangaben eintragen, da Sie damit rechnen müssen, dass Ihr Finanzbeamter sogar die Strecke abfährt oder auf der Karte nachmisst. Kleine Erleichterung: Benutzen Sie für Ihre Fahrten zwischen Wohnung und Arbeitsstätte öffentliche Verkehrsmittel, so müssen Sie die Belege nicht alle aufbewahren.

Private Ausgaben gehören nicht in die Werbungskosten

Um die hohe Steuerbelastung zu reduzieren, möchten viele Arbeitnehmer einige Aufwendungen für die private Lebensführung in den beruflichen Bereich »transferieren«. Das heißt, dass private Ausgaben als Werbungskosten geltend gemacht werden, obwohl diese gar nicht beruflich veranlasst waren. Die berufliche Veranlassung wird somit frei erfunden, was eine gewisse Kreativität erfordert. Da solche Fantasiegebilde jedoch strafrechtlich als Steuerhinterziehung im Sinne von § 370 der Abgabenordnung geahndet werden, sollten Sie die nachfolgenden Warnungen beachten, um den strafrechtlich relevanten Vorwurf der Steuerhinterziehung mit allen unangenehmen Konsequenzen zu vermeiden.

Falschangaben auf der Lohnsteuerkarte

Dies betrifft besonders solche Arbeitnehmer, deren Familienangehörige im eventuell sogar grenznahen Ausland leben, für die sie jedoch in ihrem Beschäftigungsland Deutschland alle Steuervorteile ausschöpfen wollen. Hier werden oft falsche Angaben gemacht bezüglich:

- Familienstand
- Zusammen- oder Getrenntleben der Ehegatten
- Kindern (Alter, Ausbildung, eigene Einkünfte)
- Unterstützung von Angehörigen und deren eigenes Einkommen

Die Finanzverwaltung steht solchen Praktiken oft hilflos gegenüber – aber in zahlreiche Fällen hat bereits die intensivierte Zusammenarbeit zwischen verschiedenen Behörden Erfolge gezeigt. Wenn der Kindergeldkasse oder dem Einwohnermeldeamt andere Angaben vorliegen als dem Finanzamt, ist die Entdeckungsgefahr besonders groß. Und sie wird größer, zumal der Datenaustausch auf Behördenebene noch perfektioniert wird.

Datenaustausch der Behörden wird besser

Bewusste Falschangaben in der Einkommensteuererklärung

Häufig werden in der Einkommensteuererklärung bewusst falsche Angaben gemacht, um ungerechtfertigte Steuervorteile zu erlangen. Dies betrifft neben den auf den folgenden Seiten noch ausführlich erwähnten ungerechtfertigten Werbungskostenabzügen wegen Vorspiegelung falscher Tatsachen (Arbeitszimmer, Computer, Reisekosten etc.) auch folgende Fälle:

Ungerechtfertigte Steuervergünstigungen

- Nichterwähnung des Wegfalls der doppelten Haushaltsführung
- Fahrtkosten bei doppelter Haushaltsführung
- Falsche Kilometerangaben bei Fahrtkosten
- Erfundene Dienstreisen (mit Falschbestätigung des Chefs),
- Unterhaltszahlungen an geschiedene Ehegatten, auch wenn diese nicht gezahlt, aber quittiert wurden
- Unterhaltszahlungen an unterhaltsberechtigte Personen im Ausland mit Falschangaben der eigenen Bezüge
- Falschangaben bei getrennt lebenden Ehegatten (Zusammenleben wird vorgetäuscht), um in den Vorteil des Splitting-Tarifs zu kommen

Mauscheleien bei Ausgaben für Arbeitsmittel

Auch für viele Arbeitnehmer ist der Computer unverzichtbar geworden. Fast schon selbstverständlich ist es deshalb, wenn Arbeitnehmer teure Hard- und Software anschaffen um nach Feierabend die noch liegen gebliebenen Arbeiten zu erledigen oder die notwendige Fortbildung bzw. Vorbereitung auf den Job zu betreiben.

Wenn Sie dem Finanzamt eine plausible Erklärung für die berufliche Notwendigkeit der PC-Anschaffung liefern können, am besten sogar eine Bestätigung des Chefs, so sind die Kosten über mehrere Jahre absetzbar.

Falls Sie dem Finanzamt nur Belege für die Hardware, nicht jedoch für die Software einreichen, so könnte dies darauf hinweisen, dass Ihr PC nur für diverse Spielprogramme eingesetzt wird.

Wichtig: Achten Sie immer darauf, Rechnungen über entsprechende Software zusammen mit denen über Hardware einzureichen, oder stellen Sie gegenüber dem Finanzamt deutlich heraus, dass Sie zu Hause mit der vom Arbeitgeber angeschafften Software arbeiten.

Gefälschte Belege sind strafbar

In einigen Fällen fragen Steuerzahler, was denn von folgender Überlegung zu halten wäre: Es ist der Finanzverwaltung kaum möglich, Zigtausende einzelner Rechnungen zu kontrollieren oder zu verfolgen. Also kopiert man mitsamt des Briefkopfes eines großen Anbieters eine Rechnung und reicht diesen gefälschten Beleg ein. Wer solchen strafbaren Gedanken nachgeht, muss aber wissen: Erstens sind schon wegen gefälschter Rechnungen mit einem Volumen unter 100 DM Geldstrafen über mehr als 10.000 DM verhängt worden. Und zweitens will das Finanzamt eventuell Fotos Ihrer Computeranlage sehen.

Bezahlt der Steuerpflichtige EDV-Material für seine Kinder in Ausbildung (Schule, Lehre oder Studium), sind diese Aufwendungen steuerlich nicht absetzbar. Sie sind bereits mit den Kinder- und Ausbildungsfreibeträgen abgegolten. Beliebt ist daher der (natürlich unerlaubte) Trick, dass Arbeitnehmer die Computeraufwendungen ihrer schulpflichtigen oder studierenden Kinder als eigene Werbungskosten absetzen und die entsprechenden Rechnungen auf den eigenen Namen schreiben lassen. Derselbe Trick wird natürlich auch bei den sonstigen schulischen Aufwendungen für Schreibmaterial, Kopierkosten, Faxkosten, Büromaterialkosten angewandt – er ist aber leider verboten!

Schulmaterial

Es soll auch schon vorgekommen sein, dass ein Steuerpflichtiger Computer- oder Büromaterialrechnungen von Fremden, die mit der Quittung nichts anfangen können, als eigene berufliche Aufwendungen abgesetzt hat. Natürlich ahnen Sie, dass auch dieses Vorgehen illegal ist.

Quittungen anderer

Strenge Richtlinien für Zeitschriften und Bücher

Vorbei sind leider die Jahre, in denen der Steuerzahler seine »lebensnotwendigen« Ausgaben für den *Playboy*, die Zeitschriften *Eltern* oder *Vogue* als berufliche Aufwendungen unter der Rubrik Fachliteratur absetzen konnte. Früher reichte hier für die steuerliche Anerkennung bei allen Einkunftsarten die Kennzeichnung als Fachliteratur – weitere Angaben waren nicht notwendig. Doch seit der Wiedervereinigung müssen die Finanzminister ihre Steuergelder aus allen nur erdenklichen Quellen zusammenkratzen. Und so ist auch dieses bescheidene Steuerschlupfloch leider versiegt. Nun müssen immer Autor und Titel auf der Quittung vermerkt sein. Die bloße Bezeichnung »Fachliteratur« reicht den gewissenhaften Finanzbeamten nicht aus. Deshalb sind die Möglichkeiten, private Aufwendungen in berufliche zu transformieren, noch enger geworden.

Buchbelege mit Angabe des Titels und des Autors

Erschwert werden Tricksereien in diesem Bereich dadurch, dass auch die Buchhändler aus verständlichen Gründen ängstlich geworden sind: Sie müssen bei jedem Kunden, der um eine Fachliteratur-Quittung bittet, sofort einen Mitarbeiter der Finanzverwaltung wittern. Er könnte die Bereitschaft der Buchhandlungen testen wollen, falsche Quittungen auszustellen. Also nehmen Sie's bitte dem Buchhändler nicht übel, wenn er solche Ansinnen Ihrerseits bedauernd ablehnt. Es gibt Menschen, die sogar Ihre Zigaretten beim Finanzamt absetzen. Grund dafür ist, dass manche Einzelhändler in der Nachbarschaft natürlich bereit sind, den ihnen bekannten Käufern für alles und jedes eine Quittung auszustellen, auf der ein Text nach Wunsch erscheint. Da soll es sogar vorkommen, dass ein Beleg über Computerzeitschriften ausgestellt wird, obwohl ausschließlich Zigaretten gekauft wurden. Ein ahnungsloses Finanzamt müsste diese Quittungen akzeptieren, wenn der Steuerzahler beruflich mit Computern zu tun hat. Aber: Juristisch sind diese Handlungen eindeutig als Steuerhinterziehung zu bewerten.

Schlemmen wie im Schlaraffenland – und das Finanzamt zahlt

Keine Erstattung des Arbeitgebers

Auch bei Arbeitnehmern beteiligt sich das Finanzamt an den Bewirtungsaufwendungen: Voraussetzung ist aber, dass man als Arbeitnehmer Geschäftsfreunde des Chefs in einem Restaurant auf eigene Rechnung ohne Erstattung des Arbeitgebers bewirtet. Dies kann z. B. erfolgen, um sich bei Kunden einzuschmeicheln. Dann sind 80 Prozent der Aufwendungen laut Rechnung als Werbungskosten abzugsfähig.

Wichtig ist aber, dass auf der Rückseite des Bewirtungsbeleges die bewirteten Personen und der geschäftliche Anlass benannt werden. Und auch da sind einige Arbeitnehmer sehr erfinderisch. Steuerlich nicht absetzbar ist die Bewirtung von Kollegen, auch nicht beim Firmenjubiläum.

Absetzbar wäre aber z. B., wenn man einen früheren Kollegen zum Essen einlädt, der jetzt in einer anderen Firma arbeitet. Wird als Begründung angegeben, man habe sich bei dem Essen über Chancen für einen Firmenwechsel und eine dadurch bedingte Steigerung des Gehalts unterhalten, sind die Voraussetzungen für steuerliche Absetzbarkeit erfüllt.

Das Finanzamt prüft jedoch genau die Angemessenheit der Aufwendungen und die Plausibilität des geschäftlichen Anlasses. Ein Malergeselle wird kaum potenzielle Kunden auf seine Rechnung zum Geschäftsessen ins Restaurant bitten, während dies für einen angestellten Werbeberater oder Autoverkäufer auch aufgrund seiner höheren Gehaltsstruktur durchaus denkbar ist.

Plausibilität des Bewirtungsanlasses

Die steuerliche Anerkennung von Bewirtungsquittungen ist immer ein Diskussionsthema mit dem Finanzbeamten – für Arbeitnehmer ebenso wie für z. B. Unternehmer oder Vermieter. Wenn Ihr Finanzamt die Bewirtungsaufwendung mit der Begründung streicht, dass Sie die Spesen vom Chef ersetzt bekommen könnten, sollten Sie gegen diesen Bescheid Einspruch einlegen. Begründung: Ihr Chef hat Ihnen die Kosten nicht ersetzt, weil Sie das Spesenkonto nicht überstrapazieren wollten.

Weiterer Einwand des Steuerzahlers: Die Aufwendungen wurden allein getragen, weil neue Kunden gewonnen werden sollten oder weil es die bestehende Geschäftsbeziehung zu einem Kunden wegen bevorstehender Aufträge zu pflegen galt. Das Finanzamt muss solche Argumente akzeptieren – weil dieses Verhalten letztendlich Ihre Gehaltsposition sichert oder erhöht!

Geburtstage

Wenig erfolgreich ist es, wenn Arbeitnehmer ihren Geburts- oder Hochzeitstag in einem Gourmet-Tempel feiern und dem Finanzamt die entsprechende Rechnung bei den Werbungskosten vorlegen. Das kann allenfalls klappen, wenn die Rechnung ein anderes Datum trägt. Es ist natürlich verboten, den Restaurantchef um eine maschinell erstellte Rechnung vom Tag davor zu bitten. Natürlich liegen solche Rechnungen manchmal herum. Weil es Leute gibt, die solche Rechnungen mitnehmen, um sie »absetzen« zu können. Auch das Datum der Geburtstage von Ehepartnern oder Kindern sollte auf Rechnungen nicht auftauchen. Es ist unglaubwürdig, wenn gerade am 50. Geburtstag oder zum Datum der Silberhochzeit mehrere Geschäftsfreunde aus geschäftlichem Anlass in einem Restaurant bewirtet werden. Und trotz aller Arbeitsüberlastung in den Finanzämtern: Solche Mauscheleien fliegen immer auf.

Geschenke kaufen – und die Rechnung ans Finanzamt schicken

Dieselben Regelungen wie für die Absetzbarkeit von Bewirtungsaufwendungen gelten auch für den Abzug von Geschenkquittungen. Allerdings handelt es sich um eine für Arbeitnehmer eher seltene Steuersparmöglichkeit.

Pro Person im Jahr maximal 75 DM

Im Klartext: Auch Arbeitnehmer können Geschenke an Geschäftsfreunde ihres Arbeitgebers als Werbungskosten absetzen, nicht jedoch an Kollegen. Praktisch betrifft dies jedoch nur Angestellte im Außendienst, Versicherungsvertreter oder leitende Angestellte. Wenn die Formvorschriften beachtet werden, nach denen pro Empfänger und Jahr nur Geschenke im Wert von maximal 75 DM gemacht werden können und der Empfänger auf der Quittung namentlich genannt werden muss, so kann eigentlich nichts schief gehen. Sie müssen jedoch damit rechnen, dass Sie über den Empfänger eventuell nähere Angaben machen müssen, z. B. ob es sich um einen Kunden Ihres Chefs handelt.

Private Präsente

Sehr beliebt ist es natürlich, Geschenke an die Ehefrau oder Freundin als Werbungskosten steuerlich geltend zu machen. Das aber wissen auch Finanzbeamte. Deshalb sollten Rechnungen für Geschenke an Geschäftsfreunde niemals auf das Geburtsdatum Ihrer Ehefrau, das gemeinsame Hochzeitsdatum oder die Geburtsdaten von Kindern ausgestellt sein. Auch nicht, wenn es sich um echte Geschenke handelt – denn zwangsläufig entsteht der Verdacht einer privaten Mitveranlassung dieser Ausgaben, und die Neugier des Fiskus wird geweckt.

Arbeitszimmer, die es gar nicht oder nur bei anderen gibt

Seit 1996 können nur noch wenige Arbeitnehmer ihre Kosten für ein häusliches Arbeitszimmer als Werbungskosten abziehen, da die Arbeitszeit im häuslichen Arbeitszimmer 50 Prozent der gesamten beruflichen Arbeitszeit betragen muss. Sonst wird das Arbeitszimmer nicht anerkannt. Für wenige Arbeitnehmer ist das Arbeitszimmer noch bis

2.400 DM jährlich absetzbar, wenn kein fester Arbeitsplatz vorhanden ist, z. B. bei Lehrern oder Richtern.
Nun gibt es da aber eine weitere Vorschrift zu bedenken: Kosten für ein häusliches Arbeitszimmer können nur geltend gemacht werden, wenn es sich um einen abgeschlossenen Raum handelt, in dem keinerlei Privatgegenstände vorhanden sind. Und es müssen zusätzlich für alle Haushaltszugehörigen genügend andere Räume innerhalb der Wohnung vorhanden sein. Die Finanzbeamten können persönlich unangekündigt an Ort und Stelle die Existenz eines Arbeitszimmers prüfen oder die Herausgabe von Wohnungsplan und Fotos verlangen.

Unangemeldeter Besuch

Wichtig: Können Sie auf Nachfrage keine Beweise für einen abgeschlossenen Raum als Arbeitszimmer bringen, schnappt die Steuerfalle zu.

Beliebt ist folgender Trick, um auch bei konkreten Überprüfungen durch das Finanzamt ungeschoren davonzukommen: Dem Finanzbeamten wird erzählt, dass das jetzt privat genutzte Zimmer erst Anfang des Jahres umfunktioniert worden wäre. Diese Ausrede muss das Finanzamt dann meistens mangels anderer Beweise hinnehmen. Und weil die Einkommensteuererklärungen für ein Veranlagungsjahr immer erst ein Jahr später abgegeben werden, ist damit allenfalls für die Zukunft der Trick mit dem Arbeitszimmer unmöglich.
Mieten Sie bei Freunden oder Verwandten einen Raum zur beruflichen Nutzung, so handelt es sich nicht um ein häusliches Arbeitszimmer im steuerlichen Sinn. Folge: Die Höchstgrenze von 2.400 DM jährlich entfällt, es sind auch höhere Raumkosten absetzbar. Einige Arbeitnehmer schließen solche Mietverträge, obwohl diese in der Praxis gar nicht vollzogen werden. Auch hier handelt es sich um Steuerhinterziehung, da die ungerechtfertigte Werbungskostenkürzung zur Reduzierung der Steuerlast führt. Abgesehen davon ist bei dieser »Gestaltung« doppelte Vorsicht geboten, denn Sie

Räume bei Bekannten

ziehen hier eine weitere Person in den Steuerschlamassel: Ihren Vermieter. Der muss alle Vermietungseinkünfte versteuern, sofern sie über jährlich 1.000 DM liegen. Vermietungseinkünfte sind hier die von Ihnen gezahlten Mieteinnahmen abzüglich der für den vermieteten Raum anteiligen Werbungskosten (Aufteilung nach Quadratmetern).

Die Beschäftigung von Aushilfen

Ungeachtet der Diskussionen im Zuge von Steuerreformgesetzen, die sich um die Geringverdiener-Jobs gedreht haben und auch künftig drehen werden: Auch Arbeitnehmer können eine Arbeitgeberfunktion übernehmen und die entstehenden Personalkosten als Werbungskosten von ihrem Bruttoarbeitslohn abziehen. Diese Gestaltung ist jedoch nicht für alle Branchen und Einkommensklassen geeignet. Ein Arbeiter am Fließband oder angestellter Verkäufer in einem Kaufhaus benötigt z. B. keine Bürokraft, die für ihn zu Hause Schreibarbeiten oder Telefondienste übernimmt. Außerdem lassen sich die Personalkosten da kaum aus den eigenen Gehaltszahlungen bestreiten.

Bürohilfen

Anders sieht es aber aus bei leitenden Angestellte oder Außendienstmitarbeiter (Bankdirektoren, Abteilungsleiter, Verkaufsleiter, Versicherungsvertreter im Angestelltenverhältnis) sowie Angestellten, deren Gehalt sich aus Fixum und Verkaufsprovisionen zusammensetzt. In diesen Bereichen wird oft der Ehe- oder Lebenspartner beschäftigt, manchmal auch Kinder (ab 13 Jahren möglich). Die so entstehenden Personalkosten sind dann als Werbungskosten absetzbar.

Ehe- oder Lebenspartner als Aushilfe

Beliebt sind in diesem Zusammenhang vor allem die durch die Reformbestrebungen ins Blickfeld gerückten geringfügigen Beschäftigungsverhältnisse. Denn diese Aushilfslöhne bleiben dem Empfänger brutto für netto erhalten, wenn der Arbeitgeber pauschal die Steuern bzw. Sozialabgaben übernimmt.
Bei Beschäftigungsverhältnissen zwischen Angehörigen aber sind die Finanzbeamten besonders kritisch. Dies um so mehr, wenn die Zahlungen nicht durch Kontoüberweisung, sondern in bar erfolgen.

Zwischen Angehörigen ist die Barlohnauszahlung jedoch nicht unüblich. Mit diesem Argument jedenfalls kommt das Finanzamt nicht weit, das Beschäftigungsverhältnis müsste trotzdem anerkannt werden.

Arbeitsvertrag auch mit Familienangehörigen

Legen Sie dem Finanzamt aber unbedingt ordnungsgemäße Aushilfslohnquittungen oder einen Arbeitsvertrag wie unter fremden Dritten üblich vor. Dann kommt der Fiskus nicht umhin, das Beschäftigungsverhältnis zu akzeptieren. Folgende Punkte sind in solchen Verträgen besonders wichtig:

Bei Arbeitsverhältnissen zwischen Ehegatten muss die Tätigkeit genau definiert werden, der Arbeitsumfang muss glaubwürdig sein, es müssen auch urlaubsbedingte Fehlzeiten enthalten sein.

Besonders kritisch sind vorgetäuschte Arbeitsverhältnisse, wenn der angeblich Beschäftigte aufgrund sonstiger Arbeitsverhältnisse gar nicht in der Lage sein kann, weitere Tätigkeiten aufzunehmen.
Bedenken Sie vor allem: Auf die Schliche kommt das Finanzamt den Scheinarbeitsverhältnissen meistens dann, wenn die Tätigkeit des »Arbeitgeber-Arbeitnehmers« gar keine Gelegenheit für die Beschäftigung von Mitarbeitern zulässt oder der Arbeitsumfang der beschäftigten Person unangemessen hoch ist und auch im Urlaubsmonat konstant bleibt.
Beliebt ist es auch, den Arbeitslohn für eine Arbeitskraft auf mehrere fingierte Aushilfsarbeitsverhältnisse aus dem Verwandtenkreis zu verteilen, um die Grenzen für die Lohnsteuerpauschalierung einzuhalten. Wenn ein 80 Jahre alter Opa jedoch als Gebäudereiniger oder Gerüstbauer beschäftigt wird und sein Arbeitslohn – im Gegensatz zu den im Betrieb fremdbeschäftigten Aushilfskräften – auch in der Urlaubs- oder Weihnachtszeit gleich hoch ist, lässt sich der Ärger mit dem Finanzamt nicht vermeiden.

Ebenso ist es nicht glaubwürdig, wenn ein bei einer Versicherungsgesellschaft angestellter Sachbearbeiter seine Ehefrau als Aushilfskraft für z. B. 630 DM monatlich beschäftigen will, weil sie für ihn angeblich den Postgang erledigt und eventuell Telefonate annimmt. Da kommt auch ein Finanzbeamter dahinter, dass angesichts der eigenen Position in der Firma solche Tätigkeiten erfahrungsgemäß nur in der Betriebsstätte erfolgen und privat gar nicht anfallen. Kleiner Trost: In solchen Fällen wird jedoch nicht gleich die Steuerfahndung eingeschaltet. Vielmehr behalten Fiskus bzw. Sozialversicherung die pauschal entrichteten Abgaben – und das Arbeitsverhältnis wird einfach steuerlich aberkannt.

Spesen & Co – beliebt bei Arbeitnehmern

Bei den Werbungskosten gibt es viele Tricks, die zwar allesamt verboten sind, aber immer wieder erfolgreich praktiziert werden. Nun darf man daraus freilich nicht schließen, dass den Finanzämtern solche illegalen Praktiken unbekannt sind; vielmehr lässt sich die Wahrheit kaum beweisen. Trotzdem muss man damit rechnen, dass jeder Sachbearbeiter sein besonderes Augenmerk auf solche Punkte richtet, wie sie nachfolgend beschrieben werden:

Beliebte Tricks

- Verheiratete Arbeitnehmer besitzen zwar nur ein Auto, jedoch macht jeder für sich tägliche Fahrtkosten zur Arbeitsstätte geltend. Dafür lassen sie sich z. B. von anderen (Eltern, Verwandten, Freunden), die das Fahrzeug nicht steuerlich einbringen können, bescheinigen, dass deren Auto für den eigenen Arbeitsweg benutzt wurde.
- Ausgaben werden als Werbungskosten angegeben, obwohl dafür selbst keine Aufwendungen entstanden sind. Dies wäre z. B. dann der Fall, wenn Sie Quittungen von einem Bekannten steuerlich geltend machen, weil dieser sie nicht verwenden kann.
- Außendienst-Mitarbeiter »verlängern« ihre Abwesenheitszeiten, nur um höhere Spesen absetzen zu können.
- Dem Finanzamt werden gefälschte Rechnungen vorgelegt, die sich manche Leute selbst ausschreiben, weil sie

zufällig (und unbefugterweise) in den Besitz von Blankoformularen gekommen sind.

- Es werden dem Finanzamt frei erfundene Dienstreisen (z. B. zu Zweigstellen, Messen, Kollegen wegen Arbeitsbesprechungen oder Fortbildungen) präsentiert, um die Kilometerpauschalen und die Verpflegungsmehraufwendungen absetzen zu können.

Besonders riskant bei solchen illegalen Praktiken ist es, wenn die Wahrheit bei einer eventuellen Befragung anderer Personen ans Licht kommt. In einem späteren Einspruchs- oder Klageverfahren müsste nämlich die Angelegenheit wasserdicht bleiben. Das wird aber problematisch, wenn beim Abzug eigener Werbungskosten noch andere Personen direkt oder indirekt beteiligt sind, z. B. der Vermieter Ihres angeblichen Büroraumes, ein Mitarbeiter, der Ihnen eine (Blanko-)Quittung ausgestellt hat, oder die Kollegen, bei denen Sie angeblich täglich an Lerngemeinschaften teilgenommen haben.

Kontrolle durch Befragung Dritter

TIPP: Wenn andere Personen in Ihre Steuergestaltung eingeflochten sind, sollten diese nicht nur fairerweise, sondern in Ihrem ureigenen Interesse vorgewarnt werden.

Natürlich ist auch dieser Hinweis von uns keine Aufforderung zu strafbaren Handlungen. Denn gemeint ist Folgendes: Wenn jemand im ersten Schreck auf eine richtige Frage des Finanzamts eine falsche Antwort gibt, könnten Sie hinterher den Ärger haben – obwohl alles legal war.

Beispiel: *Sie möchten Aufwendungen für eine Lerngemeinschaft geltend machen. Da diese in einer anderen Stadt stattgefunden hat, setzen Sie hohe Kilometerpauschalen und Verpflegungsmehraufwendungen ab. Weil Sie es mit der angeblichen Häufigkeit dieser Lerntreffen übertrieben haben, versagt das Finanzamt zunächst den steuerlichen Abzug. Sie erheben dann gegen den Einkommensteuerbescheid Ein-*

spruch. Das Finanzamt setzt einen Ortstermin zur Befragung der anderen Lernbeteiligten fest. Wenn diese dann gegenteilige oder widersprüchliche Aussagen machen, kippt Ihr Steuermodell gänzlich nach hinten. Sie müssen in diesem Fall sogar mit strafrechtlichen Konsequenzen rechnen.

Im Normalfall stellen sich meist keine strafrechtlichen Konsequenzen ein, wenn bei einem Arbeitnehmer kleine Unkorrektheiten im Zusammenhang mit den Werbungskosten auffallen.

Steuerlicher Abzug wird gekürzt

Fallen zum Beispiel Werbungskosten auf, die eigentlich Kosten der privaten Lebensführung sind, so wird der steuerliche Abzug dieser Aufwendungen einfach seitens des Finanzamtes aberkannt – und das war's. So gesehen hat der Arbeitnehmer zwar geringere Möglichkeiten zur Manipulation – aber er geht insgesamt auch ein geringeres Risiko ein.

Lohnsteuerhinterziehung des Arbeitgebers

Dies ist möglich, wenn der Arbeitgeber die dem Arbeitnehmer einbehaltene Lohnsteuer nicht oder nur in unzutreffender Höhe an das Finanzamt abführt und in die eigene Tasche steckt. Hiervon merkt der Arbeitnehmer selbst zunächst nichts. Entdeckt wird diese Lohnsteuerhinterziehung erst, wenn der Arbeitnehmer seine Einkommensteuererklärung mit Lohnsteuerkarte dem Finanzamt einreicht.

Besonders problematisch und schon vorgekommen sind diese Praktiken bei Geschäftsführern einer GmbH, die als Arbeitnehmer der Kapitalgesellschaft gleichzeitig Arbeitgeberfunktion ausüben und somit die Lohnsteueranmeldungen »frisieren« können. Allerdings funktioniert dies nur bis zur ersten Lohnsteuer-Außenprüfung – und die kann mal erst nach Jahrzehnten, mal schon nach nur wenigen Wochen (nach dem Zufallsprinzip) erfolgen!

Frisierte Lohnsteuer

Hinterziehung von Lohnsteuer und Sozialversicherungsbeiträgen durch Scheinarbeitsverhältnisse

In manchen Branchen ist angesichts der explodierenden Lohnnebenkosten eine neue Dimension der Schwarzgeldbildung entstanden, die den Beteiligten selbst allerdings nicht immer bewusst ist.

Freiberufliche Mitarbeiter

Die Arbeitskräfte werden nicht mehr als Arbeitnehmer fest eingestellt, sondern als freiberufliche Mitarbeiter, die auftragsbezogen bezahlt werden, oder als Subunternehmer, mit denen Werkverträge abgeschlossen werden.

Verständlich ist diese Umgehung, weil es angesichts der restriktiven Arbeitnehmerkündigungsschutzgesetze und der hohen Lohnnebenkosten für jeden Unternehmer immer riskanter wird, sich auf »Abenteuer« bei der Beschäftigung von Festangestellten einzulassen. Die Arbeitskräfte werden mit dem Argument der höheren Vergütung gelockt, weil für den Chef der Arbeitgeberanteil an den Sozialversicherungsbeiträgen ebenso entfällt wie die Lohnfortzahlung in Krankheits- und Urlaubszeiten.

Grundsätzlich darf der Arbeitgeber natürlich Subunternehmer beschäftigen, dies wird auch kein Lohnsteuerprüfer in irgendeiner Form ankreiden, solange der freie Mitarbeiter oder Subunternehmer:

Kriterien der Selbstständigkeit

- In den Vorjahren nicht längere Zeit in dieser Firma als Arbeitnehmer beschäftigt war
- Nicht weisungsgebunden arbeitet
- Keine festen Arbeitszeiten hat
- In der Firma keinen festen Arbeitsplatz hat
- Noch für andere Firmen tätig ist
- Nicht jeden Monat annähernd die gleiche Vergütung vom Arbeitgeber erhält

Diese Kriterien werden von den Lohnsteuer-Außenprüfern genau kontrolliert. Sind die aufgezählten Voraussetzungen nicht gegeben, wird das Scheinarbeitsverhältnis oft als verdeckte Arbeitnehmerbeschäftigung eingestuft – wofür in Deutschland schon einige Großbetriebe Millionenbeträge an hinterzogenen Sozialversicherungsbeiträgen gezahlt haben.

Lohnsteuerhinterziehung durch Arbeitnehmerüberlassung

In der Baubranche ist die gewerbsmäßige Überlassung von Arbeitnehmern – speziell von ausländischen Firmen – beliebt, aber nach § 12a AFöG verboten. Seit der Öffnung der Grenzen zu den früheren Ostblockstaaten gehen der deutschen Volkswirtschaft jährlich viele Milliarden an Lohnsteuer- und Sozialversicherungsbeiträgen verloren, weil z. B. polnische Arbeitnehmer an deutsche Bauunternehmer verliehen werden. Da diese Praktiken jedoch aufgeflogen sind, werden (Umgehungs-)Werkverträge mit den billigeren Arbeitskräften geschlossen, indem die Beschäftigten zu Subunternehmern werden.

Scheinunternehmer

Es handelt sich hier jedoch trotzdem um Hinterziehung von Lohnsteuern und Sozialversicherungsbeiträgen, weil die Unternehmer nur Scheinunternehmer sind und keine wirklich selbstständigen bzw. unternehmerischen Leistungen erbringen. Der Arbeitgeber – in diesem Fall der Arbeitnehmerverleiher – haftet nach Abschnitt 146 LStR sowie nach § 42d Abs. 6 – 8 EStG für die Lohnsteuer.

Die vielfältigen Entdeckungsmöglichkeiten des Finanzamtes bei Falschangaben

Schriftliche Anhörung

Unrichtige Angaben in der Steuererklärung basieren weitaus häufiger auf Unkenntnis oder Irrtümern des Steuerpflichtigen als auf böswilliger Steuerverkürzung. Wenn Ihnen bei der Belegsammlung aus Versehen eine falsche Rechnung »dazwischenrutscht«, wird diese einfach vom Finanzamt nicht anerkannt – falls der Irrtum überhaupt bemerkt wird. Dies kündigt das Finanzamt bei größeren Beträgen sogar schriftlich an, bevor Sie den Steuerbescheid erhalten (schriftliche Anhörung). Wenn Ihr Veranlagungsbeamter nur geringfügig von Ihren Angaben laut der vorliegenden Steuererklärung abgeht, wird die Abweichung im Steuerbescheid erläutert. Dann können Sie immer noch innerhalb eines Monats nach Erhalt des Steuerbescheides Einspruch einlegen.

Plausibilitätsprüfungen

Arbeitnehmer müssen alle Angaben in ihrer jährlichen Einkommensteuererklärung durch Belege nachweisen, die vom Finanzamt auch überprüft werden. Hierbei gehen die Finanzbeamten nach den amtsinternen Vorschriften der GNoFä (Grundordnung der Neuordnung der Finanzämter und der Besteuerungsgrundlagen) vor. Steuerpflichtige, die bestimmte Höchstgrenzen überschreiten (z. B. bei den außergewöhnlichen Belastungen) oder die z. B. Umgzugskosten oder Arbeitszimmer geltend machen, werden genauer durchleuchtet als andere.

Überschreitung von Höchstgrenzen

Die GNoFä sorgt jetzt dafür, dass bei den Finanzämtern alle Steuererklärungen schon im Vorfeld auf zwei Stapel verteilt werden: Ein Haufen enthält die Erklärungen, die detailliert überprüft werden, auf den anderen kommen die einfachen Erklärungen, die nur abgehakt werden sollen – allerdings können auch da mal Stichproben gemacht werden.

Mit einer genauen Überprüfung aller Angaben müssen nach der GNoFä vor allem all diejenigen Steuerzahler rechnen, bei denen die folgenden Punkte in der Steuererklärung auftauchen:

In diesen Fällen wird geprüft

- Häusliches Arbeitszimmer
- Werbungskosten für doppelte Haushaltsführung über 10.000 DM
- Umzugskosten über 5.000 DM
- Fortbildungskosten über 4.000 DM
- Reisekosten über 15.000 DM
- Studienreisen
- Außerordentliche Einkünfte (z. B. Abfindungen)
- Erstmalige Geltendmachung von Abschreibungen und Sonderabschreibungen für ein Gebäude
- Langjährige Verluste aus gewerblicher oder selbstständiger Tätigkeit (wegen Verdacht auf Liebhaberei)

Belegpflichtige Posten

Übersicht: Wann das Finanzamt von Arbeitnehmern detaillierte Belege sehen will

Arbeitsmittel	ab jährlich 300 DM
Beerdigungskosten	alle Aufwendungen einzeln nachweisen
Fahrten zwischen Wohnung und Arbeitsstätte	wenn bei 5-Tage-Woche mehr als 230 Tage und bei 6-Tage-Woche mehr als 280 Tage abgerechnet werden
Berufsverbände	Nennung des Berufsverbandes genügt
Krankheitskosten	ab jährlich 4.000 DM für eigene Aufwendungen
Behinderten-pauschbeträge	Kopie vom Behindertenausweis im ersten Jahr der Gültigkeit und wieder nach Ablauf der Gültigkeit
Spenden	ab 200 DM pro Spende, immer muss der Spendenempfänger genannt werden
Parteispenden	immer Nachweis durch Beleg
Versicherungs-beiträge	ab 10.000 DM jährlicher Beitragshöhe
Erhaltungsaufwendungen für Gebäude	Einzelaufstellung bei Beträgen bis 20.000 DM, danach jeden Einzelbeleg
nachträgliche Anschaffungs- oder Herstellungskosten für Gebäude	Einzelaufstellung bei Beträgen bis 50.000 DM, danach jeden Einzelbeleg
anrechenbare Steuern (Kapitalertragsteuer, Zinsabschlagsteuer, Körperschaftsteuer, Solidaritätszuschlag)	Original-Steuerbescheinigungen

Aber Achtung, die GNoFä ist kein pauschaler Freibrief: In fast allen Fällen nimmt das Finanzamt nämlich Plausibilitätsprüfungen vor. Wenn ein Kfz-Mechaniker z. B. Geschenkaufwendungen oder Bewirtungsquittungen für Geschäftsfreunde absetzen möchte, so entspricht das einfach nicht der üblichen Lebenspraxis. Gleiches gilt, wenn ein Lehrer als häusliches Arbeitszimmer eine ganze Wohnung steuerlich geltend macht. Hier wird das Finanzamt ganz genau nachbohren und die Aufwendungen wahrscheinlich nicht anerkennen. Es wird kein Strafverfahren eingeleitet, der Steuerpflichtige beruft sich auf einen Irrtum.

Übliche Lebenspraxis dient als Maßstab

Lohnsteuerprüfung beim Arbeitgeber

Häufig kommt es vor, dass Arbeitnehmer in ihrer Einkommensteuererklärung Verpflegungsmehraufwendungen und Fahrtkosten (Reisekosten) für Dienstreisen absetzen möchten, obwohl ihnen diese vom Arbeitgeber ersetzt wurden. Bei häufigen Dienstreisen fordert das Finanzamt zunächst eine Bestätigung des Arbeitgebers an, ob und wie viel dem Arbeitnehmer an Spesen erstattet wurden. Wurde nichts erstattet, können die Aufwendungen vollständig als Werbungskosten abgesetzt werden, eine Teilerstattung führt zur Kürzung der geltend gemachten Werbungskosten.

Einige ganz »schlaue« Steuerpflichtige mit Führungsposition haben sich auch schon die Bestätigung über die angeblich oder auch tatsächlich durchgeführten Dienstreisen selbst ausgeschrieben, mit Firmenstempel versehen und sich zunächst über die großzügige Steuererstattung gefreut. In diesem Fall aber ist größte Vorsicht geboten. Abgesehen von der strafrechtlichen Relevanz bekommt jede Firma mit Arbeitnehmern regelmäßigen Besuch vom Lohnsteuerprüfer, der die richtige Abführung der Lohnnebenkosten der Firma prüft. Ebenso kontrolliert werden die Spesenabrechnungen. Bei Besonderheiten (z. B. Spesenabrechnungen, Überlassung von Firmenwagen an Arbeitnehmer) erfolgt immer eine Kontrollmitteilung an die Wohnsitzfinanzämter der Angestellten. Spätestens dann kommt alles heraus. Folge: Einkommensteuernachzahlung des Steuerpflichtigen und/oder sogar Mitteilung an die Straf- und Bußgeldsachenstelle. Diese erfolgt in jedem Fall, wenn nachzuweisen ist, dass die Quittung vom Arbeitnehmer selbst und bewusst falsch ausgestellt wurde.

Spesenabrechnung

Schwarzes Geld von anderen: Schenkungen und Erbschaften

Wenn Sie durch Schenkungen oder Erbschaften reicher geworden sind, kann es durchaus vorkommen, dass das Finanzamt zunächst nichts davon erfährt. Sie werden also nicht mit langen Erklärungsvordrucken genervt, in denen Sie Ihren neuen Reichtum deklarieren müssen.

Barvermögen

Dieser Glücksfall tritt z. B. dann ein, wenn der Schenker oder Erblasser Ihnen »heimliches Vermögen« oder Schwarzgeld hinterlassen hat, das nicht auf einem Konto eingezahlt war. Wenn der Empfänger dann nicht den Fehler macht, das Geld auf ein Bankkonto einzuzahlen und somit transparent zu machen, kann es eine Weile dauern, bis Sie in die Fänge des Fiskus geraten.

Oft aber wird das brisante Barvermögen nicht nur einfach ausgegeben, sondern es werden Anschaffungen getätigt, die auch in den steuerlich relevanten Bereich fallen. Hierunter fallen z. B.:

Steuerlich relevante Anschaffungskosten

- Der Erwerb selbst genutzter oder vermieteter Immobilien
- Große Erhaltungsaufwendungen (Renovierungen, Umbauten) an vermieteten Immobilien
- Die Anschaffungen von Gegenständen des Betriebsvermögens
- Kauf größerer Wertpapier- oder Aktiendepots
- Der Erwerb von Firmenbeteiligungen.

In solchen Fällen müssen Sie dem Finanzamt die Herkunft des Geldes für diese Anschaffungen bzw. Ausgaben nachweisen. Und spätestens dann geraten die meisten in Erklärungsnot.

Das Finanzamt hinterfragt beim Steuerzahler z. B. die Finanzierung steuerlich bedeutsamer, hoher Anschaffungskosten, wenn:

- Keine Fremdfinanzierung vorliegt, aus denen die Geldherkunft klar ersichtlich ist

Dann wird geprüft

- Seit Jahren ein niedriges Einkommen vorliegt, aus dem eine Barbezahlung nicht möglich sein kann
- In den Jahren vor 1997 keine Vermögensteuererklärung abgegeben wurde
- In den Vorjahren keine oder nur geringe Guthabenzinsen für Kapitalvermögen versteuert wurden
- Das offizielle Einkommen so gering ist, dass das Finanzamt fragen muss, wovon Sie gelebt haben

Wenn dann ahnungslos die Erbschaft oder Schenkung angegeben wird, kann dies unter Umständen für alle Beteiligten sehr teuer werden.

Nur wenn der Steuerpflichtige die Grenzen der Kontrollmitteilungen und die persönlichen Freibeträge bei der Erbschaft- oder Schenkungsteuer beachtet, kann er die Geldherkunft mit einer Erbschaft begründen und zugleich steuerfrei bleiben.

Steuerfreie Beträge

Vor allem kommt es hier auf die Höhe der Erbschaft und das Verwandtschaftsverhältnis an. Welche Beträge dann steuerfrei ge- oder vererbt werden dürfen, geht aus den folgenden Übersichten hervor.

Übersicht: Freibeträge bei Erbschaft- und Schenkungsteuer	
Ehegatten	600.000 DM
Kinder und Kinder nicht mehr lebender Kinder	400.000 DM
Enkelkinder, Eltern (bei Erwerb von Todes wegen)	100.000 DM
geschiedene Ehegatten, Geschwister, Nichten, Neffen, Stief- und Schwiegereltern	20.000 DM
andere Personen	10.000 DM

Übersicht: Der Verwandtschaftsgrad bestimmt die Steuerklasse	
Personenkreis	**Steuerklasse**
Ehegatte	I
Kinder	I
Enkel, Urenkel, weitere Abkömmlinge in gerader Linie sowie Eltern und Großeltern bei Erwerb von Todes wegen (also nicht bei Schenkungen)	I
Eltern und Großeltern bei Schenkungen	II
Geschwister, Neffen und Nichten, Stiefeltern, Schwiegereltern und -kinder, geschiedene Ehegatten	II
nichteheliche Lebenspartner und alle anderen	III

Übersicht: Die Steuerklasse bestimmt den Steuersatz (Erwerb = Erbteil abzüglich Freibetrag)			
steuerpflichtiger Erwerb bis	**Steuerklasse I**	**Steuerklasse II**	**Steuerklasse III**
100.000 DM	7	12	17
500.000 DM	11	17	23
1.000.000 DM	15	22	29
10.000.000 DM	19	27	35
25.000.000 DM	23	32	41
50.000.000 DM	27	37	47
mehr als 50.000.000 DM	30	40	50

Ihre Angaben werden vom Finanzamt geprüft

Misstrauisch, wie die Handlanger der Finanzverwaltung nun mal sind, werden Ihre Angaben überprüft. Sie als Steuerzahler müssen deshalb genaue Daten liefern.

Stellt sich heraus, dass Ihre Oma vermögenslos war und Ihnen angeblich DM 100.000 vererbt hat, so wird die Steuerfahndung eingeschaltet. Entweder gibt's jetzt Ärger wegen Ihrer Falschbehauptung oder weil Ihre Oma offensichtlich längere Zeit Einnahmen verheimlicht hat.

Ein Erbe haftet für die Steuerschulden des Erblassers für die zurückliegenden zehn Jahre. Dies gilt für alle Steuerarten, falls das vererbte Vermögen bisher nicht versteuert wurde.

Auch Steuerschulden werden vererbt

Sie sollten deshalb Ihre Angaben zur Erbschaft vorher fachmännisch prüfen lassen. Das ist besser, als der Steuerfahndung irgendwelche Anhaltspunkte für einen Anfangsverdacht zu liefern. Daraus kann schnell mehr werden.
Falls Sie weder Sozialhilfe, Wohn- oder Arbeitslosengeld noch sonstige staatliche Unterstützungen erhalten haben, können Sie als Einnahmequelle die Unterstützung von Freunden, Lebenspartnern und Angehörigen angeben. Aber Achtung: Diese Angaben können überprüft werden. Dies geschieht durch das Verlangen nach entsprechenden Quittungen, Bankbelegen – oder es sind eventuell sogar Vorladungen ins Amt möglich.

Wie Finanzämter meistens vom neuen Reichtum Wind bekommen

Im Todesfall sind Notare, Gerichte, Vermögensverwalter und Banken auskunftspflichtig über sämtlichen Nachlass. Sie müssen dem Finanzamt für Erbschaftsteuern Meldung machen. Deshalb wird spätestens jetzt das am Todestag noch vorhandene, im Inland registrierte Vermögen völlig transparent. Hatte der Erblasser bei seiner Bank einen Safe oder ein Schließfach gemietet, so wird auch dies dem Finanzamt gemeldet – allerdings wird der Inhalt nicht gemeldet.

Der Inhalt eines Safes oder eines Schließfachs bleibt geheim

Das hätte der Fiskus zwar gern, und es gäbe sicherlich auch schon entsprechende Gesetze. Aber diese scheitern an der

Praxis. Denn niemand ist dazu verpflichtet, der Bank den Inhalt des Schließfaches mitzuteilen.

Folgende Regeln gelten nach der Todesfall-Mitteilung:

Kontroll-mitteilungen

- Das Finanzamt des Erblassers, wie der Verstorbene im Amtsdeutsch heißt, wird von der Erbschaftsteuerstelle informiert, wenn der Reinwert des zu vererbenden Vermögens 250.000 DM oder das zum Nachlass gehörende Kapitalvermögen 50.000 DM übersteigt.
- Das Finanzamt des Erben erhält eine Kontrollmitteilung ab einem Wert des vererbten Vermögens von 50.000 DM.

Schon aufgrund dieser Auskunftspflichten und der entsprechenden Kontrollmitteilungen an die Veranlagungsbezirke der Finanzämter sind eigenen Argumentationen im Hinblick auf Erbvermögen Grenzen gesetzt. Denn Sie werden dann von dem Finanzamt für Erbschaftsteuerangelegenheiten zur Abgabe einer Erbschaftsteuererklärung aufgefordert.

Nur Erbfall-kosten und Nachlassver-bindlichkeiten sind unbe-kannt

Dabei hat es fast keinen Sinn, falsche Angaben zu eigenen Gunsten zu machen, da sich dies zum Bumerang entwickeln würde. Dem Finanzamt sind die Angaben nämlich schon alle bekannt. Lediglich die Höhe der Erbfallkosten (Beerdigung usw.) und eventuelle Nachlassverbindlichkeiten kennt man dort nicht.

Häufig werden auch Schmuck, Teppiche oder Antiquitäten bei den Angaben des Erben gegenüber dem Finanzamt schlichtweg »vergessen«, wenn diese nicht explizit im Testament enthalten sind.

Bleiben diese Werte aber geheim, so kann dieses Geheimnis später trotzdem schnell platzen.

TIPP: Geheime Werte können steuerlich transparent werden, wenn sie z. B. für einen Immobilienerwerb verkauft oder benutzt werden, um den Lebensunterhalt offiziell davon zu bestreiten.

Abgesehen vom offiziellen Datenaustausch zwischen den Finanzämtern gibt es noch die Möglichkeit, dass Sie von anderen beim Finanzamt angeschwärzt werden. Solche Rache-Anzeigen erfolgen häufig von:

- Miterben, die sich selbst bei der Verteilung des Nachlasses benachteiligt sehen
- Mitwissern heimlicher Vermögen, dies sind vor allem ehemalige Lebenspartner, Freunde, Kollegen und Verwandte

Neider gibt es überall

So bitter es klingt: Es droht meistens Unheil gerade aus dem Kreis der Personen, zu denen Sie engen Kontakt pflegen oder pflegten und die zu viel wissen oder wussten. Falls Sie also etwas »nebenbei« geerbt haben, behalten Sie es für sich, und freuen Sie sich im Stillen!

Anders als z. B. in den USA müssen Sie sich in Deutschland für Erfolg und Reichtum (leider) schämen. Nirgendwo ist der Neid so groß wie hier. Erwecken Sie daher nicht den Argwohn Außenstehender, indem Sie Ihren neuen »Reichtum« nach außen tragen.

Wie das Finanzamt von vererbtem Schwarzgeld erfährt

Wenn Ihre Oma ihrer Hausbank nicht traute, war sie einerseits verdammt clever. Vielleicht hat sie die Sache mit den Hausdurchsuchungen der Steuerfahnder bei den Großbanken schon geahnt. Wahrscheinlich hatte Oma dann hohe Geldbeträge unter der Matratze versteckt. Darüber nun aber kann kein Gericht, Notar und keine Bank dem Erbschaftsteuerfinanzamt im Todesfall eine Mitteilung machen. Sind Sie der glückliche Alleinerbe, gibt es auch keinen Streit mit eventuell benachteiligten Miterben oder Anspruchsberechtigten. Erfahren außerdem auch Ihre Freunde, Kollegen und Partner nichts davon, so bestehen gute Chancen, dass auch das Finanzamt an Ihrem neuen Reichtum kein stiller Teilhaber wird.

Der Kauf einer Immobilie ist verräterisch

Geerbtes Geld aber soll natürlich Gewinn bringend angelegt werden. Und da droht die eigentliche Gefahr. Denn weil Zinsen auf der Bank mehr als mickrig sind, entschließen sich viele z. B. für den Erwerb einer zur Vermietung bestimmten Neubau-Eigentumswohnung.

Dies liegt daran, dass die Grunderwerbsteuerstelle sofort das Wohnsitzfinanzamt informiert – unabhängig davon, wie die gekaufte Immobilie genutzt werden soll. Außerdem müssen vermietete Immobilien in der Anlage V zur Einkommensteuererklärung angegeben werden. Und spätestens dann müssen Sie dem Finanzamt auch die Finanzierung offen legen.

TIPP: Die Steuerfalle schnappt sofort zu, wenn geheimes, ererbtes Geld für den Immobilienkauf eingesetzt wird.

Normalerweise sind auch die meisten Erklärungsversuche in solchen Fällen absolut untauglich. Wer z. B. vorgeben will, den Kaufpreis von z. B. 200.000 DM aus laufenden Einkommen von jährlich 120.000 DM bestritten zu haben, macht sich fast lächerlich. Denn das wäre in einem Jahr wohl kaum möglich. Falls man sich das Geld aber angeblich über Jahre hinweg aus seinem Einkommen angespart haben will, so prüft das Finanzamt, ob in den vergangenen Jahren überhaupt Zinserträge versteuert wurden. Gegebenenfalls erfolgen dann sogar noch Hinzurechnungen. Strafrechtlich verschont bleiben Sie dann aber nur mit einer Selbstanzeige (siehe Seite 165 ff.).

Sind alle Erklärungsversuche gescheitert, könnte folgender Fall eintreten. Dem Finanzamt wird von der bisher unversteuerten Erbschaft gebeichtet. Man gibt an, von einer Erbschaftsteuererklärung nichts gewusst zu haben, da man Ihnen auch keine Formulare zugeschickt hätte. Letzteres konnte natürlich gar nicht passieren, da keine Auskünfte an die Erbschaftsteuerstelle erfolgten. Und nun schlägt der Fiskus richtig zu: Da Oma das Geld über Jahrzehnte hinweg angespart, jedoch weder das Vermögen noch die Erträge daraus erklärt hatte, muss nun der Erbe als Rechtsnachfolger für zehn zurückliegende Jahre sämtliche Steuern nachzahlen.

Bedenken Sie auch, dass Steuernachzahlungen (im Sinne von § 2 AO) verzinst werden, wenn Sie nach dem 1. April des zweiten auf das Veranlagungsjahr folgenden Jahres fällig werden. Die Zinsen zahlt der Erbe also noch zusätzlich.

Erbschaft oder Schenkung ist nie eine Ausrede fürs Finanzamt

Ob Sie nun wirklich geerbt haben oder sich die Sache mit der Erbschaft nur ausgedacht haben, um irgendwie entdecktes heimliches Geld zu erklären: Es kann ein teures Vergnügen werden, von der echten oder angeblichen Oma zu erzählen. Dieselbe Gefahr besteht, wenn Sie eine Schenkung beichten müssen. Wenn jemand z. B. 50.000 DM geschenkt bekommt, fällt dies nicht auf – vorausgesetzt, der Geldsegen wird nur verlebt. Sobald er jedoch in steuerrelevante Anschaffungen fließt oder Geld aufs Konto gebracht wird, ist die Transparenz für die Finanzverwaltung gegeben. Die Folgen für Schenker und Beschenkte:

Barvermögen verleben

1. Der Beschenkte muss Schenkungsteuern zuzüglich Zinsen zahlen, sobald die (für Nichtverwandte) mickrigen Freibeträge überschritten sind.
2. Beim Schenker wühlt das Finanzamt jetzt akribisch in den alten Jahren. Es prüft übergenau:
   - Aus welcher Einkunftsquelle das verschenkte Geld stammt
   - Ob diese Einkünfte in der Einkommensteuererklärung zutreffend versteuert wurden
   - Ob das Vermögen vor dem 1. Januar 1997 zu einer Vermögensteuerpflicht geführt hat und entsprechend versteuert wurde
   - Ob der Tatbestand einer Steuerhinterziehung erfüllt ist und eventuell die entsprechende Anzeige erfolgen muss

Wenn tatsächlich Schwarzgeld verschenkt oder vererbt wird und man es lediglich verlebt, ist die Entdeckungsgefahr gebannt. Dasselbe gilt, wenn Tafelpapiere erworben werden. Das sind meist festverzinste Wertpapiere oder Investmentfonds-Anteile, die nicht auf Depotkonten gebucht, sondern als effektive Stücke ins Schließfach gelegt werden. Der Fiskus erfährt weder vom Kauf solcher Papiere noch davon, wann Sie Zins- oder Ertragscoupons abschneiden, um sich Erträge bar auszahlen zu lassen. Aber wehe, es werden Im-

Tafelpapiere

mobilien mit dem ererbten Schwarzgeld finanziert, Wertpapiere oder sonstiges Vermögen erworben, was zu steuerpflichtigen Erträgen oder Kontobewegungen führt.
Wer trotzdem diese für den Fiskus transparenten Geschäfte machen möchte, weil er angesichts des neuen geheimen Finanzpolsters den Mut zu Investitionen hat, dem bliebe nur ein Weg: Er müsste trotz vorhandenen Schwarzgelds einen Kredit auf dem Privatweg oder über die Bank aufnehmen. Zumindest müssen wasserdichte Verträge vorliegen.

Entdeckungsgrund: vererbtes oder geschenktes Vermögen im Betrieb

Ungeklärte Vermögenszuwächse im Betrieb

Gar nicht selten kommt es vor, dass Selbstständige ihr ererbtes Geld in der eigenen Firma verstecken wollen. Aber Achtung: Das Finanzamt kann jederzeit eine Betriebsprüfung durchführen. Dabei werden u. a. so genannte Verprobungen durchgeführt, auf die wir im entsprechenden Kapitel (siehe Seite 95 ff.) noch eingehen werden. Und bei diesen Verprobungen fliegen meist auch ungeklärte Vermögenszuwächse auf, die weder aus den Betriebseinnahmen noch aus Darlehen resultieren können. Dann wird der Prüfer das genau hinterfragen, denn hier wittert er Steuermehrergebnisse.
Einzelunternehmer oder Mitgesellschafter einer Personengesellschaft sind natürliche Personen und bilden mit ihrer Firma ein einheitliches Steuersubjekt. Sie können jederzeit Geld vom Firmenkonto abheben, die Firmenkasse »plündern« und entstandene Finanzlücken durch private Einlagen wieder auffüllen. Dies ist den Gesellschaftern einer Kapitalgesellschaft (z. B. GmbH) nicht möglich. Denn da werden private und Geschäftsebene strikt getrennt, weil es sich um zwei verschiedene Rechtspersönlichkeiten handelt. So ist z. B. der Ausgleich von Finanzierungslücken nur durch Kapitalerhöhung, nicht jedoch durch eine private Einzahlung der Gesellschafter möglich. Diese können auch nicht einfach Geld vom Firmenkonto entnehmen (Privatentnahmen), sondern erhalten ihre Vergütung als Angestelltenvergütung oder Gewinnausschüttung (Dividenden) von der Kapitalgesellschaft.

Einzelunternehmer könnten nun z. B. schwarz verdientes oder geschenktes Geld dazu verwenden, ein Finanzierungsloch oder Kassenminus auszugleichen. Bei einer Betriebsprüfung würde der Unternehmer sofort gefragt, woher die hohen Einlagen stammen, wenn diese nicht aus den (niedrigen) Betriebseinnahmen oder Fremdkapital kommen können. Auch hier gilt: Die Einlagen müssen im Verhältnis zu den offiziellen Einnahmen stehen, ein Missverhältnis muss durch Kredite (privat oder von der Bank) begründet werden.

Beispiel: *Wenn Maurermeister Müller abends ohne Rechnung Badezimmer fliest, darf er dieses Geld anschließend nur in die Kneipe tragen oder seine Frau zum Essen einladen. Keinesfalls jedoch darf er dieses Geld seinem offiziellen Firmenvermögen zuführen, weder als Bar- noch als Sacheinlage.*

Über das Beispiel mag man vielleicht schmunzeln – aber in der Praxis kommen solche Fälle häufiger vor, als man vermuten mag. Und dann haben die Betroffenen meist gar keinen Grund zum Schmunzeln mehr.

Geldquellen werden geprüft

Angenommen, der Betriebsprüfer stellt fest, dass betriebliche Investitionen in Bezug auf die Betriebseinnahmen zu hoch sind. Gleichzeitig sind die Bankverbindlichkeiten und der Kassenbestand niedrig. Daraus schließt der Prüfer, dass es noch eine andere Geldquelle geben muss. Und natürlich geht er der Sache nach. Wird dann mit einer Erbschaft oder Schenkung argumentiert, ist dies nachzuweisen.

Auch der Kauf von Wertpapieren kann verräterisch sein

Anlage in Aktien oder Festgeld

Ebenfalls eine häufige Situation aus der Praxis: Der Empfänger einer verschwiegenen Erbschaft oder Schenkung will zwar die zunächst fällige Erbschaft- bzw. Schenkungsteuer sparen. Darüber hinaus aber möchte er ehrlich bleiben. Folglich trägt er bei der nächsten Steuererklärung in der Anlage für Kapitalvermögen (KSO) sämtliche Zinserträge und Dividendengutschriften ein. Schließlich hat er ja im Jahr zuvor reichlich Aktien gekauft und/oder Festgeld angelegt.

Nun passiert aber garantiert Folgendes: Kurz nachdem die Einkommensteuererklärung eingereicht ist, fragt das Finanzamt schriftlich an, warum in den Vorjahren keine Zinserträge versteuert wurden bzw. woher das Kapital für die Aktien- und Wertpapierkäufe stammt. Und wieder stellt sich Erklärungsnot ein.
Wie schon mehrfach dargestellt, wäre hier eine Kreditaufnahme als Erklärung die steuerlich beste Lösung. Dafür aber wären auch wieder Beweise vorzulegen, etwa der Kreditvertrag. Falls dies jedoch nicht möglich ist, muss die geheime Schenkung oder Erbschaft gestanden werden – und das heißt nachzahlen.

Gefahr für jeden Erben: Rache-Anzeigen

Denunzianten

Das Finanzamt geht nur konkreten Hinweisen aus der Bevölkerung nach. Der bloße Hinweis, dass jemand beim Nachbarn Schwarzgeld vermutet, weil der eine nagelneue Luxuskarosse fährt und häufiger als sonst Urlaub macht, reicht nicht aus, um die Steuerfahndung aktiv werden zu lassen.
Damit die Amtsmaschinerie anläuft, müssen also schon konkrete Angaben vorliegen. Je mehr Fakten darin genannt werden, desto wahrscheinlicher ist die Verfolgung des Hinweises. Denn für das Finanzamt ist es wichtig zu erkennen, ob solche Anzeigen aus dem persönlichen Umfeld des Beschuldigten stichhaltig sind oder nur aus Schikane erfolgen.

Schwarzgeld muss nachgewiesen werden

Sollte nämlich nur dem verhassten, erfolgreicheren, besser aussehenden Kollegen ein bisschen Ärger bereitet werden und an den Vorwürfen nichts dran sein, so trifft zunächst das Finanzamt die volle Beweislast. Es muss die eventuell gar nicht existierenden Schwarzgeldgeschäfte beweisen.
Werden Finanzamt bzw. Steuerfahndung beim besten Willen nicht fündig, so entsteht dem Angezeigten dennoch durch das Verfahren viel Ärger, hinzu kommen eventuell auch Kosten. Für diesen Fall muss das Finanzamt den Namen des Hinweisgebers auf Anfrage des Verteidigers des Angezeigten bekannt geben. Der Verteidiger hat Anspruch auf Akteneinsicht nach § 164 Strafprozessordnung.

Gegen den boshaften Denunzianten kann man in einem zivilrechtlichen Verfahren Schadenersatzansprüche geltend machen. Das werden zumindest die Auslagen für entstandene Steuerberatungs- oder/und Rechtsanwaltskosten sein. Weitere Hinweise zu Denunziationen geben wir auch noch im Zusammenhang mit anonymen Anzeigen bei Schenkungen (siehe Seite 55 ff.).

Geschickte Weitergabe von Schwarzgeld

Das Verschenken von heimlichen Vermögen ist relativ riskant, weil die Erben aus Leichtsinn und Unkenntnis zu viele Fehler begehen. Folge: Die Schenkung wird zum Bumerang für den noch lebenden Geldgeber. Aber auch wenn unerlaubterweise Schwarzvermögen zu vererben ist, sollten der oder die im Umgang mit Finanzamt und größeren Geldbeträgen noch ungeübten Erben zu Lebzeiten zwingend darauf hingewiesen werden, welche Brisanz mit dem plötzlichen Wohlstand verbunden sein kann.

Wann ererbtes Schwarzgeld auffällt

Der Fiskus kann praktisch immer Hinweise bekommen, wenn:

- Mit ererbtem Schwarzgeld steuerlich wirksame Anschaffungen oder Investitionen getätigt werden (Immobilien, Wertpapiere, deren Erträge später zu versteuern sind).
- Die heimlichen Vermögen auf einem Konto oder Sparbuch des Erben landen. Dies sollte auch dann nicht geschehen, wenn es sich um eine völlig fremde Bank in einer ganz anderen Stadt handelt.
- Auf ein deutsches Bankkonto Gelder überwiesen werden, die der Erblasser bei einer Bank in einer Steueroase besaß.
- Erben aus Großzügigkeit einen Teil des selbst erhaltenen Schwarzgeldes an andere weitergeben möchten.

Manche Erblasser sorgen auch schon vor, wohl wissend, dass im Falle ihres Todes Banken und Versicherungen gegenüber dem Finanzamt auskunftspflichtig sind. Folglich werden vom Erblasser Depots bei einer fremden Bank in einer weiter entfernten inländischen Stadt errichtet.

Sinn solcher Vorbereitungen: Die Bank erfährt erst nach relativ langer Zeit vom Ableben des Depotinhabers. Ist dem

Bankvollmacht

Erben außerdem schon zu Lebzeiten des Depotinhabers eine Bankvollmacht für das Konto oder Depot erteilt worden, so räumen viele Bevollmächtigte nach Ableben des Depotinhabers das Konto weitestgehend leer, ohne dass die Bank Kenntnis vom Tod des Depotinhabers hat.

Wenn das Konto eines Toten zur Spielwiese wird

War der Verstorbene seit Jahren nicht steuerpflichtig und seine Akte somit beim Finanzamt nicht registriert, haben einige Bankbevollmächtigte schon hochgefährliche und verbotene Gestaltungen realisiert. Die funktionieren so: Wenn keine Verwandten mehr existieren, »versäumt« es der Bevollmächtigte, die Bank vom Tod des Kontoinhabers zu informieren. Er nutzt nun das Konto des Verstorbenen, um dort ungestört eigenes Schwarzgeld einzahlen zu können oder heimliche Wertpapiergeschäfte zu tätigen.

Es gibt Fälle, in denen solche Geschäfte tatsächlich und auch über lange Zeiträume hinweg funktioniert haben. Wobei die Benutzung des vererbten Kontos umso weniger auffällig ist, je weiter die Bank vom Wohnort des Bevollmächtigten ent-

Auslandskonto

fernt ist. Bei Auslandskonten kann diese »Spezialgestaltung« völlig unentdeckt bleiben, solange es sich nicht um eine Tochterfiliale einer deutschen Bank handelt. Größtes Risiko dabei ist eigentlich, dass doch noch andere Erben auftauchen.

Konten, Häuser, Schiffe im Ausland

Wie eben schon erwähnt, kann ein Auslandskonto oft noch Jahrzehnte über den Todestag des Kontoinhabers hinaus aktiv bleiben, wenn sich der Bevollmächtigte nicht dem Geldinstitut offenbart. Ähnlich ist es, wenn ein vor dem deutschen Fiskus bisher geheim gehaltenes Ferienhaus im Ausland vererbt werden soll. Auch dieser Besitz bleibt zunächst mal beim Ableben geheim.

Das ändert sich aber, wenn ein neuer Eigentümer ins Grundbuch eingetragen werden möchte. Denn dies muss unter

Spanische Grundbücher werden eingesehen

Vorlage der Sterbeurkunde beim Notar beantragt werden. Ist dann die Eintragung im ausländischen Grundbuch erfolgt, droht Unheil: Jetzt kann auch der deutsche Fiskus von dem neuen Besitz des Erben erfahren, weil z. B. spanische Grundbücher turnusmäßig von gesondert dafür eingesetzten Beamten eingesehen werden. Und dann kann's richtig ernst werden. Denn wer anlässlich einer solchen Überprüfung auffällt, haftet schließlich als Erbe für die entdeckten Steuersünden des Verstorbenen. Und nun kann es passieren, dass nicht nur der deutsche Fiskus, sondern auch der ausländische Staat seinen Tribut fordert.

Trotz aller Vorsicht auffallen können die Erben auch, wenn sie eine dem deutschen Fiskus unbekannte Jacht aus deren ausländischen Heimathafen nach Deutschland überführen. Denn was kaum jemand weiß, ist, dass sich deutsche Finanzbeamte regelmäßig die Namen deutscher Schiffe in ausländischen Häfen aufschreiben und auf diesem Weg leicht die Namen der Eigentümer in Erfahrung bringen können. Und auch in deutschen Häfen machen Finanzbeamte gern mal einen Spaziergang. So schließt sich der Kreis ...

Am leichtesten ist geheimes Geld in bar weiterzugeben bzw. zu vererben. Bleibt es dann auch noch als Barvermögen oder in Tafelpapieren erhalten, ist es vor Entdeckung praktisch sicher. Dasselbe gilt für Bankguthaben in einer weit entfernten Steueroase. Aber: Da ist die Sicherheit nur dann gewährleistet, wenn es nie zu Geldtransfers zwischen diesem und einem deutschen Konto kommt.

Tochterfilialen deutscher Banken werden geprüft

Anders ist es innerhalb Europas. Guthaben bei der ausländischen Tochterfiliale einer deutschen Großbank z. B. in Luxemburg sind nur vor Entdeckung sicher, wenn sie langsam aufgelöst und vorsichtig in kleinen Schritten in bar mitgenommen werden. Auch könnte das Guthaben bei einer anderen Bank der Steueroase, die nicht die Tochterfiliale einer deutschen Großbank ist, angelegt werden. Grundsätzlich ist aber davon auszugehen, dass alle ausländischen Tochtergesellschaften deutscher Geldinstitute auch künftig regelmäßig Besuch von der Steuerfahndung bekommen.

Warum Schenkungen gefährlicher sind als Erbschaften

Der Schenker haftet bei Steuerversäumnissen

Bezüglich der Steuersätze und der rechtlichen Situation gilt für Schenkungen zwar praktisch dasselbe wie für Erbschaften. Fliegt die Schenkung aber durch einen dummen Zufall oder eine Anzeige von dritter Seite auf, so wird der Schenker selbst in die Mangel genommen.
In diesen Fällen haftet nämlich nicht der Beschenkte für die entdeckten Steuersünden, sondern immer der noch lebende Schenker selbst.

Beispiel: *Angenommen, Sie möchten eine Eigentumswohnung erwerben und bekommen von Ihrer alten Tante, die Sie jahrelang gepflegt haben, 60.000 DM geschenkt. Sie bauen das Geld in Ihre Finanzierung ein und unterschreiben einen Kaufvertrag.*
Nun aber bekommt das Finanzamt automatisch eine Kopie des Notarvertrages. Und schon werden die Hüter der staatlichen Einnahmen hellwach. Sie verlangen von Ihnen eine Aufstellung der Finanzierung Ihres Hauses, Sie müssen die Schenkung also offen legen.

1. ***Folge:*** *Sie sind mit der Schenkerin nicht unmittelbar verwandt und liegen somit in der ungünstigen Schenkungsteuerklasse III mit einem Freibetrag von 10.000 DM. Das bedeutet, dass Sie von den verbleibenden 50.000 DM insgesamt 8.500 DM Schenkungsteuern nachzahlen müssen.*
2. ***Folge:*** *Damit gibt sich das Finanzamt aber noch lange nicht zufrieden. Denn jetzt wird der Fall der Schenkerin gründlich aufgerollt. Das Finanzamt möchte wissen, woher das Geld stammt und ob die Schenkerin aus dem verschenkten Kapital in der Vergangenheit Zinsen versteuert hat. Falls alles ordnungsgemäß versteuert wurde, hat sich die Sache erledigt. Wenn nicht, muss die Schenkerin für die zurückliegenden zehn Jahre Einkommen- und gegebenenfalls auch die damals noch fälligen Vermögensteuern nachzahlen.*

Auch bei Schenkungen mit Neidern rechnen

Beim Geld hört die Freundschaft auf, heißt es. Und im Zusammenhang mit Erbschaften hatten wir schon darauf hingewiesen, dass die Finanzverwaltung zu einem erheblichen Teil wichtige Informationen von Steuerdenunzianten bekommt. Bei einer Schenkung aber verdoppelt sich die potenzielle Zahl der möglichen Denunzianten. Denn nun droht nicht nur Gefahr von eigenen verlassenen Lebenspartnern, leer ausgegangenen Familienangehörigen, neidischen Nachbarn, verärgerten Mitarbeitern oder Mitgesellschaftern, sondern ebenso von denen des Schenkers. Die hätten nämlich jetzt auch allesamt einen Grund, neidisch oder rachsüchtig zu sein. Vor allem aber droht Gefahr von vermeintlichen oder gesetzlichen Erben des Schenkers, denen ja ein Teil des erhofften Geldsegens genommen wurde. Kurzum, es droht Gefahr von allen Seiten, weil:

Gerade Schenkungen rufen Neider auf den Plan

- Bei konkreten Angaben solche Anzeigen bei Selbstständigen sehr oft Betriebsprüfungen nach sich ziehen
- In allen anderen Fällen doch zumindest ein nettes Briefchen vom Finanzamt mit der Bitte um Stellungnahme zu dem betreffenden Sachverhalt ins Haus flattert

Besonders tückisch für das Opfer solcher Denunziationen ist es, dass sich jeder Denunziant vor allem durch ein besonders großes Maß an Feigheit auszeichnet. In der Mehrzahl aller Fälle geben die geheimen Informanten ihre Kenntnisse an die Finanzverwaltung nur gegen die Zusicherung weiter, dass ihre Mitteilungen vertraulich behandelt werden und in keiner Akte ihr Name auftaucht. Was aber passiert, wenn der Steuerdenunziant bewusst falsche Angaben geliefert hat, nur um dem Angezeigten eine Menge Ärger einzuhandeln?

Vertrauliche Mitteilung

Hat der Informant die Geheimhaltung seiner Identität verlangt, so folgt die Finanzverwaltung diesem Begehren unter Hinweis auf das Steuergeheimnis nach § 30 AO, das auch für den Anzeiger selbst gilt. Der Angezeigte hat noch nicht einmal das Recht zur Einsichtnahme in seine eigene Steuerakte! Besonders tückisch dabei ist: Im Zuge eines Strafprozesses hat der Beschuldigte über seinen Anwalt zwar das

Recht zur Einsichtnahme in seine Akte. Die Daten des Denunzianten jedoch werden meist in einer anderen Akte aufbewahrt. Und da wird der Fiskus keine Einsicht gewähren – will man doch die braven Denunzianten nicht verärgern.

Akteneinsicht und Steuergeheimnis

Erst nach Beendigung des Strafprozesses kann gegen die Ablehnung von Akteneinsicht Einspruch eingelegt werden. Weil die Finanzverwaltung jedoch auf solche Informationsquellen angewiesen ist, fallen die Daten der feigen Informanten auch weiter unter das Steuergeheimnis. Dies hat der Bundesfinanzhof schon in einem Urteil vom 8. Februar 1994 noch einmal ausdrücklich bestätigt.

Nur dann, wenn sich herausstellt, dass der Informant unwahre Angaben gemacht hat, muss das Persönlichkeitsrecht des Angezeigten geschützt werden, und der Name des Steuerdenunzianten kann in bestimmten Fällen genannt werden.

Die Identität des Denunzianten wird normalerweise nur gelüftet, wenn es zu einem Strafverfahren gekommen ist und kein strafbares steuerliches Vergehen vorlag oder es sich um eine falsche Verdächtigung oder Beleidigung handelte.

Der fälschlicherweise Angezeigte erhält somit die Möglichkeit der Geltendmachung von Schadensersatzansprüchen gegen den Falschinformanten. Kam es jedoch nicht zu einem Strafverfahren, sondern wurden nur erfolglose Ermittlungen angestellt, gibt es kein Recht auf Akteneinsicht. Nach einem Urteil des Bundesfinanzhofs vom 25. Juli 1994 dürfen sogar in einem Finanzgerichtsverfahren aus den Akten der Betriebsprüfer die vertraulichen Mitteilungen des Anzeigeerstatters herausgenommen werden. Folge: Auch der Verteidiger bekommt sie nicht zu Gesicht.

Fünf Schritte zur Entlarvung von Denunzianten

Werden strafrechtliche Ermittlungen gegen Sie aufgrund einer anonymen Anzeige eingeleitet und Sie haben ein absolut reines Gewissen, könnten Sie wie folgt vorgehen:

1. **Schritt:** Versuchen Sie, über Ihren Verteidiger aufgrund der Vorschriften von § 147 ZPO den Namen des Anzeigers herauszufinden.
2. **Schritt:** Taucht der Name des Anzeigers nicht in der Ermittlungsakte auf, könnte deren Unvollständigkeit bemängelt werden.
3. **Schritt:** Auch wenn sich im Ermittlungsverfahren herausstellt, dass Sie keine Steuern hinterzogen haben, Ihnen aber Schaden entstanden ist in Form von Rechtsanwalts- und Steuerberatungskosten, sollten Sie handeln. Auch hier können Sie durch Ihren Verteidiger Schadensersatzansprüche beim Denunzianten geltend machen. Gegebenenfalls sollte nochmals, nun mit dem positiven Urteil im Aktenkoffer, das Recht auf Akteneinsicht geltend gemacht werden.

Schaden durch Falschaussage

4. **Schritt:** Kommen Sie trotzdem nicht weiter, so können Sie Anzeige gegen unbekannt stellen, z. B. wegen Beleidigung, falscher Aussage oder Verleumdung. Dabei ist meist die falsche Aussage das schärfste Schwert.
5. **Schritt:** Diesen müssen Sie nicht selbst machen. Denn weil Mister Unbekannt nur Ihnen unbekannt ist, kann die Staatsanwaltschaft schnell für Aufklärung sorgen, denn sie hat die Möglichkeit, die Finanzverwaltung zu zwingen, den Namen des Anzeigers zu benennen.

Diese Namensnennung kann der Angezeigte nach Beendigung des steuerstrafrechtlichen Verfahrens auch selbst verlangen, wenn er beweisen kann, dass die strafrechtlichen Ermittlungen gegen ihn nur auf einer Falschaussage Dritter beruhten und er hierdurch einen Schaden erlitten hat.

Wir empfehlen aber, die Namensnennung des Falschinformanten durch einen Verteidiger anzustreben. Er wird bei berechtigtem Interesse des Angezeigten die Benennung des Falschanzeigers hartnäckig durchsetzen – und die anfallenden Kosten des Verteidigers werden dem Anzeiger auch noch auferlegt.

Heimliche Kapital- und Renteneinkünfte

Schwarzgeld resultiert sehr oft aus kriminellen Geschäften, z. B. aus dem Rauschgift- und Menschenhandel, aus Prostitution, aus der illegalen Einschleusung von Ausländern oder auch aus der Kinderpornographie. Und es ist sicherlich auch im Interesse aller Steuerzahler, ob ehrlich oder nicht, dass den Hintermännern solcher Geschäfte das Handwerk gelegt wird.

Das Geldwäschegesetz und seine Bedeutung im Besteuerungsverfahren

Nun müssen die Beteiligten an solchen Geschäfte ihr eingenommenes Geld weißwaschen, um es legal investieren zu können. Aus diesem Grund wurde ein Gesetz geschaffen, das diese kriminellen Geschäfte und Geldtransaktionen verhindert oder erschwert. Aber betroffen davon sind eben auch alle Steuerzahler.

Gewinne aus Straftaten sollen leichter ermittelt werden

Das Geldwäschegesetz (GwG) besteht seit dem 29. November 1993 und soll das Aufspüren von Gewinnen aus schweren Straftaten erleichtern, die Geldwäsche erschweren und die Strukturen der organisierten Kriminalität durchsichtiger machen. Es steht in einem engen Zusammenhang mit dem Gesetz zur Bekämpfung des illegalen Rauschgifthandels und anderen Bereichen der organisierten Kriminalität.

Nach § 261 StGB macht sich derjenige strafbar, ... *der einen Vermögensgegenstand, der aus einem Verbrechen eines anderen, dem Vergehen eines anderen nach dem Betäubungsmittelgesetz oder einem von einem Mitglied einer kriminellen Vereinigung begangenen Vergehen stammt, dessen Herkunft verschleiert oder die Ermittlung der Herkunft oder das Auffinden und die Sicherstellung des Gegenstandes verhindert oder gefährdet.*

Das am 09. Mai 1998 in Kraft getretene Verbesserungsgesetz erweitert den Katalog der Straftaten in § 261 StGB um Delikte, die Vortaten einer Geldwäsche sein könnten. Dabei handelt es sich um folgende Tatbestände:

Katalog der Straftaten

- Menschenhandel
- Zuhälterei
- Diebstahl
- Erpressung
- Hehlerei
- Computerbetrugsdelikte
- Urkundenfälschung
- Unerlaubtes Glücksspiel
- Vorsätzliche, umweltgefährdende Abfallbeseitigung
- Vorsätzlicher, umweltgefährdender Umgang mit radioaktiven Stoffen
- Einschleusung von Ausländern
- Hilfestellungen bei missbräuchlichen Asylanträgen
- Schmuggel
- Steuerhehlerei

Wichtig dabei ist auch, dass der Straftatbestand der Geldwäsche auch auf den Vortäter ausgedehnt wurde. Es gibt also gute Gründe für Geldinstitute, sich an die Buchstaben des Gesetzes zu halten. Denn wer gegen das Geldwäschegesetz verstößt, muss mit hohen Geldbußen bis zu 200.000 DM rechnen (§ 17 GwG).

Auffällige Transaktionen müssen gemeldet werden

Wenn eine Bank oder Spielbank aufgrund angetragener dubioser Geldtransaktionen Tatsachen feststellt, die Hinweise auf Geldwäsche nach § 261 StGB geben, muss sie dies unverzüglich den zuständigen Strafverfolgungsbehörden mitteilen. Die Finanztransaktion darf dann erst nach Zustimmung durch die Staatsanwaltschaft oder nach dem zweiten auf die Anzeige folgenden Werktag durchgeführt werden.

Wurde ein Strafverfahren eingeleitet, so müssen nach § 10 Abs. 2 Sätze 2 und 3 GwG seit dem 09. Mai 1998 außerdem die Finanzbehörden von der Einleitung eines Strafverfahrens wegen Geldwäsche oder einer Geldwäschevortat informiert werden. Wurden Aufzeichnungen gemacht, müssen diese der Finanzbehörde zur Verwendung in Besteuerungsverfahren und für Strafverfahren wegen Steuerhinterziehung übermittelt werden.

Identifizierungspflicht bei Transaktionen ab 30.000 DM

Daher wurde eine allgemeine Identifizierungspflicht für Kreditinstitute eingeführt. Diese Identifizierungspflicht besteht nach §§ 2 und 3 GwG ab einem Schwellenwert von 30.000 DM (früher 20.000 DM). Das heißt, dass die Bank bei Finanztransaktionen, die diesen Betrag überschreiten, folgende Daten feststellen muss:

- Namen unter Vorlage des gültigen Personalausweises
- Geburtsdatum
- Anschrift
- Art, Nummer und ausstellende Behörde des Ausweises

Umgehen lässt sich die Identifizierungspflicht auch nicht dadurch, dass mehrere Transaktionen hintereinander in einem engen Zeitraum durchgeführt werden, wenn nahe liegt, dass zwischen ihnen eine Verbindung besteht (so genanntes Smurfing). Die Identifizierungspflicht kann folglich nur umgangen werden, wenn das Finanzgeschäft auf mehrere Banken verteilt und der Schwellenwert von 30.000 DM in jedem Einzelfall unterschritten wird.

Von der Vorschrift betroffen sind vor allen Dingen die folgenden Geldgeschäfte:

- Bareinzahlungen auf Auslandskonten
- Anonyme Tafelgeschäfte
- Verkauf von Edelmetallen (Gold, Platin)
- Verkauf von Reiseschecks
- Verkauf von Beteiligungen
- Wechselgeschäfte

Wird die Finanztransaktion im Auftrag eines Dritten getätigt, müssen Namen und Anschrift desjenigen offen gelegt werden, in dessen Auftrag gehandelt wird.

Damit sollen Strohmänner oder Hintermänner ausfindig gemacht werden, was sich jedoch in der Praxis als schwierig oder sogar als alberne Absicht erweist. Denn ihre wirkliche Existenz ist nicht durch Vorlage eines amtlichen Personalausweises zu beweisen und die bloße (vielleicht sogar nur erfundene) Namensnennung reicht aus.

Die Identifizierungs- und Meldepflichten erstrecken sich nach § 15 GwG auch auf ausländische Zweigstellen oder Tochterfilialen deutscher Kreditinstitute.

Identifizierungspflicht auch für Versicherungsunternehmen

Auch Versicherungsgesellschaften müssen sich an der Bekämpfung der Geldwäsche beteiligen. Der Grund ist, dass auch sie hohe Geldbeträge ihrer Versicherungsnehmer entgegennehmen. Dies betrifft vor allem Unfallversicherungen mit Prämienrückgewähr, eine Kombination aus Unfall- und Lebensversicherung, die schon oft als Weißwaschanlage für Schwarzgeld missbraucht wurden. Die Identifizierungspflicht ist jedoch bereits erfüllt, wenn der Versicherungsnehmer der Versicherungsgesellschaft zur Prämienzahlung eine Einzugsermächtigung erteilt.

Unfallversicherung

Wird eine reine Kapitallebensversicherung abgeschlossen, besteht Identifizierungspflicht für die Versicherungsgesellschaft, wenn die einmalige Prämie 5.000 DM übersteigt oder die während eines Jahres zu zahlende Prämie 2.000 DM übersteigt.

Kapitallebensversicherung

Von der Identifizierung kann abgesehen werden, wenn der Kunde persönlich bekannt ist oder sich bereits in früheren Geschäften identifiziert hat.

Zollfahndung und Geldwäschedelikte: riskante Bargeldtransporte

Seit dem ersten Inkrafttreten des Geldwäschegesetzes 1993 müssen auch die Zollfahndungsämter Geldwäschegeschäfte aufspüren und verfolgen, sofern sie in Verbindung mit grenzüberschreitenden Ländern stehen. Dabei haben die Zollfahn-

Eher eine untaugliche Waffe

Anmerkung der Autorin:

Es ist längst bekannt, dass die Vorschriften des vorliegenden Gesetzes bei weitem zur Geldwäschebekämpfung oder Eindämmung der organisierten Kriminalität nicht ausreichen. Da die Auftraggeber nur mit ihrem Namen benannt werden müssen, die tatsächliche Identität aber nicht durch die Vorlage eines Ausweises zu beweisen ist, können weiter Fantasienamen benutzt werden. Die Höchstgrenze von 30.000 DM kann außerdem auf mehrere Banken – auch internationale Institute – verteilt werden.

Hinzu kommt, dass nach zwei Tagen Untätigkeit seitens der Behörden die Finanztransaktion durchgeführt wird, ohne dass Beschlagnahmungen erfolgen. Um überhaupt eine Wirkung zu erzielen, müsste nicht nur die eben genannte Frist erheblich erweitert, sondern auch die internationale Zusammenarbeit verbessert werden. Denn international agierende Schwerkriminelle halten sich nicht an die Spielregeln, die sich beamtete Gesetzesväter ausgedacht haben.

Es scheint sogar, als wären manche Väter des Geldwäschegesetzes tatsächlich der Annahme, die von ihnen mit dem GwG verfolgten Herren hätten eine Fünftagewoche und machten ebenfalls am frühen Freitagmittag Feierabend.

Fazit: Das Geldwäschegesetz ist eher eine untaugliche Waffe gegen die internationale organisierte Kriminalität. Hätte man sich bei entsprechenden internationalen Gesetzen auch nur annähernd so viel Mühe gegeben wie bei der Neuerfindung von Belastungen für deutsche Steuerzahler, müsste das international organisierte Verbrechen längst ausgerottet sein …

dungsbeamten als Helfer der Staatsanwaltschaft die gleichen Befugnisse wie Polizeibeamte. Da die Verfolgung von Geldwäschedelikten im zwingenden öffentlichen Interesse liegt, können bei den Ermittlungen der Zollfahnder auch Daten unter Durchbrechung des Steuergeheimnisses nach § 30 Abs. 4 Nr. 5b AO offenbart werden.

Die Finanzämter müssen somit Auskünfte über steuerlich relevante Tatsachen geben, die im Normalfall vom Steuergeheimnis nach § 30 AO geschützt sind. Die Zollbeamten und der Bundesgrenzschutz sind angehalten, den grenzüberschreitenden Bargeldverkehr zu überprüfen. Bargeld darf anonym nur bis zu 30.000 DM ins Ausland mitgenommen werden. Darüber hinaus müssen die Bargeldbeträge dem Zollamt deklariert werden, bei Unterlassung droht ein Bußgeld bis zur Höhe des mitgenommenen Geldbetrages.

Bargeld über 30.000 DM muss beim Zoll deklariert werden

Geldanlagen im Inland – wie weit reicht das Bankgeheimnis in Deutschland?

Das Bankgeheimnis ist ein wunderschönes, geflügeltes Wort. Da denkt jeder an Sicherheit und Verschwiegenheit. Aber bei Licht betrachtet ist das Geld auf der Bank vor allen sicher – nur nicht vor dem Fiskus.

Wichtig: Ein gesetzlich verankertes Bankgeheimnis gibt es in Deutschland nicht. Im Gesetz über das Kreditwesen suchen Sie vergeblich danach.
Die Banken verpflichten sich lediglich in ihren allgemeinen Geschäftsbedingungen zur allgemeinen vertraulichen Behandlung sämtlicher Kundendaten.

Das bedeutet jedoch lediglich eine Verschwiegenheitspflicht gegenüber Kunden und ein Auskunftsverweigerungsrecht der Bank gegenüber Dritten. Wenn die Bank dieses Bankgeheimnis verletzt, hat der Kunde folgende Möglichkeiten:

- Recht zu einer außerordentlichen Kündigung
- Unterlassungsanspruch bei drohender Verletzung
- Schadensersatzansprüche wegen positiver Vertragsverletzung einer vertraglichen Nebenpflicht oder aus einer unerlaubten Handlung

In einem Zivilprozess können sich Bankmitarbeiter auf ihr Zeugnisverweigerungsrecht berufen. Nicht möglich ist dies jedoch in Strafverfahren, was sich natürlich auch auf steuerliche Strafverfahren erstreckt.

Das Bankgeheimnis gegenüber den Finanzbehörden

Eigentlich müsste der Werbeslogan deutscher Banken heißen: »Auf der Bank ist Ihr Geld sicher – nur nicht vor dem Finanzamt«. Denn ein steuerliches Bankgeheimnis gibt es in Deutschland nicht.

Laut § 30a AO sollen die Finanzbehörden im normalen Besteuerungsverfahren lediglich Rücksicht auf das besondere Vertrauensverhältnis zwischen Bank und Kunden nehmen. So darf die Finanzverwaltung bei der Bank z. B. keine allgemeine Überwachung vornehmen, indem sie Kontoauszüge willkürlich anfordert. Führt ein Auskunftsersuchen der Finanzverwaltung (außerhalb eines Steuerstrafverfahrens) nicht zum Erfolg, darf die Finanzverwaltung jedoch Bankunterlagen anfordern. Insofern liegt die Vorgehensweise der Finanzverwaltung völlig in deren Ermessensspielraum.

Weit reichende Rechte der Finanzbehörden

Die Bank kann im Umgang mit dem Finanzamt zu Lasten des Kunden mehr oder weniger willkürlich verfahren, selbst in normalen Besteuerungsverfahren. Denn der § 30a AO enthält nur Verhaltensgebote – jedoch keine Ansatzpunkte, die der Kunde der Bank zur Gegenwehr heranziehen könnte.

Im steuerlichen Strafverfahren sind die Bankmitarbeiter zur Vorlage sämtlicher Unterlagen und zur Erteilung von Auskünften verpflichtet. Spätestens bei Kenntnis dieser Fakten wird deutlich, warum so viele Steuerzahler – abgesehen von den hohen Steuersätzen – ihr Geld lieber ins Ausland gebracht haben.

Was zählt zu den Kapitaleinkünften, und wie werden sie versteuert?

Zu den Kapitaleinkünften zählen u. a. nach § 20 Abs. 1 EStG:

- Zinsen aus Sparguthaben, festverzinslichen Wertpapieren, Bausparguthaben, privaten Darlehen
- Ausländische Kapitalerträge
- Dividendenausschüttungen einer GmbH oder AG (Kapitalgesellschaften)
- Einnahmen als stiller Gesellschafter

Sparerfreibetrag

Steuerpflichtig sind die tatsächlich zugeflossenen Erträge, sofern sie den Sparerfreibetrag von z. Zt. noch jährlich 6.000 DM (für Ledige) bzw. 12.000 DM (für Verheiratete) zuzüglich eines jährlichen Werbungskosten-Pauschbetrages von 100 DM bzw. 200 DM nicht übersteigen. Liegen die Kapitaleinkünfte darüber, kürzt das Kreditinstitut die Zinserträge um eine Zinsabschlagsteuer von 30 Prozent der Zinseinnahmen zuzüglich Solidaritätszuschlag. Bei den anonymen Tafelgeschäften erfolgt ein sofortiger Zinsabschlag von 35 Prozent, hier ist ein Freistellungsauftrag nicht möglich.

Zinsabschlagsteuer

Die 30-prozentige Zinsabschlagsteuer zuzüglich Solidaritätszuschlag wird im Rahmen der jährlichen Einkommensteuerveranlagung wieder auf die Steuerschuld angerechnet. Der Fiskus behandelt sie also wie eine Steuervorauszahlung. Entsteht keine Einkommensteuerpflicht, werden die Beträge sogar voll erstattet.

Haben Sie Geld auf einem Luxemburger oder Schweizer Konto angelegt, bleibt Ihnen die Zinsabschlagsteuer zwar erspart. Die Erträge müssen Sie jedoch in Deutschland versteuern, wenn Sie hier unbeschränkt steuerpflichtig sind bzw. hier Ihren ständigen Wohnsitz haben.

Die Zinsen auf ausländischen Konten werden von deutschen Steuerzahlern gerne vergessen. Aufgrund der Massendurchsuchungen seitens der Steuerfahndung in deutschen Großbanken sind viele Anleger ausländischer Konten jedoch vorsichtig und steuerehrlicher geworden. Viele vermeiden jetzt jede Verbindung vom ausländischen Konto zu einem Konto in Deutschland und bringen das Geld lieber selbst ins Ausland (siehe Seite 194).

Freistellungsaufträge und Mitteilung an das Bundesamt für Finanzen

Nach § 45d EStG sollen Freistellungsaufträge verhindern, dass die Sparerfreibeträge mehrmals geltend gemacht werden. Deshalb müssen die Kreditinstitute die persönlichen Daten und die Höhe der freigestellten Beträge dem Bundesamt für Finanzen bis zum 31. Mai für die im Vorjahr zugeflossenen Kapitalerträge mitteilen. Stellt dieses Amt die mehrmalige Inanspruchnahme des Sparerfreibetrages fest, erfolgt eine Mitteilung an das Wohnsitzfinanzamt, das dann weitere Ermittlungen einleitet.

Arbeitslosigkeit und Kapitalerträge

Seit 1997 darf das Bundesamt für Finanzen zur Überprüfung der Bedürftigkeit bei Arbeitslosen die Anzahl der Freistellungsaufträge der Bundesanstalt für Arbeit mitteilen.

Außerdem sind die Arbeitsämter nach § 144 Arbeitsförderungsgesetz berechtigt, bei Banken und Versicherungen Auskünfte über das Vermögen des Arbeitslosen, seines Ehegatten und sogar des unehelichen Partners einzuholen!

Fehler bei den Freistellungsaufträgen und bei der Steuererklärung

Wenn Kapitalvermögen anfällt, müssen die Freistellungsaufträge richtig gestellt und auf die verschiedenen Banken oder Bausparkassen aufgeteilt werden. Übersteigen die Kapitaleinkünfte die Freistellungsaufträge, nimmt die entsprechende Bank den Zinsabschlag vor.

Bei Erstellung der Einkommensteuererklärung werden die Zinseinkünfte in die Anlage KSO eingetragen.

Oft wird hier übersehen, dass der Bruttobetrag einschließlich der freigestellten Beträge einzutragen ist. Viele Steuerpflichtige tragen nur die verbleibenden Zinsen ein, von denen ein Zinsabschlag vorgenommen wurde. Das führt dazu, dass ihnen die Sparerfreibetäge vom Finanzamt doppelt gewährt werden, der Sachbearbeiter glaubt, dass der Zinsabschlag vorgenommen wurde, weil der Freistellungsauftrag vergessen wurde. Dieser Irrtum kann auffallen:

Doppelter Sparerfreibetrag

- Wenn das Bundesamt für Finanzen die Höhe der Freistellungsaufträge prüft und mit den Finanzämtern einen Datenabgleich mit den erklärten Kapitalerträgen vornimmt (bis jetzt nicht der Fall)
- In Erbschaftsangelegenheiten, wenn die zutreffende Versteuerung des Erblassers geprüft wird
- Bei der Finanzierung von steuerwirksamen Immobilien, wenn festgestellt wird, dass in der Vergangenheit zu wenig Zinsen versteuert wurden

Auch die Inanspruchnahme des ungerechtfertigten, doppelten Sparerfreibetrages stellt eine Steuerverkürzung dar, die unangenehme Folgen hat (siehe Seite 161 und 210).

Spekulationsgewinne bei Wertpapieren

Gewinne aus der Veräußerung von Wertpapieren des Privatvermögens sind seit 1. Januar 1999 steuerpflichtig, wenn zwischen Kauf und Verkauf weniger als 12 Monate liegen. Spekulationsgewinne bleiben nach § 23 Abs. 3 EStG bis zu einer Freigrenze von 999,99 DM steuerfrei. Das heißt, dass ein Gewinn von 1.000 DM voll steuerpflichtig ist. Ehegatten können nur dann die doppelte Freigrenze beanspruchen, wenn sie beide eigene Spekulationsgewinne erzielt haben.

Freigrenze bei Wertpapiergewinnen

TIPP: Zur Nutzung der doppelten Freigrenze sollte das Wertpapierdepot auf beide Ehegatten angelegt werden.

Schwarzgeld und Euro

Viele glauben, dass die Einführung des Euro als einheitliches europäisches Zahlungsmittel eine Gefahr für Schwarzgeldbesitzer ist. Diese Meinung vertreten vor allen Dingen Anlageberater und Immobilienmakler, die mit ihren Angstkampagnen ihre (meist schlechten oder überteuerten) Objekte loswerden wollen.

Fakt ist, dass Geldbeträge auf Konten spätestens zum 1. Juli 2002 automatisch in Euro umgewandelt werden. Wer sein Schwarzgeld in bar gebunkert hat, bekommt allerdings größere Probleme. Denn die Bank muss nur Beträge bis 30.000 DM direkt und sofort am Schalter umtauschen. Über diesen Betrag hinaus besteht schließlich die Identifizierungspflicht nach dem Geldwäschegesetz!

Barvermögen in Euro tauschen

Größere Geldbeträge müssten also scheibchenweise bei verschiedenen Banken umgetauscht werden, was auch grenzüberschreitend möglich ist, notfalls auch im nichteuropäischen Ausland.

Wenn Sie der Bank bekannt sind und es keine Anhaltspunkte für ein illegales Geldwäschegeschäft gibt, entfällt allerdings die Identifizierungspflicht auch bei Beträgen über dem Schwellenwert von 30.000 DM.

Was viele nicht wissen: Auch die Schweiz hat ein Geldwäschegesetz. Demnach können bei Geldtransaktionen über 25.000 Schweizer Franken dem Kunden unangenehme Fragen gestellt werden und er muss seinen Personalausweis vorlegen.

Ausländische Kapitaleinkünfte

Haben Sie in Deutschland Ihren ständigen Wohnsitz, sind Sie hier zunächst mit allen Einkünften (auch Kapitaleinkünften) unbeschränkt steuerpflichtig.

Doppelbesteuerungsabkommen

Das Doppelbesteuerungsabkommen mit Deutschland und sehr vielen Staaten soll verhindern, dass ausländische Einkünfte doppelt besteuert werden. Daher sind länderabhängig viele Einkünfte entweder in dem einen Staat steuerpflichtig oder -frei. Wobei im letzteren Fall dann die ausländischen Einkünfte den Steuersatz in Deutschland erhöhen (Progressionsvorbehalt).

Einzelne ausländische Kapitalerträge sind durch bestimmte DBA-Bestimmungen von der Wohnsitzbesteuerung ausgenommen, sie werden dann nur im Ausland besteuert.

Keine Zinsabschlagsteuer im Ausland

Ausländische Banken erheben meistens keine Zinsabschlagsteuer. Oft wird deshalb auch der komplette Ansatz dieser Zinsen in der Steuererklärung »vergessen«. Das aber ist mittlerweile durch die Bankendurchsuchungen mehr als riskant geworden. Denn viele deutsche Großbanken unterhalten Filialen im europäischen Ausland und halfen deutschen Kapitalanlegern sogar beim Geldtransfer dorthin. Alles blieb geheim, bis die Steuerfahndung deutsche Banken durchsuchte und die Querverbindung zu den ausländischen Töchtern aufdeckte. Pech für diejenigen, die tatsächlich vergessen haben, ihre Zinseinnahmen aus Luxemburg zu versteuern.

Daher sind viele Kapitalanleger, die sich beharrlich weigern, ihre ausländischen Zinseinkünfte in Deutschland zu versteuern, dazu übergegangen, ihr Geld nicht mehr in Europa, sondern z. B. auf den Bahamas oder anderswo anzulegen. Wobei auch da eigentlich nur die Bareinzahlung absolut risikolos ist, weil sie keine Verbindungen zu deutschen Konten erkennen lässt.

Was passiert, wenn man Schwarzgeld anlegt?

Hier gilt eine ganz einfache Regel: Schwarzgeld darf nirgendwo angelegt werden, weder auf Konten noch in Immobilien. Denn in diesem Augenblick wird es transparent.

Das Schwarzgeld darf ausschließlich für den privaten Konsum verwendet werden!

Einzig möglich wäre, die von fast allen Banken und Sparkassen angebotenen »Tafelpapiere« zu erwerben. Dabei handelt es sich um festverzinste Wertpapiere mit garantierter Zinsausschüttung oder Investmentfonds-Anteile (Aktienfonds,

Immobilienfonds, Rentenfonds oder gemischte Fonds), die der Anleger in Form von ausgedruckten Urkunden (effektive Stücke) ausgehändigt bekommt. Dazu gehören Coupons, die den Anspruch auf die (meist jährliche) Auszahlung der Zinsen oder Erträge dokumentieren. Im Wesentlichen unterscheiden sich also Tafelgeschäfte von anderen Anlagen dadurch, dass:

Tafelpapiere sind unkompliziert

- Die Eigentumsrechte an den erworbenen Wertpapieren nicht auf einem Depotkonto (Girosammelverwahrung) gutgeschrieben werden
- Der Anleger die Besitzurkunden selbst z. B. in einem Bankschließfach verwahren muss
- Die Erträge nicht automatisch einem Konto gutgeschrieben werden
- Der Anleger selbst einen Coupon abschneiden und am Schalter vorlegen muss, um dann sein Geld in bar ausgezahlt zu bekommen

Das klingt einerseits mühsam, andererseits werden automatisch von der Bank bei Auszahlung der Erträge 35 Prozent Zinsabschlagsteuer einbehalten, die nicht erstattet wird. Aber trotzdem haben viele Anleger vor allem kleinerer Schwarzgeldvermögen die Tafelpapiere schätzen gelernt. Denn die Sorge um die Anlage reduziert sich praktisch auf das meist einmal jährliche Couponabschneiden und -einlösen, im Banker-Deutsch gern »Schnippeln« genannt. Berücksichtigt man aber, dass solche Geschäfte bei fast allen deutschen Geldinstituten möglich sind, werden die Vorteile deutlich:

Vorteile der Tafelgeschäfte

- Es müssen keine Geldkoffer transportiert werden.
- Es fallen keine Arbeitsausfallzeiten für Reisen an.
- Es entstehen keine Flug- oder Hotelkosten.
- Es ergeben sich (allerdings je nach Wahl der Anlage) keine unkalkulierbaren Währungsrisiken, vor allem wenn die Erträge überwiegend wieder im Inland bzw. innerhalb der Euro-Staaten ausgegeben werden sollen.
- Es ergibt sich kein politisches Risiko, das bei der Anlage in exotischen Steueroasen immer einkalkuliert werden muss.
- Es ist ebenso wie bei Bargeld leicht möglich, Tafelpapiere zu vererben oder zu verschenken.

- Die meisten Tafelpapiere können jederzeit zurückgegeben, also in normales Bargeld umgewandelt werden, wobei allerdings eventuelle Kursabschläge hinzunehmen sind.

Wer den Fehler einer Anlage von Schwarzgeld auf einem normalen Konto schon begangen hat und erwischt worden ist, sollte schnellstmöglich einen Steuerberater oder Steuerrechtsanwalt konsultieren, damit Nachzahlung und Strafen nicht allzu schmerzlich werden (siehe Seite 161 und 163 ff.).

Nichtversteuerte Renteneinkünfte – so fallen Sie auf!

Die Mehrzahl der Rentner, die nur von ihrer Altersrente leben, sind nicht steuerpflichtig. Denn Renten werden mit dem Ertragsanteil besteuert, dessen Höhe sich nach dem Lebensalter bei Eintritt der Rentenberechtigung richtet. Der Ertragsanteil bei einem 60-jährigen Rentenbezieher liegt bei 32 Prozent. Bezogen auf eine Rente von jährlich 36.000 DM sind somit nur 11.520 DM abzüglich 200 DM Freibetrag steuerpflichtig. Hiervon gehen dann noch die individuellen Freibeträge ab (z. B. Körperbehinderung, Pauschbetrag für Haushaltshilfe usw.), so dass unter Berücksichtigung des Grundfreibetrages keine Steuerpflicht entsteht. Da zwei Drittel aller Rentner von einer monatlichen Rente unter 3.000 DM leben, verdient der Staat an ihnen nichts mehr.

Steuerfreiheit ist für Rentner nicht absolut gegeben

Leider kursiert in vielen Köpfen das Gerücht, dass Rentner grundsätzlich steuerfrei sind, was jedoch nicht stimmt.

Etwa ein Drittel aller Rentner lebt nicht nur von der bescheidenen Altersrente, sondern zusätzlich von Miet- und Kapitaleinkünften, Veräußerungsrenten oder dauernden Lasten, privaten Versorgungs- und Versicherungsrenten. Die Größe dieser Bevölkerungsgruppe wird zunehmen, da in den nächsten Jahren Vermögen in Billionenhöhe vererbt wird. Durch dieses Zusatzeinkommen werden die Grundfreibeträge dann überschritten, so dass für viele eine Steuerpflicht entsteht.

Viele Rentner »vergessen« ihre Altersrente gerne in der Einkommensteuererklärung und geben nur die übrigen (offensichtlichen) Einkünfte an, für die sie oft auch noch steuerliche Abzugsmöglichkeiten beanspruchen können.

Kein lückenloser Datenaustausch

Erstaunlicherweise gibt es Fälle, in denen die Altersrenten jahrelang vom Fiskus unentdeckt geblieben sind. Dies ist umso verwunderlicher, als die Finanzämter doch sonst mit anderen Ämtern regen Datenaustausch zur Feststellung der richtigen Beiträge betreiben, z. B. für Kindergärten, Industrie- und Handelskammer etc.

Wie können Rentner auffallen, die Altersrenten verschweigen?

- Oft geschieht dies durch Anzeigen von Verwandten, Bekannten, Nachbarn, denen dummerweise die Nichtversteuerung der Rente gebeichtet wurde.
- Sowas kommt heraus durch den Erwerb einer Immobilie, deren Finanzierung dem Finanzamt offen gelegt werden muss.
- Es passieren einfach nur dumme Fehler. Etwa, indem versehentlich ein Kontoauszug mit der Rente zwischen die übrigen Belege rutscht, die dem Finanzamt mit der Einkommensteuererklärung zugeschickt werden.

Wichtig: Beziehen Sie eine private Rente oder Einkünfte aus einer dauernden Last, die der Zahler als Sonderausgaben, Werbungskosten oder Betriebsausgaben steuerlich in Abzug bringt, können Sie beim Verschweigen dieser Einnahme durch eine Kontrollmitteilung auffallen.

Kontrollmitteilungen bringen den Fiskus auf die richtige Spur

Im Falle einer Kontrollmitteilung prüft das Finanzamt, ob die Beträge, die der Zahler in Abzug bringt, auf der Empfängerseite auch versteuert werden. Wenn das Finanzamt Sie dann nach kurzer Zeit erwischt, können Sie sich zwar mit einer Selbstanzeige retten. Es müssen jedoch die Steuern plus Hinterziehungszinsen nachentrichtet werden.

Die Schwarzgeldkasse der Vermieter

Für Immobilienbesitzer kann es vor allem in den folgenden Fällen kritisch werden:

- Wenn sie die Immobilie aus Schwarzgeld erworben haben
- Wenn sie die Immobilie mit einer Geldschenkung Dritter aus unversteuerter Quelle erworben haben
- Wenn sie Mieteinnahmen hinterziehen
- Wenn sie die Werbungskosten»frisieren«

In der Praxis verschärft sich die Problematik oft noch dadurch, dass gleich gegen mehrere dieser Punkte verstoßen wird und sich so die Entdeckungswahrscheinlichkeit um ein Vielfaches potenziert.

Generell unterliegen Vermietungs- und Verpachtungseinkünfte (geregelt in § 2 Abs. 1 Nr. 6 EStG) der Einkommensteuer. Das aber scheint vielen Vermietern »unbekannt« zu sein, denn Vermietungseinkünfte werden häufig verschwiegen; doch nicht immer vorsätzlich in der Absicht einer Steuerverkürzung. Wenn nämlich die gefürchtete Anfrage vom Finanzamt kommt, reagieren viele Vermieter völlig erstaunt. Deshalb noch einmal zur Klarstellung:

Einkünfte aus Vermietung und Verpachtung sind steuerpflichtig

Vermietungseinkünfte sind immer dann steuerpflichtig, wenn die jährlichen Mieteinkünfte die Bagatellgrenze von DM 1.000 übersteigen.

Sehr viele Vermieter schaden sich allerdings selbst, wenn die Vermietungseinkünfte verschwiegen werden. Denn meistens entsteht ein steuerlicher Verlust, der sogar (Stand bei Redaktionsschluss) mit anderen positiven Einkünften verrechnet werden kann und dann eventuell zu Steuerfreiheit führt. Auch wenn die Immobilie schon bezahlt ist, entstehen durch Abschreibung, Renovierungsarbeiten und sonstige Werbungskosten häufig Vermietungsverluste, die bei Nichtangabe dieser Einkunftsart unter den Tisch fallen.

Wichtig: Es kann Jahre dauern, bis verschwiegene Vermietungseinkünfte ans Tageslicht kommen. Dann aber müssen Sie damit rechnen, eventuell für zehn zurückliegende Jahre Steuern nachzahlen zu müssen.

Das Finanzamt erfährt von hinterzogenen Vermietungseinkünften meistens durch:

- Anzeigen von neidischen Nachbarn, Kollegen, verlassenen Lebens- oder Liebespartnern
- Kontrollmitteilungen von anderen Finanzämtern

Miete wird steuermindernd abgesetzt

Letztere tauchen häufig dann auf, wenn ganz oder teilweise gewerblich vermietet wird. Es kann aber auch ein reines Wohnraum-Mietverhältnis sein, was dem Vermieter da zum Verhängnis wird. Denn es genügt schon, wenn einer der Räume als Arbeitszimmer oder als Lagerraum steuerlich geltend gemacht wird. Der Mieter setzt die gezahlte Miete als Betriebsausgaben oder Werbungskosten in seiner Steuererklärung ab.

Wenn aber der Mieter dann die entsprechenden Belege dem Finanzamt einreicht oder eine Betriebsprüfung bekommt, schreibt sich der Prüfer die entsprechenden Daten auf und kontrolliert anschließend, ob die Mieten ordnungsgemäß versteuert wurden.

Sind Sie als Vermieter selbstständig oder gewerblich tätig, so müssen Sie außerdem mit Großbetriebsprüfungen rechnen, die immer einen Zeitraum von drei Jahren erfassen. Es werden dabei auch die Besteuerungsgrundlagen für die Einkommensteuer geprüft.

Wenn der Prüfer dann nicht angegebene monatliche Mietzahlungen auf den Konten entdeckt, sitzt der Steuerpflichtige in der Steuerfalle.

Steuerumgehung durch Vermietung an Angehörige

Bei der Vermietung an fremde Personen sollte man vorsichtig sein und keine Mieteinnahmen »vergessen«. Dies gilt natürlich auch für Garagenmieten usw. Falls mit fremden Mietern abenteuerliche Barzahlungen vereinbart werden, die eventuell über der im Mietvertrag vereinbarten Summe liegen, so liefert man sich in gewisser Weise aus. Kommt es zum Streit mit den Mietern, ist eine Anzeige beim Finanzamt nicht selten die Folge.

Vollentgeltliche Vermietung

Bei der Vermietung an Angehörige soll es schon einige abenteuerliche Vereinbarungen gegeben haben, da hier am wenigsten mit Anzeigen beim Finanzamt zu rechnen ist. Außerdem ist es nach § 21 Abs. 2 Satz 2 EStG erlaubt, eine Immobilie an Angehörige zu 50 Prozent unter der ortsüblichen Marktmiete einschließlich Mietnebenkosten zu vermieten, ohne dass der Werbungskostenabzug gestrichen wird. Das hat zur Folge, dass nur 50 Prozent der marktüblichen Mieteinnahmen versteuert werden müssen, jedoch steuerlich alle Ausgaben im Zusammenhang mit der Immobilie geltend gemacht werden können (vollentgeltliche Vermietung).

Ein häufig angewandter Trick: Manche Vermieter wollen auf die restlichen 50 Prozent der Miete nicht verzichten und lassen sich diese von ihren Angehörigen in bar auszahlen. Im Mietvertrag, den das Finanzamt vorgelegt bekommt, steht jedoch die verkürzte Miete.

Missbrauch von Gestaltungsmöglichkeiten

Denkbar wäre auch, dass an eigene Kinder zu 50 Prozent der ortsüblichen Marktmiete vermietet wird und diese zur ortsüblichen Miete weiter vermieten. Da die Kinder meist einen geringeren Einkommensteuersatz haben als ihre Eltern, fallen bei dieser Gestaltung geringere Steuern an. Dies aber fällt unter den Missbrauch von Gestaltungsmöglichkeiten bzw. den Steuerumgehungsparagraphen § 42 AO.

Vermietung zwischen 55 und 60 Prozent

Auch wenn eine Immobilie zu einem Preis vermietet wird, der nur haarscharf über der 50-Prozent-Grenze liegt, laufen Sie Gefahr, dass das Finanzamt Ihre Gestaltung als Liebhaberei einstuft und den Werbungskostenabzug streicht. Um gar nicht erst mit dem Finanzamt diskutieren zu müssen, haben sich deshalb viele Vermieter für absolut sichere Sätze zwischen 55 und 60 Prozent entschieden.

Manipulationen mit Werbungskosten

Die Einkünfte aus Vermietung und Verpachtung werden wie folgt ermittelt:
Mieteinnahmen inkl. erhaltener Nebenkosten
./. Werbungskosten
= Einkünfte aus Vermietung und Verpachtung

Viele Vermieter tragen ihre Mieteinnahmen auch vollständig in der Anlage V zur Einkommensteuererklärung ein und fügen sogar oft zum Beweis die Kontoauszüge bei, damit das Finanzamt von der Richtigkeit des Mieteinnahmenansatzes überzeugt ist.

Auch bei einer Immobilie fallen Werbungskosten an

Bei den Werbungskosten jedoch ist die Steuermoral bei weitem nicht immer so groß. Denn hier gibt es einige Manipulationsmöglichkeiten, was dem Finanzamt natürlich auch nicht unbekannt ist.

Werbungskosten sind nach § 9 EStG alle Aufwendungen zum Erwerb, der Erhaltung und Sicherung der Einnahmen. Bei vermieteten Gebäuden bedeutet dies, dass der Vermieter alle Aufwendungen von den Einnahmen abziehen kann, die dazu geeignet sind, die Mieteinnahmen zu sichern und/oder zu steigern.

Typische Werbungskosten aus Vermietung und Verpachtung sind z. B.:

- Schuldzinsen
- Reparaturen
- Abschreibung

Typische Werbungskosten

- Mieterabfindungen
- Heizungskosten
- Grundbesitzabgaben
- Wohngeldzahlungen an Hausverwaltung
- Fachliteratur
- Steuerberatungskosten für Erstellung der Hausertragsrechnungen
- Reisekosten z. B. wegen Objektkontrolle
- Rechtsanwaltskosten
- Hausmeisterkosten

Viele Belege verringern die Steuerlast

Übersteigen Werbungskosten die Mieteinnahmen, führt dies zu einem steuerlichen Verlust, der z. Zt. noch mit anderen positiven Einkünften (z. B. aus selbstständiger Tätigkeit, als Arbeitnehmer usw.) verrechnet werden darf, somit also zu Steuereinsparungen führt. Deshalb sind die meisten Vermieter sehr bemüht, viele Belege zum »Absetzen« zu sammeln. Hier müssen zunächst die steuerlichen Vorschriften beachtet werden, denn nicht alle vom Steuerpflichtigen angesetzten Ausgaben werden auch immer vom Finanzamt anerkannt.

Beispiel: *Der Vermieter setzt in seiner Steuererklärung monatliche Blumengeschenke für seinen Mieter als Werbungskosten ab, die er jedoch eigentlich seiner Frau machte. Geschenkaufwendungen an den Mieter zum Geburtstag, zur Geburt des Kindes usw. sind zwar tatsächlich als Werbungskosten absetzbar. Es entspricht jedoch nicht den üblichen Gepflogenheiten, seinen Mieter monatlich zu beschenken. Deshalb wird das Finanzamt die Aufwendungen stark kürzen oder ganz streichen.*

Viele Steuerpflichtige haben vermietete Objekte nicht am eigenen Wohnort. Da Reisekosten zu den vermieteten Wohnungen/Häusern als Werbungskosten abzugsfähig sind, setzen viele Vermieter wöchentliche oder monatliche Reisen (Fahrtkosten und Verpflegungsmehraufwendungen, nachzuweisende Übernachtungskosten) als Werbungskosten ab. Sehr häufige Reisen werden jedoch vom Finanzamt nur anerkannt, wenn lückenlose Aufzeichnungen über den Anlass der Reisen geführt wurden. Sonst werden oft private Gründe für die Reisen unterstellt, z. B. wenn sich der frühere Wohnort des Steuerpflichtigen dort befindet.

Reisekosten

Dass die bewusste Falschaufzeichnung solcher Reisen auch versuchte Steuerhinterziehung darstellt, muss nicht gesondert erwähnt werden. Und wenn Sie hier den Bogen einmal überzogen haben, müssen Sie künftig mit einer besonders kritischen Durchleuchtung Ihrer Steuerakte rechnen!

Die häufigsten verbotenen Tricks mit Werbungskosten

Einige Vermieter zeigen bei der Beschaffung geeigneter Belege besonders viel »kleinkriminelle Energie«.
Reparaturaufwendungen für selbst genutztes oder unentgeltlich überlassenes Wohneigentum z. B. gehören zu den Aufwendungen der privaten Lebensführung und werden zum großen Ärgernis der Steuerpflichtigen steuerlich nicht berücksichtigt. Viele Vermieter aber haben schon versucht, größere Reparaturen als »außergewöhnliche Belastung« abzusetzen, was jedoch nur in den Fällen von Hochwasser oder sonstigen Naturkatastrophen möglich ist.

Reparaturkosten werden einfach verschoben

Deshalb sind viele Steuerpflichtige dazu übergegangen, die Reparaturen für das selbst genutzte Objekt für die vermieteten Wohnungen/Häuser als Werbungskosten abzusetzen. Die Rechnungen lauten dann auf die jeweilige Immobilie. Dieser Trick ist bei vermieteten Eigentumswohnungen jedoch schwer anwendbar, da zumindest die Instandhaltungsaufwendungen am Gemeinschaftseigentum von der Hausgemeinschaft getragen werden.
Bezüglich der Rechnungen soll es die abenteuerlichsten Deals geben. Manche Firmen schreiben die Rechnungen oft so, wie die Auftraggeber es verlangen, der Kunde bleibt König! Es soll schon Hausbesitzer gegeben haben, die eine Etage auf ihr selbst genutztes Eigenheim aufgestockt haben und die Aufwendungen dann rechnungsmäßig und steuerwirksam auf mehrere vermietete Objekte verteilt haben!

Leider gab es auch schon Steuerpflichtige, die fingierte Rechnungsbelege oder Belege von Dritten als Aufwand für die eigene Steuererklärung verwandt haben. Ganz abgesehen von der strafrechtlichen Bedeutung solcher Handlungen müssen Vermieter damit rechnen, dass der Finanzbeamte eine Ortsbesichtigung vornimmt. Mit solchen Besuchen müssen Sie rechnen:

- Wenn es sich um langjährige, sehr hohe Aufwendungen handelt
- Wenn langjährige, hohe Verluste aus Vermietung und Verpachtung entstehen
- Wenn der Finanzbeamte »Finanzierungslücken« für die Aufwendungen feststellt
- Wenn an der Glaubwürdigkeit gezweifelt werden muss, z. B. weil in vermieteten Objekten sehr teures Material verbaut wird (goldene Wasserhähne etc.)

Ortsbesichtigung

Wenn bei der Ortsbesichtigung dann festgestellt wird, dass bei der Zuordnung der Rechnungsbelege böse geschummelt wurde, folgt sofort eine dicke Anzeige wegen Steuerhinterziehung!

Manipulation bei den Schuldzinsen

Wenn private Ausgaben durch einen Kredit finanziert werden, sind die Schuldzinsen hierfür steuerlich nicht relevant. Das gilt für das selbst genutzte Eigenheim ebenso wie für das private Kraftfahrzeug, die geplante Weltreise oder für eine teure Wohnungseinrichtung. Viele Banken vergeben private Kredite häufig nur noch gegen wasserdichte Sicherheiten und verlangen je nach Bonität des Kunden eine grundbuchmäßige Absicherung.

Kredite für private Zwecke sind steuerlich nicht relevant

Beispiel: *Sie planen den Kauf einer neuen Luxuskarosse und beantragen einen Bankkredit für 100.000 DM, der durch einen Grundbucheintrag für Ihr vermietetes Haus abgesichert wird. Da auf dem Jahreskontoauszug für diesen Kredit sogar das beliehene Objekt verzeichnet ist, setzen Sie die bescheinigten Finanzierungskosten (Zinsen und Gebühren, Disagio)*

als Werbungskosten ab. Das Finanzamt registriert bei der Bearbeitung der Steuererklärung das neue Darlehen und dass sich die Finanzierungskosten gegenüber den Vorjahren erhöht haben. Es schickt Ihnen eine schriftliche Anfrage und bittet um Begründung. Folge der Trickserei: Da der Grund für die Darlehensaufnahme privater Natur ist, sind die Finanzierungskosten nicht als Werbungskosten absetzbar, auch wenn die Absicherung über das Grundbuch erfolgte.
Wenn erklärt wird, dass die Darlehensaufnahme zur Finanzierung der anstehenden hohen Reparaturen für die vermietete Immobilie erfolgte, mindern die Finanzierungskosten die Mieteinnahmen. Dann müssen Sie jedoch nachweisen, dass wirklich Reparaturaufwendungen entstehen. Hier wird dann aus Beweisnöten oft wieder mit den Rechnungen geschummelt.

Instandhaltungsarbeiten: Vorsicht bei zu hohen Ausgaben

Teure Reparatur- oder Umbaukosten

Sollen die Reparatur- oder Umbaukosten als Werbungskosten in der Anlage V der Steuererklärung steuersparend eingesetzt werden, müssen Sie prüfen, ob Sie die Herkunft des Geldes für die Bezahlung der Kosten unproblematisch deklarieren können. Auch hier kann es wieder vorkommen, dass die Finanzverwaltung den Einsatz von Schwarzgeld vermutet und Rechenschaft von Ihnen verlangt.
Wenn Sie zusätzlich zu Ihrem Gehalt noch hohe Mieteinnahmen haben, so ist es einsehbar, dass Sie davon auch z. B. die neue Dacheindeckung für 80.000 DM sofort bezahlen können. Falls Sie außer den Mieteinkünften kein Einkommen beziehen, so wird Sie das Finanzamt ansonsten fragen, wovon Sie gelebt haben.

Auch Zinsen bei Fremdfinanzierung absetzen

Sollten hohe Instandhaltungsmaßnahmen durch Kreditaufnahme fremdfinanziert worden sein, so können Sie nicht nur die Zinsen als Werbungskosten oder Betriebsausgaben abziehen, sondern haben auch die Geldquelle für die Reparaturen erklärt. Dabei ist es unerheblich, ob Sie sich das Geld bei der Bank oder privat geborgt haben.

Sollten Sie aber ein privates Darlehen (z. B. innerhalb der Familie) aufgenommen haben, müssen Sie darauf achten, dass der private Gläubiger selbst Einkommen oder Vermögen gegenüber dem Finanzamt angegeben hat, aus dem er Ihnen Geld leihen konnte.

Material-rechnungen

Auch wenn größere Instandhaltungsmaßnahmen »ohne Rechnung« durchgeführt werden, so können immer noch die Materialrechnungen in der Steuererklärung geltend gemacht werden.

Schwarzgeld-Einsatz für den Bau oder Kauf einer Immobilie

Wenn eine zur Vermietung bestimmte Immobilie aus Schwarzgeld erworben oder errichtet wurde, so sitzen Sie doppelt in der Tinte, denn es gilt grundsätzlich:

Niemals sollte aus unversteuertem Geld Vermögen geschaffen werden, aus dem Einkünfte bezogen werden, die dann zu versteuern sind.

Finanzierungsmittel müssen offen gelegt werden

Gleiches gilt für den Erwerb von Vermögenswerten oder Beteiligungen, durch die Sie hohe Steuervorteile erhalten und die Sie allein deshalb schon freiwillig in Ihrer Steuererklärung angeben (z. B. Immobilienfonds in den neuen Bundesländern, jedoch auch eigengenutzte Immobilien). Sie müssen Ihrem Finanzamt bei Immobilienkäufen immer die Finanzierung nachweisen, da geprüft werden soll, ob mit Schwarzgeld gebaut oder erworben wurde.

Spekulationsgewinne bei Gebäuden des Privatvermögens

Das Finanzamt interessiert nicht nur die laufenden Einnahmen, die Sie mit einer Immobilie erzielen können, sondern auch die Kapitalherkunft für die Finanzierung des Objektes und/oder der Spekulationsgewinn, den Sie erzielt haben.

Spekulationsgewinn

Ein Spekulationsgewinn kann entstehen, wenn eine Immobilie des Privatvermögens innerhalb des Zehnjahreszeitraumes mit Gewinn veräußert wird (Steuerentlastungsgesetz für Veräußerungen ab 1. Januar 1999).

Der Spekulationsgewinn wird wie folgt ermittelt:
Veräußerungspreis
./. Veräußerungskosten (eventuell Makler, Notar, Reisekosten, Inseratskosten, Gerichtskosten)
./. Kaufpreis
./. Anschaffungsnebenkosten (Grunderwerbsteuer, Notar, Gericht, Makler, Reisekosten)
= Spekulationsgewinn oder Spekulationsverlust

Bei vermieteten Gebäuden, die nach dem 31. Juli 1995 erworben wurden, müssen die geltend gemachten Abschreibungsbeträge hinzugerechnet werden.

Wenn die seinerzeit erworbene Immobilie zur Verdeckung von Schwarzgeld bewusst niedrig beurkundet wurde, kann dies bei einer relativ frühen Veräußerung zum Bumerang werden, da ein niedriger Kaufpreis auch niedrige Anschaffungskosten bedeutet.

Mitteilungspflicht der Gerichte und Notare – nichts bleibt geheim!

Nach § 18 GrEStG müssen Notare und Gerichte dem Finanzamt bestimmte Grundstücksgeschäfte mitteilen. Hierzu zählen:

Mitteilungspflichtige Grundstücksgeschäfte

- Grundstückserwerbe
- Grundstückveräußerungen
- Anträge aufgrundbuchänderungen bei Eigentumswechsel durch Erbschaft oder Schenkung
- Übertragung von Kapitalanteilen, wenn zum Gesellschaftsvermögen Grundstücke gehören
- Bestellung von Erbbaurechten
- Zuschläge in Zwangsversteigerungen

Finanzamt f. Verkehrsteuern u. Grundbesitz in Hamburg

Geschäftszeichen (wird vom Finanzamt ausgefüllt)
10/

Anzeigepflichtiger – Name und Anschrift – (bitte durchschreiben)

UR Nr./Geschäftszeichen | Datum der Urkunde

Ort/Datum

▶ Veräußerungsanzeige

Zutreffendes bitte ☒ ankreuzen

Bezeichnung des veräußerten Grundbesitzes:

(Wohnungs-/Erbbau-)Grundbuch	Blatt	Gemarkung	Flur	Flurstück/Parzelle	Größe in qm

– nur bei bebautem Grundbesitz auszufüllen – Gemeinde	Straße, Hausnummer

Grundstücksart:

☐ bebaut ☐ Wohngebäude ☐ Miteigentumsanteil von

☐ unbebaut ☐ andere Bebauung ☐ verbunden mit Sondereigentum an

☐ land- und forstwirtschaftlich genutzt

☐

Veräußerer:

Name, Vorname/Firma		Anteil
Straße, Hausnummer	PLZ, Ort	
Name, Vorname/Firma		Anteil
Straße, Hausnummer	PLZ, Ort	

Erwerber:

▶ Name, Vorname/Firma | **Anteil**

Straße | Hausnummer

PLZ | Ort

Sonstige Angaben (z. B. Postfach)

Erwerber ist im Verhältnis zum Veräußerer:
☐ Verwandter in gerader Linie
☐ Ehegatte
☐

Erwerber:

▶ Name, Vorname/Firma | **Anteil**

Straße | Hausnummer

PLZ | Ort

Sonstige Angaben (z. B. Postfach)

Erwerber ist im Verhältnis zum Veräußerer:
☐ Verwandter in gerader Linie
☐ Ehegatte
☐

Rechtsvorgang:

☐ Kauf ☐ Tausch ☐ Abtretung (Übertr. d. Rechte) ☐ Schenkung ☐

Rechtswirksamkeit ist eingetreten ☐ ja ☐ nein	Der Rechtsvorgang bedarf der Genehmigung der/des	**Tag d. Übergabe** (Verrechn.-Tag)

Gegenleistung:

	DM
a) Kaufpreis/von den Parteien zugrunde gelegter Wert des Tauschgrundstücks und zusätzliche Leistungen	
b) Übernommene Belastungen (z. B. Hypotheken, Grundschulden)	
c) Sonstige Leistungen (z. B. Rente, Nießbrauch, Wohnrecht, Erbbauzins) – Jahreswert –	
d)	
e) Von der Gegenleistung entfallen auf Inventar, Betriebsvorrichtungen o. ä.	

OFD Hmb GrESt 1a –11.93–

»Vermerke des Finanzamtes«

1.	In das Notarverzeichnis eintragen	Erledigt am	Nz.
2.	Veräußerungsmitteilung an die Bewertungsstelle im Hause **und** Steuermerkmale absenden	Ab am	Nz.

Verfügung

Zutreffendes ist ☒ anzukreuzen

1. Sachverhalt

2. ☐ Steuerfrei gem. § ______ GrEStG 1983

☐ Kein steuerbarer Vorgang

3. Unbedenklichkeitsbescheinigung(en) ergänzen und absenden an

☐ Notar

☐ FHH

☐ ______

Ab am ______ Nz. ______

4. Urkunde(n) / Unterlage(n) zu 3. beifügen — Erledigt am ______ Nz. ______

5. Steuerliste vermerken — Erledigt am ______ Nz. ______

6. Mitteilung an Erbschaftsteuerstelle — Ab am ______ Nz. ______

7. ______ — Erledigt am ______ Nz. ______

8. Zu den Akten

Hamburg ______

Namenszeichen d. SGL ______ Namenszeichen d. SachB ______

Die Mitteilungen in den oben erwähnten Grundstücksangelegenheiten müssen dem Finanzamt innerhalb von zwei Wochen nach der notariellen Beurkundung mit einer Abschrift der Urkunde ebenso übermittelt werden wie die folgenden Angaben:

- Personalien des Käufers
- Personalien des Verkäufers
- Genaue Grundstücksbezeichnung, Grundstücksgröße, Bebauungsart
- Art des notariellen Vorganges (Verkauf, Schenkung, Anteilsübertragung etc.)
- Kaufpreis

Insofern ist es unmöglich, in Deutschland eine Immobilie oder ein Grundstück einfach »klammheimlich« zu erwerben und womöglich Schwarzgeld bei diesem Kauf verschwinden zu lassen.

Ausnahme: Der offizielle Kaufpreis wird niedriger beurkundet, als tatsächlich gezahlt wird.

Wenn »unter der Hand« vor oder nach der Beurkundung noch Geld fließt, spart das für den Erwerber erhebliche Erwerbsnebenkosten, hat aber für denselben auch folgende Nachteile:

Wenn der Kaufpreis höher als beurkundet ist

- Die offiziellen Anschaffungskosten und damit gleichzeitig auch die Abschreibungsbemessungsgrundlage sind geringer, was bedeutet, dass niedrigere Abschreibungsbeträge als Werbungskosten geltend gemacht werden können.
- Wenn das Grundstück/die Immobilie innerhalb der Spekulationsfrist veräußert wird, führt der bewusst niedrig beurkundete Anschaffungspreis eher zu einem Spekulationsgewinn.
- Außerdem ergeben sich juristische Probleme aufgrund der Tatsache, dass beurkundet wurde, was nicht gewollt war, und gewollt war, was nicht beurkundet wurde. Darauf muss der Notar aufmerksam machen, wenn er von Geldübergaben oder Nebenabsprachen etwas mitbekommt.

In der Praxis soll sich folgendes Ritual durchgesetzt haben, welches bei dem eigentlich nicht rechtskräftigen Nebendeal der Bargeldübergabe zwischen Käufer und Verkäufer für beidseitige Sicherheit sorgt: Der Käufer hält dem Verkäufer zwei Umschläge mit exakt derselben Summe hin. In jedem Umschlag befindet sich die Hälfte des verabredeten Barbetrages. Der Verkäufer selbst wählt einen Umschlag aus, hat damit die Sicherheit, dass sich nicht im zweiten Umschlag Papierschnipsel befinden. Nach Unterschrift vor dem Notar wird der zweite Umschlag übergeben.

Und nun wird's wieder offiziell: Die schriftlichen Mitteilungen des Notars gehen zuerst an die Grunderwerbsteuerstelle des Finanzamtes. Diese schickt dem Erwerber einen Grunderwerbsteuerbescheid, nach Zahlungseingang wird dem Notar eine Unbedenklichkeitsbescheinigung übersandt. Erst dann kann die Umschreibung im Grundbuch erfolgen.
Dann schickt die Grunderwerbsteuerstelle Abschriften der Veräußerungsanzeige an:

Mitteilung über Mitteilung

- Das Wohnsitzfinanzamt des Veräußerers, weil hier zu prüfen ist, wie der neue Geldsegen angelegt wird
- Das Wohnsitzfinanzamt des Käufers, weil hier die Kapitalherkunft für den Kauf zu prüfen ist
- Die Bewertungsstelle des Finanzamtes, die alle Eigentumsänderungen an die Gemeinde weiterleitet zwecks Erhebung kommunaler Abgaben (Grundsteuer, Abfallgebühren, Straßenreinigung usw.)

Der gläserne Steuerzahler – die Folgen für Käufer und Verkäufer

Folgen für den Käufer:
Wenn Sie das erste Mal die Anlage V (Vermietung und Verpachtung) zur Einkommensteuererklärung für die Immobilie abgeben, wird das Finanzamt Ihren Fall genauer prüfen. Hier richtet sich das Hauptaugenmerk auf die Finanzierung der Immobilie. Bei einer Vollfinanzierung ergeben sich keine

Probleme. Meistens wird jedoch auch Eigenkapital eingesetzt, dessen Herkunft dann plausibel sein muss. Wenn viel Eigenkapital eingesetzt wurde, in den Vorjahren jedoch keine Guthabenzinsen versteuert wurden, könnte das zum Problem werden. Wenn Sie angeben, die Eigenmittel aus einer Schenkung erhalten zu haben, prüft das Finanzamt, ob eine Schenkungsteuer fällig gewesen wäre bzw. ob diese gezahlt wurde. Stammt das Geld aus einem privaten Darlehen, werden die steuerlichen Verhältnisse des Darlehensgebers geprüft. Stellt sich heraus, dass dieser z. B. arbeitslos ist und in der Vergangenheit keine Guthabenzinsen versteuert hat, schnappt die Steuerfalle zu.

Eigenmittel müssen erklärt werden

Deshalb gehen viele Käufer dazu über, die Immobilie niedriger (und somit falsch) zu beurkunden, um ohne Probleme und Nachforschungen des Finanzamtes ihr Schwarzgeld weißzuwaschen.

Folgen für den Verkäufer:

Das Finanzamt hat Kenntnis von dem Verkauf der Immobilie und möchte nun wissen, ob die Erträge aus dem Kapital auch versteuert werden. Deshalb wird meistens im Rahmen der Einkommensteuerveranlagung ein Auskunftsersuchen gestellt. Hier handelt es sich um einen umfangreichen Fragebogen, in dem gefragt wird nach:

Auskunftsersuchen

- Den Einzelheiten des verkauften Objektes, insbesondere der Nutzungsart, bisherigen Mieteinnahmen
- Der Verwendung des Verkaufserlöses
- Ihrer Steuernummer
- Anderen Grundstückskäufen und -verkäufen in den letzten Jahren

Gegen ein solches Auskunftsersuchen sollten Sie unter Hinweis auf das BFH-Urteil vom 11. Oktober 1989 (Az: I R 101/87) Einspruch einlegen, denn es gibt keine Rechtsgrundlage für solche Fragebogenaktionen. Schreiben Sie dem Finanzamt, dass Sie bisher Ihren steuerlichen Verpflichtungen ordnungsgemäß nachgekommen sind und alles ordnungsgemäß versteuert haben.

Einspruch einlegen

Geldschenkung und Immobilienkauf – hier ist das Finanzamt oft der Gewinner

Geldschenkungen für den Bau oder den Kauf einer Immobilie werden natürlich immer gern genommen. Bei selbst genutzten Immobilien ist dies auch oft unproblematisch, da das Finanzamt hier die Finanzierung wenig hinterfragt.

Ersparnisse ohne Guthabenzinsen

Anders bei vermieteten Objekten. Hier deklarieren Sie die genauen Anschaffungs- oder Herstellungskosten und legen auch die Finanzierung dar. Wenn Sie hohes Eigenkapital angesetzt haben, fragt das Finanzamt nach der Herkunft. Darum wird es kritisch, wenn das Eigenkapital aus Ihren Ersparnissen stammt und Sie in der Vergangenheit keine Guthabenzinsen deklariert haben. Lagen die Guthabenzinsen zusammen mit den anderen Kapitaleinkünften unterhalb der gültigen Freibeträge nach § 20 Abs. 4 EStG, passiert allerdings nichts. Führt die Hinzurechnung der eventuell »vergessenen« Guthabenzinsen zu steuerlichen Mehrergebnissen, befindet man sich schon im Bereich der zumindest leichtfertigen Steuerverkürzung. Hier rettet zwar eine Selbstanzeige vor Geldstrafen, nicht jedoch vor Steuernachzahlungen und Hinterziehungszinsen.

Wichtig: Stammt das für die Finanzierung eingesetzte Eigenkapital aus einer Geldschenkung Dritter, prüft der Finanzbeamte ganz genau. Denn hier wittert er steuerliche Mehrergebnisse und damit Beförderungspunkte!

Gefragt wird nach Namen und Anschrift des Schenkers sowie welcher Verwandtschaftsgrad vorliegt. Befindet sich der Geldbetrag im Rahmen der jeweils gültigen Freibeträge (siehe Seite 41), entsteht keine Schenkungsteuer.

Liegt der Betrag über diesen Freibeträgen, wird nachträglich eine Schenkungsteuer fällig. Damit aber nicht genug. Denn jetzt schickt der Finanzbeamte eine Kontrollmitteilung an das Wohnsitzfinanzamt des Schenkers. Hier wird jetzt geprüft, aus welchen Einkunftsquellen die Geldschenkung stammen könnte und ob die Angaben in den Einkommensteuererklärungen der vergangenen Jahre hierzu passen. Wenn dabei »Lücken« entdeckt werden, erfolgt eine Mitteilung an die Straf- und Bußgeldsachenstelle. Für die Jahre vor 1997 würde dann auch nachträglich geprüft, ob eine Vermögensteuerpflicht bestanden hat. Wenn sich der Steuerpflichtige hier nicht mit privaten Darlehen retten kann, ist mit Nachzahlungen und Hinterziehungszinsen zu rechnen.

Vermögensteuerpflicht kommt vor 1997 hinzu

Ein heisses Eisen: die Auslandsimmobilie

Falls Sie Immobilien im Ausland besitzen und vermieten – auch bei einem winzigen Appartement im sonnigen Süden –, ist höchste Vorsicht geboten! Sind Sie in Deutschland unbeschränkt steuerpflichtig, müssen Sie das jeweilige Doppelbesteuerungsabkommen beachten. Existiert zwischen den beiden Ländern ein solches Abkommen, so sind die Einkünfte entweder in Deutschland steuerpflichtig oder steuerfrei, wenn dafür bereits im Ausland Abgaben gezahlt wurden. Wobei im letzteren Fall die Einkünfte Einfluss auf den Steuersatz in Deutschland haben (Progressionsvorbehalt).

Doppelbesteuerungsabkommen

Existiert kein Doppelbesteuerungsabkommen, so sind die Einkünfte in Deutschland steuerpflichtig. Auf diese Einkünfte eventuell anfallende ausländische Steuern werden dann auf die deutsche Einkommensteuer angerechnet. Möglich ist aber auch, dass die im Ausland gezahlten Steuern vom Gesamtbetrag der Einkünfte im Inland abgezogen werden können. Oft wird angenommen, das Finanzamt könne von ausländischen Mieteinkünften gar keinen Wind bekommen. Aber das ist ein tückischer Irrtum.

Es gibt Finanzbeamte, die sich auf das Aufspüren von Auslandsvermietungen spezialisiert haben. Geprüft werden hier z. B. Zeitungsinserate aller Art, wobei sich Finanzbeamte auch als Mietinteressenten ausgeben.

Kontrollmitteilungen bei Zwischenanmietern

Falls Sie über einen gewerblichen Zwischenanmieter vermieten, z. B. ein Reisebüro oder einen -veranstalter, so setzt dieser die an Sie gezahlte Miete als Betriebsausgaben ab oder versteuert die von Ihnen erhaltene Mietprovision. Wird diese Firma bei einer Betriebsprüfung »durchleuchtet«, so werden diese Zahlen transparent, und Sie müssen mit Kontrollmitteilungen rechnen. Fallen Ihre eigenen Kontoauszüge mit Mieteinnahmen für Häuschen oder Wohnung im Süden durch Unachtsamkeit, böse Menschen oder bei der eigenen Betriebsprüfung in die Hände des Finanzbeamten, geraten Sie leicht in Erklärungsnotstand.

Bekommen Sie aufgrund Ihrer Zeitungsinserate eine Anfrage des Finanzamtes, so geben Sie Mieteinnahmen an, die Ihre Schmerzgrenze unterschreiten. Wenn Sie im Gegenzug die Quittung Ihres ausländischen »Hausverwalters« etc. vorlegen und zusätzlich andere Kosten nachweisen können, so bleibt vielleicht nur noch ein Verlust aus der Vermietung Ihrer Auslandsimmobilie, und die Sache ist vom Tisch.

Es ist also durchaus verständlich, dass die meisten Besitzer von Immobilien im Ausland Mietzahlungen als Barzahlungen vereinbaren, die oft nicht einmal quittiert oder vertraglich fixiert werden und dann nirgendwo mehr erscheinen.

Erwerb von Immobilien im Lieblingsurlaubsland Spanien – wie können Sie auffallen?

Die Grundstückskäufe in Spanien – insbesondere auf den Balearen und Kanaren – nehmen stetig zu. Besonders attraktiv ist auch die Möglichkeit, Schwarzgeld mit dem Kauf der Immobilie weißzuwaschen. Denn der vor dem Notar beurkundete Kaufpreis entspricht oft bei weitem nicht der tatsächlich gezahlten Kaufsumme. In Deutschland informieren Notare und Grunderwerbsteuerstelle die Finanzämter. Die spanischen Behörden machen keine Mitteilung an das Heimatfinanzamt, wenn ein Deutscher eine spanische Immobilie erwirbt. Ein zentrales Investitionsregister gibt es nicht mehr. Auskünfte zwischen den beiden Staaten sind jedoch möglich, werden aber in der Praxis eher nicht durchgeführt.

Kein zentrales Investitionsregister

Die schwarze Kasse der Unternehmer

Weil Unternehmer die vielfältigsten Möglichkeiten haben, am Finanzamt vorbeizuverdienen, werden sie von vielen Arbeitnehmern beneidet. Arbeitnehmer nämlich müssen z. B. die Angaben in ihrer jährlichen Einkommensteuererklärung stets durch Belege nachweisen. Wer gewerblich oder freiberuflich selbstständig tätig ist, hat dagegen das Glück, nicht jedes Jahr vom Finanzamt in die Mangel genommen zu werden. Er reicht dem Finanzamt zusammen mit der Einkommensteuererklärung jährlich eine Gewinnermittlung ein, nicht jedoch die dazugehörigen Belege, die Grundlage für die Finanzbuchhaltung sind.

Keine jährliche Belegpflicht für gewerblich oder freiberuflich Selbstständige

Da die jährliche komplette Belegprüfung aller Selbstständigen (man denke nur an die Vielzahl der großen Firmen) die Kapazitäten der Finanzämter sprengen würde, werden Selbstständige mehr oder weniger regelmäßig im Rahmen einer Betriebsprüfung (Außenprüfung) kontrolliert. Hier sind dann sämtliche Belege und Unterlagen zur Finanzbuchhaltung dem Prüfer vorzulegen.

Nun handeln die Finanzbehörden oft nach dem Zufallsprinzip, was die Häufigkeit der Betriebsprüfungen für die jeweilige Firma betrifft. Und deshalb wohl handeln viele Steuerpflichtige nach dem Motto: Vielleicht habe ich wieder Glück und werde von einer Prüfung verschont! So entstehen vermutlich Schummeleien, denn sonst ließen sich die drastischen Mehreinnahmen der letzten Jahre für den Fiskus durch Betriebsprüfungen nicht erklären.

Das Zufallsprinzip entscheidet über Betriebsprüfungen

Geschummelt wird einmal auf der Einnahmenseite durch Weglassen steuerpflichtiger Umsätze sowie auf der Ausgabenseite durch manipulierte Rechnungen oder unzulässigen Betriebsausgabenabzug von privaten Lebenshaltungskosten. Beide Handlungen führen zu einer buchmäßigen Gewinnreduzierung und somit zur Minderung der Besteuerungsgrundlagen, was weniger Steuerzahlung für den Unternehmer bedeutet!

Die »Steckenpferde« der Betriebsprüfer

Folgende Sachverhalte werden bei der Außenprüfung besonders gecheckt:

- Steuerpflichtige Einnahmen wurden nicht gebucht
- Inventuren wurden gefälscht
- Preisabschläge wurden in unzulässiger Höhe gewährt
- Rückstellungen sind unzutreffend, zu hoch oder unbegründet

Punkte, die das Interesse des Betriebsprüfers auf sich ziehen

- Private Lebenshaltungskosten wurden in den betrieblichen Bereich überführt, was zum unrechtmäßigen Betriebsausgabenabzug führte
- Rechnungen wurden fingiert und führten somit zum unrechtmäßigen Betriebsausgabenabzug bzw. Vorsteuerabzug
- Verträge zwischen Angehörigen wurden fingiert, die einem Fremdvergleich nicht standhalten und die tatsächlich nicht durchgeführt wurden
- Das Verhältnis von Betriebsausgaben zu -einnahmen stimmt nicht
- Ungeklärter Vermögenszuwachs
- Finanzanlagen, Beteiligungen, Wertpapiere
- Prüfung wesentlicher nichtbetrieblicher Einkünfte
- Sonderabschreibungen
- Auslandsbeziehungen
- Zahlungen ins Ausland, die im Inland als Betriebsausgabe abgezogen wurden

Entdeckt der Prüfer Anzeichen von Steuerhinterziehung, erfolgt eine Mitteilung an die Bußgeld- und Strafsachenstelle.

Folgende Sachverhalte veranlassen den Betriebsprüfer zur Anfertigung von Kontrollmaterial für die Finanzämter, die für die zutreffende Besteuerung zuständig sind:

- Abfindungen, Einmalzahlungen
- Provisionen oder provisionsähnliche Zahlungen
- Schmiergeldzahlungen
- Sonstige Gewährung finanzieller Vorteile (wie z. B. Rabatte, Boni etc.)
- Schenkungen, Erbschaften
- Übertragung von Bankguthaben oder auch von Wertpapiervermögen
- Vermutung von Scheinfirmen, ausländischen Briefkastenfirmen
- Zwischenschaltung von für die jeweilige Branche untypischen Unternehmen
- Fingierte Geschäftsvorgänge, fingierte Rechnungen
- Ungewöhnliche Zahlungsmodalitäten
- Verzicht auf Forderungen (auch Darlehensforderungen)

Basis für Kontrollmitteilungen

Wie wird Schwarzgeld des Unternehmers entdeckt?

Der Ablauf einer Betriebsprüfung, die Rechte, Pflichten von Prüfer und Steuerpflichtigem werden ab Seite 138 ff. ausführlich geschildert. In diesem Kapitel soll Ihnen nur die Vorgehensweise des Betriebsprüfers erläutert werden und über welche Sachverhalte viele Unternehmer regelmäßig stolpern. Denn nur wer die Arbeitstechnik der Prüfer kennt, kann entsprechende Vorbereitungen treffen.

Prüfung anhand von Schwerpunkten

Der Betriebsprüfer setzt vor Prüfungsbeginn bestimmte Schwerpunkte, die ihm die Prüfung erleichtern. Während der Prüfung sammelt er fleißig Informationen über Unternehmen und Inhaber oder Gesellschafter. Von ihm erfahren Sie allerdings nichts, schon gar nichts z. B. über finanzamtsinterne Prüfungsanweisungen.

> **TIPP:** Vor Prüfungsbeginn sollten Sie zusammen mit Ihrem Steuerberater Ihre eigene Firma mit den Augen des Prüfers untersuchen. Nur so lassen sich Schwachstellen aufdecken und sogar gegebenenfalls vor Auftauchen des Prüfers noch strafbefreiende Selbstanzeigen stellen.

Bewahren Sie firmeninterne Unterlagen getrennt von den allgemeinen Unterlagen auf. Die firmeninternen Unterlagen sollten Sie weder im Betrieb noch zu Hause lagern. Viele schließen aus verschleierungstechnischen Gründen manchmal sogar mehrere Verträge, um bestimmte steuersenkende Gestaltungen geheim zu halten, die gesetzlich nicht einwandfrei sind.

Was beim internen Betriebsvergleich geprüft wird

Auffällige Unterschiede der Zahlen

Vor Prüfungsbeginn bereitet sich der Prüfer auf den jeweiligen Betrieb vor und führt einen internen Betriebsvergleich durch, wobei die Bilanzansätze der drei letzten zu prüfenden Jahre verglichen werden. Hierbei richtet sich das Augenmerk auf auffällige Zahlenunterschiede bei den betreffenden Positionen. Der Steuerpflichtige sollte für größere Abweichungen plausible Erklärungen parat haben, sonst sieht es »schwarz« aus für ihn.

Beispiel:

Kassenbestand 1996	=	*DM 10.000*	=	*Gewinn*	*50.000*
Kassenbestand 1997	=	*DM 8.000*	=	*Verlust*	*10.000*
Kassenbestand 1998	=	*DM 50.000*	=	*Verlust*	*15.000*

Falls der Steuerpflichtige hier nicht die Erhöhung des Kassenbestandes durch Fremdfinanzierungen bzw. Darlehen oder Privateinlagen aus anderen Einkunftsarten (Vermietung und Verpachtung, Kapitalvermögen) nachweisen kann, vermutet der Prüfer Einlagen von Schwarzgeldern. Im günstigsten Fall schätzt er Einnahmen hinzu, meistens erfolgt eine Mitteilung an die Straf- und Bußgeldsachenstelle.

Was beim externen Betriebsvergleich geprüft wird

Branchentypische Vergleichswerte

Zusätzlich zum internen Betriebsvergleich prüft der Mann vom Finanzamt die betrieblichen Kennzahlen des jeweiligen Unternehmens anhand seiner amtlichen Richtsätze. Letztere stellen betriebliche Kennzahlen von Durchschnittsbetrieben gleicher Branchen dar. Diese Werte gewinnt das Finanzamt aus früheren Außenprüfungen. Es handelt sich dabei also um branchentypische Vergleichswerte.

Die wichtigsten Verprobungsmethoden

Alle Betriebsprüfer arbeiten mit finanzamtsinternen Prüfungsrastern, so genannten Verprobungsmethoden, mit denen hinterzogene Einnahmen oder Steuerverkürzungen durch aufgeblähte, unechte Betriebsausgaben schnell entdeckt werden können. Dahinter verbergen sich verschiedene Möglichkeiten, Ihre Finanzbuchhaltung und das Betriebsergebnis auf Richtigkeit zu überprüfen.

Betriebsergebnis wird durchleuchtet

- Hierzu zählt z. B. die Geldverkehrsrechnung, bei der die Finanzierung der betrieblichen Investitionen und der laufenden Betriebsausgaben überprüft werden.

Beispiel: *Sie haben eine teure Computeranlage angeschafft, können jedoch die Mittelherkunft nicht nachweisen, weder durch Betriebseinnahmen, betriebliches Bankguthaben noch Fremdfinanzierung. Der Prüfer vermutet dann Hinterziehung von Betriebseinnahmen.*

- Bei der so genannten Vorsteuerverprobung werden die Betriebsausgaben mit der Höhe der geltend gemachten Vorsteuerbeträge überprüft. Hierbei werden auch mehrwertsteuerfreie Positionen berücksichtigt.

Zahlenvergleich

Beispiel:

Betriebsausgaben (inkl. MwSt.-Satz 16 %)	*=*	*DM 30.000*
geltend gemachte Vorsteuer	*=*	*DM 6.500*

Hier wurden mehr Vorsteuern abgesetzt, als die Betriebsausgaben hergeben. Vermutlich, um die Betriebsausgaben zu erhöhen und ein Guthaben bei der Umsatzsteuererklärung bzw. den Umsatzsteuer-Voranmeldungen zu erreichen. Der Prüfer vermutet dann, dass nachträglich Betriebsausgaben aus der Buchhaltung gestrichen wurden, damit das Verhältnis Betriebseinnahmen-Betriebsausgaben wieder stimmt.

- Bei der Prüfung von Kassenfehlbeträgen wird untersucht, ob mehr Geld aus der Kasse entnommen wurde, als tatsächlich vorhanden war. Bei Kassenfehlbeträgen schätzt der Prüfer in jedem Fall nach folgender Formel hinzu:

Hinzuschätzung = durchschnittlicher Kassenfehlbetrag × 2,5

Kasseneinlagen werden durchleuchtet

Kassenfehlbeträge können Sie durch Privateinlagen ausgleichen, deren Herkunft wird jedoch ebenfalls geprüft. Können Sie diese nicht durch Darlehen oder andere Einkunftsarten oder Vermögen (Bankguthaben, welches immer versteuert wurde) nachweisen, kann die Angelegenheit strafrechtliche Relevanz bekommen, da Schwarzgeld vermutet wird.

- Die bei Richtsatzverprobungen gewonnenen betriebswirtschaftlichen Kennzahlen stellen Erfahrungswerte der Finanzverwaltung dar, mit deren Hilfe der Prüfer schnell die Plausibilität des vorliegenden Zahlenmaterials bzw. des Betriebsergebnisses überprüfen kann. Richtsätze sind Hilfsmittel für die Finanzverwaltung, Umsätze und Gewinne der Gewerbetreibenden zu verproben und bei Fehlen geeigneter Buchhaltungsunterlagen nach § 162 AO zu schätzen.

Für freie Berufe gibt es keine amtlichen Richtsätze.

Betriebswirtschaftliche Kennzahlen

Die Richtsätze werden in Vonhundertsätzen des wirtschaftlichen Netto-Umsatzes (ohne Mehrwertsteuer) für den Rohgewinn, Halbreingewinn und Reingewinn ermittelt. Die Berufe werden in Gewerbeklassen eingeteilt. Die Richtsätze bestehen aus einem oberen und unteren Rahmensatz sowie einem Mittelsatz, die jedoch nicht für Großbetriebe gelten.
Bei der Richtsatzverprobung sind die in Jahresabschluss und Steuererklärungen ausgewiesenen Umsätze und Gewinne dem Richtsatzaufbau anzugleichen. Wenn die so gewonnenen Erkenntnisse aus dem Richtsatzrahmen herausfallen oder wenn die Besteuerungsgrundlagen mangels geeigneter Unterlagen nicht ermittelt werden können, erfolgen Hinzu-

schätzungen des Betriebsprüfers. Stellt dieser fest, dass Betriebseinnahmen hinterzogen oder Betriebsausgaben »aufgebläht« wurden, muss er die Bußgeld- und Strafsachenstelle informieren.
Der Betriebsprüfer vergleicht jedoch nicht nur die nackten Zahlen, sondern macht sich an Ort und Stelle ein Bild des Unternehmens und gewinnt dadurch oft Erkenntnisse, die Richtsatzabweichungen begründen.

Wie sieht die Verprobung in der Praxis aus?

- Der Betriebsprüfer geht davon aus, dass bei einem »Umsatz = X« ein »Gewinn = Y« herauskommt, wobei in investitionsstarken Jahren eine Gewinnabweichung plausibel begründet werden kann.
- Weiter erkennen die Prüfer am Wareneinkauf, wie viel Umsatz und Gewinn tatsächlich erzielt werden konnten.

Investitionen verringern den Gewinn

Beispiel Gastronomie: *Aufgrund der Wareneinkaufsmenge beim Zucker kann der Prüfer hochrechnen, wie viel Kaffee oder Espresso verkauft worden sein müsste. Aufgrund der bestehenden Richtsätze für die Gewinnaufschläge kann er dann weiter den Gewinn hochrechnen. Gleiches gilt für die eingekaufte Serviettenmenge: Auch daraus können die Speisenumsätze sowie die Gewinne hochgerechnet werden.*

Wareneinkauf in Relation zu Umsatz und Gewinn

Viele Gastronomen sind dazu übergegangen, Wareneinkäufe schwarz zu tätigen und nicht über die Bücher laufen zu lassen. Jedoch müssen auch dann die Richtsätze eingehalten werden, damit wieder das Verhältnis Wareneinkauf-Umsatz-Gewinn stimmt. Zu diesem Zweck existiert bei vielen Gastronomen eine »zweite, inoffizielle« Buchhaltung«.

Beispiel Friseursalon: *Aufgrund der eingekauften Menge Dauerwellenpapier rechnet der Prüfer den Dauerwellenumsatz und somit auch den Gewinn hierfür hoch.*

Für diese beiden und viele andere Beispiele gilt: Abweichungen von den Richtsätzen werden ohne Hinzuschätzung akzeptiert, wenn sie plausibel begründet werden können. Existenzgründer werden z. B. die Richtsätze in den ersten Gründungsjahren nicht unbedingt einhalten können.

Prüfen Sie, ob Ihre Zahlen mit den Richtsätzen übereinstimmen

Abweichungen von 20 Prozent sind möglich

Die nachfolgende Tabelle gibt Ihnen Auskunft darüber, ob Ihre Zahlen sich im normalen Rahmen befinden! Die genannten Richtsätze werden von der jeweiligen Oberfinanzdirektion festgelegt und sind eingeteilt in die Gruppen Süd, West und Nord-West. Außerdem richten sich die Sätze auch nach den Umsatzgrößen des jeweiligen Betriebes. Es handelt sich außerdem nur um Durchschnittssätze, die amtlichen Richtsätze lassen Abweichungen nach oben und unten von etwa 20 Prozent zu.

Übersicht: Einzelhandel – Handelsspanne und Gewinn

Die Handelsspanne nennt die durchschnittliche Differenz zwischen regulärem Einkaufs- und Verkaufspreis.

Beispiel: *Bei Backwaren soll mit eingekaufter Ware von 10 DM (× 203 %) ein Umsatz von 20,30 DM erzielt werden. Bei einem Umsatz von 100 DM (zweite Spalte) sollen dem Backwarenverkäufer dann als Reingewinn vor Einkommensteuern durchschnittlich 17 DM bleiben.*

Gewerbeklassen	**Handelsspanne** Rohgewinnaufschlag auf den Wareneinsatz in %	**Reingewinn** Spanne je 100 DM Umsatz, **Durchschnitt**
Backwaren, Konditoreiwaren, Jahresumsatz bis 500.000 DM	138–285 **203**	13–28 DM **20 DM**

Gewerbeklassen	**Handelsspanne** Rohgewinnaufschlag auf den Wareneinsatz in %	**Reingewinn** Spanne je 100 DM Umsatz, **Durchschnitt**
Blumen, Pflanzen (Einzelhandel)	59–113 **85**	7–22 DM **14 DM**
Buchhandel (Einzelhandel)	30–52 **41**	5–14 DM **9 DM**
Büroartikel, Schreibwaren	30–72 **47**	5–18 DM **11 DM**
Cafés (wirtschaftlicher Umsatz über 400.000 DM)	186–376 **257**	5–23 DM **13 DM**
Drogerien	39–79 **56**	5–18 DM **11 DM**
Eisdielen	257–426 **335**	11–32 DM **21 DM**
Elektrotechnische Erzeugnisse und Leuchten, Einzelhandel (mit Reparatur- u. Installationsarbeiten)	43–150 **75**	5–24 DM **13 DM**
Fahrräder, Mopeds, Ersatzteile (einschl. Reparaturen)	28–61 **45**	7–21 DM **13 DM**
Farben, Tapeten, Fußboden (Einzelhandel über 200.000 DM Jahresumsatz)	49–96 **67**	6–18 DM **12 DM**
Fische, Fischerzeugnisse	54–96 **70**	6–22 DM **15 DM**
Fleisch- und Wurstwaren Jahresumsatz bis 600.000 DM	54–117 **85**	6–22 DM **13 DM**
Gast- u. Speisewirtschaft (über 400.000 DM Umsatz)	156–300 **203**	5–23 DM **14 DM**
Geschenkartikel, Kunstgewerbe	61–170 **96**	6–25 DM **15 DM**

Amtliche Richtsätze

Durchschnittssätze

Gewerbeklassen	**Handelsspanne** Rohgewinnaufschlag auf den Wareneinsatz in %	**Reingewinn** Spanne je 100 DM Umsatz, **Durchschnitt**
Getränke, Spirituosen (Einzelhandel West/Nord)	18–45 **28**	4–15 DM **9 DM**
Haushaltswaren, Glas, Porzellan, Keramik	47–89 **67**	4–20 DM **13 DM**
Imbissstätten	117–213 **156**	11–32 DM **22 DM**
Kraftfahrzeugzubehörhandel (Einzelhandel)	28–79 **52**	3–18 DM **9 DM**
Leder- und Taschenwaren	67–108 **85**	7–21 DM **14 DM**
Möbel u. sonstige Einrichtungsgegenstände	43–89 **61**	4–18 DM **11 DM**
Nahrungs- u. Genussmittel verschiedener Art (Einzelhandel)	19–40 **28**	2–12 DM **6 DM**
Obst, Gemüse, Südfrüchte (Einzelhandel)	12–156 **51**	4–19 DM **11 DM**
Optiker	133–223 **170**	8–30 DM **18 DM**
Parfümeriewaren (Einzelhandel bis 300.000 DM Umsatz)	59–113 **79**	9–22 DM **16 DM**
Reformwaren (Einzelhandel)	37–61 **49**	3–14 DM **8 DM**
Rundfunk-, Fernseh- und Phonogeräte (Einzelhandel mit Reparaturen)	35–82 **54** 35-82	6–19 dM **12 DM**
Schuhe u. Schuhwaren (Einzelhandel mit Reparaturbetrieb)	52–100 **72**	3–22 DM **11 DM**
Spielwaren (Einzelhandel)	39–70 **54**	3–17 DM **9 DM**

Einzelhandel

Gewerbeklassen	**Handelsspanne** Rohgewinnaufschlag auf den Wareneinsatz in %	**Reingewinn** Spanne je 100 DM Umsatz, **Durchschnitt**
Sportartikel, Freizeitartikel, Campingbedarf (Einzelhandel)	41–75 **56**	6–16 DM **11 DM**
Tabakwaren und Zeitschriften (Einzelhandel)	14–27 **19**	3–11 DM **6 DM**
Textilwaren verschiedener Art (Einzelhandel)	54–96 **72**	3–20 DM **10 DM**
Uhren, Schmuckwaren (Einzelhandel mit Reparaturen)	69–127 **92**	5–27 DM **15 DM**
Zoobedarf, Kleintiere (Einzelhandel)	54–108 **75**	7–20 DM **13 DM**

Quelle: Einheitliche Richtsatzsammlung für das gesamte Bundesgebiet, herausgegeben vom Bundesministerium der Finanzen für die Oberfinanzdirektionen des Bundesgebietes (§ 39 BpO)

Übersicht: Dienstleistungen und Handwerk

Im Gegensatz zum Einzelhandel werden hier nicht in jedem Fall Waren eingekauft, eine Handelsspanne ist deshalb nicht angegeben. **Reingewinn** (Rohgewinn abzüglich Betriebsausgaben z. B. für Personal, Miete, jedoch ohne generellen Abzug der Unternehmensteuern, wobei diese je nach Gesellschaftsform z. T. in den Betriebsausgaben enthalten sein können).

Beispiel: *Von 100 DM Umsatz bleiben dem Autovermieter durchschnittlich 22 DM als Reingewinn.*

Gewerbeklassen	**Reingewinn** Spanne je 100 DM Umsatz, **Durchschnitt**
Anzeigen-, Werbevermittlung	50–65 DM **59 DM**
Autovermietung (stark abhängig von Zahl der Fahrzeuge, Mitarbeiter, Filialen)	20–33 DM **22 DM**

Richtsätze der Oberfinanzdirektion

Gewerbeklassen	**Reingewinn** Spanne je 100 DM Umsatz, **Durchschnitt**
Bausparkassenvertretung	50–70 DM **60 DM**
Bautischlerei, Zimmerei (bis 400.000 DM Umsatz)	9–37 DM **23 DM**
Bauunternehmen (Umsatz 400.000 bis 1.000.000 DM)	6–24 DM **15 DM**
Beherbergungsgewerbe (Umsatz über 250.000 DM)	9–36 DM **19 DM**
Bestattungsunternehmen (Umsatz über 250.000 DM)	16–38 DM **27 DM**
Chemische Reinigungen (Umsatz über 200.000 DM)	9–33 DM 18 DM
Dachdeckereien (Umsatz bis 500.000 DM)	11–35 DM **21 DM**
Druckereien (Umsatz 250.000 bis 500.000 DM)	6–30 DM **18 DM**
Elektroinstallation (Umsatz 250.000 bis 500.000 DM)	10–32 DM **20 DM**
Fahrschulen (Umsatz 150.000 DM bis 300.000 DM)	23–51 DM **37 DM**
Fliesenlegerei mit Materiallieferung (Umsatz 400.000 bis 1.000.000 DM)	8–28 DM **18 DM**
Fotografisches Gewerbe (Umsatz bis 400.000 DM)	7–27 DM **17 DM**
Friedhofsgärtnereien	10–38 DM **21 DM**
Friseure (Umsatz 100.000 bis 200.000 DM)	17–37 DM **27 DM**
Garten- u. Landschaftsbau (Umsatz über 400.000 bis 800.000 DM)	5–24 **14 DM**
Gebäudereinigung (Umsatz über 300.000 DM)	10–29 DM **19 DM**

Gewerbeklassen	**Reingewinn** Spanne je 100 DM Umsatz, **Durchschnitt**
Glasergewerbe (Umsatz über 500.000 DM)	6–26 DM **15 DM**
Hotels (mit Halb- oder Vollpension, Umsatz über 250.000 DM)	9–36 DM **19 DM**
Installationsbetriebe (Heizung, Gas, Wasser, Umsatz 600.000 DM bis 1.200.000 DM)	6–21 DM **14 DM**
Kfz-Lackierereien (bis 300.000 DM Umsatz)	12–45 DM **26 DM**
Kfz-Reparatur (über 200.000 bis 500.000 DM Umsatz)	7–26 DM **16 DM**
Maler u. Lackiergewerbe (Umsatz über 150.000 bis 400.000 DM)	18–46 DM **28 DM**
Raumausstatter, Dekorateure (über 300.000 DM Umsatz)	9–22 DM **16 DM**
Schlossereien (Umsatz 300.000 bis 600.000 DM)	12–30 DM **20 DM**
Schneiderei (Änderungsschneiderei)	28–70 DM **48 DM**
Schreinerei, Tischlerei (Umsatz 400.000 DM bis 1.000.000 DM)	5–22 DM **13 DM**
Schuhmacherei, auch orthopädisch (Umsatz über 200.000 DM)	16–43 DM **29 DM**
Stukkateurgewerbe, Gipserei u. Verputzerei (Umsatz über 200.000 DM bis 500.000 DM)	12–38 DM **25 DM**
Wäscherei, Heißmangelei (bis 300.000 DM Umsatz)	12–38 DM **28 DM**
Werbeagenturen (Full Service)	7–12 DM **9 DM**

Quellen: Richtsatzsammlung des Bundesministeriums der Finanzen für die Oberfinanzdirektionen, eigene Recherchen.

Dienst-
leistungen
und
Handwerk

Laufende Schwarzeinnahmen

- Bei Selbstständigen müssen Wareneinkauf und Betriebseinnahmen stimmen. Wird für eine Imbissbude tonnenweise Senf gekauft, unterstellt der Betriebsprüfer eine bestimmte Menge verkaufter Würste. Wenn diesbezüglich zu wenig Einnahmen verbucht werden, erfolgen Hinzuschätzungen.
- Heimlich verdientes Geld kommt nie auf ein Konto, weder privat noch geschäftlich. Dies gilt für Girokonten und für Sparbücher.

Schwarzgeld sollte nie für Betriebsausgaben verwendet werden

- Betriebsausgaben und/oder betriebliche Investitionen dürfen nie mit Schwarzgeld getätigt werden. Auch wenn der neue Lkw in bar bezahlt werden könnte, finanziert man ihn über Kredit und verlebt das Geld oder vergoldet seine Wasserhähne.
- Es werden immer ausreichende Privatentnahmen von Firmenkonten getätigt. Sonst fragt der Prüfer, wovon man gelebt haben will.
- Es werden nie Quittungen unterschrieben, weil Einnahmen dann schwarz auf weiß dokumentiert und nachweisbar werden. Sonst hat der Besitzer der Quittung immer den Nachweis über die durchgeführte Tätigkeit und Entlohnung und kann dies im Ernstfall oder bei Streitigkeiten zu Erpressungen nutzen, falls ihm bekannt ist, dass die Einnahmen nicht versteuert werden.
- Es wird immer damit gerechnet, dass Rechnungen oder Quittungen als Werbungskosten oder Betriebsausgaben in der Steuererklärung anderer auftauchen und dann zu unbequemen Kontrollmitteilungen führen können.

Wie erfährt das Finanzamt von Ihren heimlichen Schätzen?

Bestimmt kennen Sie das Sprichwort: Kleine Sünden bestraft der liebe Gott sofort. Im Steuerrecht aber geht es oft so gottverlassen zu, dass natürlich auch die Sache mit den kleinen Sünden ganz anders abläuft. Hier können kleine Steuersünden jahrelang unentdeckt bleiben, weshalb sich viele dann in trügerischer Sicherheit wiegen. Doch das Auge des Finanzamtes ist überall wachsam. Und wenn es etwas erspäht hat, werden mindestens noch die zehn zurückliegenden Jahre wieder aufgerollt. Kleine (oder auch größere) Mogeleien fallen fast immer durch dieselben Sachverhalte auf.

Zehn Jahre alte Sünden kommen zum Tragen

Anzeigen aus dem persönlichen Umfeld

Wenn Sie sich als kaufmännischer Angestellter mit normalem Einkommen plötzlich einen Porsche vor die Haustür stellen und fünfmal im Jahr Urlaub machen, so kann das schon Argwohn und Neid hervorrufen.

Nur wenn eine Anzeige mit konkreten Fakten gespickt ist, erweckt sie das Interesse des Finanzamts. Denn die Finanzbeamten wissen sehr wohl, dass auch Denunziationen ohne konkreten Hintergrund erfolgen, nur um einem anderen Menschen Scherereien zu bereiten.

Der Neid der Mitmenschen

Tatsächlich schon vorgekommen ist es auch, dass ein Nachbar über Monate hinweg seiner Nachbarin nachgefahren ist und deren Tagesablauf mit genauer Uhrzeit- und Ortsangabe protokolliert hat. So konnte er ihre heimliche Schwarzarbeit aufdecken und dem Finanzamt genaue Fakten liefern, denen dann auch nachgegangen wurde. Sein Motiv: Er war bei ihr abgeblitzt.

Egal, ob verheiratet oder nicht: Das Wort Lebensgefährten kann für Steuersünder gleichbedeutend sein mit Lebensgefahr. Denn die wissen meistens auch über die gegenseitigen finanziellen Verhältnisse Bescheid.

Enttäuschte Gefühle helfen dem Finanzamt

Solange man gemeinsam vom heimlichen Schweizer Konto profitiert, geht ja üblicherweise auch alles gut. Aber wehe, die Beziehung geht in die Brüche. Die überwiegende Zahl von Anzeigen bei der Steuerfahndung kommen denn auch von verlassenen Lebenspartnern, die – von Rache getrieben – dem anderen nun auch nicht mehr das gut gefüllte Schweizer Bankdepot gönnen.

Der Anzeigende kann in vielen Fällen aber auch Opfer seiner eigenen Denunziation werden – wenn er in den vergangenen Jahren mit dem anderen gemeinsame Sache bei der Steuerhinterziehung gemacht hat.

Eine ständig betrogene Ehefrau, die mit ihrem Ehemann einen größeren Gastronomiebetrieb unterhielt, liefert dem Finanzamt genaue Auskünfte über die »Schwarzkasse« des eigenen Restaurants. Hintergrund: Sie will den ungetreuen Exmann unbedingt ins Gefängnis bringen. Freiweg nach dem Motto: Wenn ich ihn schon nicht ganz haben kann, kriegen ihn die anderen auch nicht mehr! In solchen Fällen aber wandert die beteiligte Ehefrau mit hinter Gitter.

Ungereimtheiten bei Außenprüfungen des Finanzamts

Selbstständige bzw. gewerblich Tätige müssen damit rechnen, dass Ihnen irgendwann mal eine Betriebsprüfung nach § 193 AO ins Haus steht. Das hat nichts mit der Steuerfahndung zu tun, sondern ist eigentlich ein ganz normaler Vorgang. Mit solchen Hausbesuchen haben Arbeitnehmer nicht zu rechnen. Dafür müssen Sie alle für die Besteuerung wichtigen Unterlagen nämlich jährlich einreichen.

Jede Betriebsprüfung wird schriftlich angekündigt und sollte möglichst nicht in den eigenen Büroräumen, sondern in der Praxis des jeweiligen steuerlichen Beraters oder auch des Buchhalters stattfinden. Grund: Der Prüfer sollte nicht die Gelegenheit bekommen, Ihnen, Ihren Mitarbeitern oder Familienangehörigen scheinbar harmlose Fragen zu stellen, deren Hintergründe Sie nicht verstehen können.

Scheinbar belanglose Fragen

Beispiel: *Nur mal angenommen, der Prüfer fragt ganz belanglos, wo Sie meistens Ihren Urlaub verbringen. Da Urlaub ein beliebtes Thema ist, erzählen Sie, dass Sie immer mit dem Auto nach Barcelona fahren, und das zweimal jährlich. Das reicht dem Prüfer schon, um die Privatanteile des Firmenfahrzeuges hochzusetzen für den gesamten Prüfungszeitraum, der sich meistens über drei Jahre erstreckt. In manchen Fällen wird der Prüfungszeitraum auch auf einen längeren Zeitraum ausgedehnt.*

Sollte die Buchhaltung nicht ordnungsgemäß sein oder der Gewinn, gemessen am Umsatz, zu gering ausfallen, so vermutet der Betriebsprüfer schnell verheimlichte Einnahmen bzw. Gewinne.

Geldbewegungen ins Ausland

Ganz schlecht sieht es für Sie aus, wenn der Betriebsprüfer auf Ihren Konten regelmäßige und/oder hohe Geldtransfers ins Ausland bemerkt, für die Sie keine saubere Erklärung parat haben. Falls Sie dann angeben, Ihre mittellose in Ghana lebende Schwester zu unterstützen, müssen Sie dies nachweisen. In solchen Fällen könnten dann sogar Verdienstbescheinigungen Ihrer Schwester und weitere Beweise angefordert werden.

Erkennt der Betriebsprüfer bei einer Einzelfirma keine oder nur geringe Privatentnahmen des Betriebsinhabers, droht akute Gefahr. Der Prüfer wird fragen, wovon Sie gelebt haben. Hier wird er auch Schwarzeinnahmen vermuten, die für den Lebensunterhalt und den Konsum verbraucht wurden.

Vielleicht erinnern Sie sich an den von uns mehrfach wiederholten Hinweis, dass Schwarzgeld nicht auf ein Konto gehört. Und Schwarzgeld vermutet der Betriebsprüfer sofort, wenn er Bareinzahlungen auf Ihrem Konto entdeckt, zu denen er keine von Ihnen ausgestellte Rechnung findet oder eine Gehaltszahlung.

Messzahlen für Bilanzposten

Bei Selbstständigen stellt die schon beschriebene Verprobungsmethode (siehe Seite 95 ff.) ein wichtiges Instrument des Betriebsprüfers dar, die Steuerehrlichkeit zu überprüfen. Verprobung heißt im Wesentlichen, dass verschiedene Bilanzpositionen miteinander verglichen werden, für die der Prüfer Messzahlen hat. Bei der so genannten Vorsteuerverprobung werden die Betriebsausgaben mit den in Abzug gebrachten Vorsteuern verglichen.

Beispiel: *Angenommen, Ihr Wareneinsatz betrug DM 20.000 (inkl. 16 % MwSt.), Sie machten jedoch für das betreffende Kalenderjahr DM 5.000 Vorsteuern geltend und hatten sonst keine Ausgaben. Ihr als Betriebsausgaben geltend gemachter Vorsteuerbetrag ist um DM 2.241,38 zu hoch.*

Vorsteuerverprobung

Natürlich könnte der Betriebsprüfer einen Eingabefehler bei der Buchhaltung vermuten. Dies ist jedoch kaum möglich, wenn diese per EDV erstellt wurde. Folglich bleiben also nur noch zwei mögliche Erklärungen:

1. Um die Umsatzsteuerbelastung gering zu halten und um die Betriebsausgaben aufzublähen, wurden die Vorsteuern bewusst zu hoch angesetzt.
2. Vielleicht, weil Betriebseinnahmen hinterzogen wurden und folglich Schwarzeinkäufe stattgefunden haben müssen, wurden zunächst alle Eingangsrechnungen incl. Mehrwertsteuer verbucht und hinterher einige wieder herausgenommen, nicht jedoch die jeweils entsprechende Vorsteuer.

Außerdem wird der Prüfer grundsätzlich den Gewinn einer Einzelfirma mit den privaten Bedürfnissen (Miete, Lebensunterhalt, Kleidung etc.) vergleichen. Sind letztere Ausgaben höher, wird der Prüfer Sie fragen, wovon Sie gelebt haben. Falls Sie nicht finanziell unterstützt wurden oder ein privates Darlehen beansprucht haben, schätzt der Prüfer Einnahmen hinzu – oder die Steuerfahndung bekommt eine weitere Akte auf den Tisch.

Wie oft kommt der Betriebsprüfer?

Auch wenn Sie ein reines Gewissen haben: Eine Betriebsprüfung ist für Sie immer mit erheblichem Arbeits- und Kostenaufwand verbunden. Das Finanzamt teilt alle Unternehmen in drei Größenklassen, die in unterschiedlichen Zeiträumen mit Betriebsprüfungen rechnen müssen.

Übersicht: Betriebsgrößenklassen und Zeiträume für Prüfungen (gültig seit 1. Januar 1998 laut BMF-Schreiben vom 2. Mai 1997)

Gewerbeart	Großbetrieb (DM)	Mittelbetrieb (DM)	Kleinbetrieb (DM)
Dienstleistung	**Gesamtumsatz** über 8,25 Mio. oder **Gewinn** über 460.000	**Gesamtumsatz** über 1,1 Mio. oder **Gewinn** über 90.000	**Gesamtumsatz** über 250.000 oder **Gewinn** über 48.000
Freie Berufe	**Gesamtumsatz** über 6,7 Mio. oder **Gewinn** über 875.000	**Gesamtumsatz** über 1,25 Mio. oder **Gewinn** über 200.000	**Gesamtumsatz** über 250.000 oder **Gewinn** über 48.000
Handel	**Gesamtumsatz** über 11,8 Mio. oder **Gewinn** über 460.000	**Gesamtumsatz** über 1,4 Mio. oder **Gewinn** über 90.000	**Gesamtumsatz** über 250.000 oder **Gewinn** über 48.000
Produktionsbetriebe	**Gesamtumsatz** über 6,7 Mio. oder **Gewinn** über 410.000	**Gesamtumsatz** über 825.000 oder **Gewinn** über 90.000	**Gesamtumsatz** über 250.000 oder **Gewinn** über 48.000
Prüfungshäufigkeit	ca. alle 5 Jahre	ca. alle 14 Jahre	ca. alle 40 Jahre
Prüfungsumfang	lückenlos	die letzten drei dem Finanzamt vorliegenden Jahresabschlüsse und Steuererklärungen	
Prüfung außer der Reihe wegen Zufallsprinzip oder Kontrollmitteilungen	möglich		

Wann droht wem eine Prüfung?

Das legt allein das Finanzamt fest. Dort wird die so genannte Fallauswahl getroffen. Und dabei wird ein Teil der Prüfungsfälle immer nach dem Zufallsprinzip ausgewürfelt. Grund: So hat theoretisch jedes Unternehmen die Chance (oder das Risiko), einmal »dran« zu sein – und der vom Verfassungsgericht verlangten Steuergerechtigkeit ist Genüge getan. Ein anderer, erheblich größerer Teil von Betrieben aber wird gezielt geprüft. Dies geschieht zum Beispiel:

Schon mal negativ aufgefallen

- Wenn die Veranlagungsstelle aufgrund vermuteter Unstimmigkeiten ein Prüfungsersuchen an die Betriebsprüfungsstelle stellt
- Wenn bei der letzten Außenprüfung schon ein ordentliches steuerliches Mehrergebnis zu verzeichnen war

Ohne Beweise kommt das Finanzamt nicht weiter

Steuerhinterziehung muss nachgewiesen werden – folglich muss das Finanzamt Beweise suchen. Ansonsten ist es kaum möglich, gegebenenfalls auch strafrechtlich in der Sache vorgehen zu können oder die fehlenden Steuern einzutreiben. Im Rahmen dieser notwendigen Beweiserhebung außerhalb einer Steuerprüfung hat die Finanzverwaltung folgende Möglichkeiten, die in den §§ 90 ff. der Abgabeordnung geregelt sind:

Wahl der Ermittlungsmöglichkeiten

- Vorladung des Steuerpflichtigen an Amtsstelle zwecks Erteilung von Auskünften
- Anforderung von weiteren Unterlagen, Urkunden und Dokumenten
- Ortsbesichtigung (Wohnung und Betrieb)
- Einholen von Auskünften der Beteiligten und bei dritten Personen
- Hinzuziehen von Sachverständigen
- Eidesstattliche Versicherung des Steuerpflichtigen, wenn alle anderen Möglichkeiten der Beweissicherung nicht ausreichend waren

Die Wahl der Ermittlungsmöglichkeiten liegt beim Finanzamt. Allerdings muss es die jeweilige Methode so wählen, dass sie der Schwere des Falles angemessen ist. Mit Kanonen auf Spatzen soll auch das Finanzamt nicht schießen – es ist also nicht damit zu rechnen, dass zunächst mal eine Umfrage in der Nachbarschaft gestartet wird, ehe man den Steuerzahler persönlich in die Mangel genommen hat.

Manchmal will der Prüfer gar nicht alles sehen

Vor allem bei Kleinstbetrieben werden häufig nur punktuelle Einzelprüfungen und abgekürzte Außenprüfungen (§ 203 AO) bzw. Betriebsprüfungen durchgeführt. Dazu werden dann nur einzelne Belege zur Überprüfung meist nur eines Veranlagungsjahres angefordert.

Abgekürzte Außenprüfungen

Bei Mittel- und Großbetrieben sind dagegen Außenprüfungen (§§ 193 ff. AO) üblich, die entweder beim Steuerpflichtigen oder beim Steuerberater durchgeführt werden. Hier handelt es sich um eine gesamte Überprüfung der steuerlichen Verhältnisse (Großbetriebsprüfung), die sich über die letzten drei dem Finanzamt vorliegenden Veranlagungsjahre erstreckt. Hierzu zählen auch die Umsatzsteuer-Sonderprüfung, die Kapitalertragsteuer-Prüfung und die Lohnsteuer-Außenprüfung.

Oft gefährlicher: Prüfungen bei anderen Firmen

Natürlich hat niemand gern den Prüfer im Haus. Aber diese Herrschaften sind auch nur Menschen – und täuschbar. Das haben schon viele Steuerschummler selbst erlebt. Und groß ist die Freude, wenn der Prüfer dann kleine Mauscheleien und große Hinterziehungen nicht entdeckt hat. Aber: Man sollte sich nie zu früh freuen. Im Rahmen der Prüfungen bei anderen Firmen können nämlich ebenfalls steuerlich relevante Tatsachen auftauchen, die beim Finanzamt Kontrollmitteilungen auslösen.

Mit einer Außenprüfung ist nicht alles vorbei

Kontrollmitteilungen stellen ein wichtiges Arbeitsmittel der Finanzverwaltung dar, um die Gesetzmäßigkeit und Gleichmäßigkeit der Besteuerung zu überprüfen. Die Zulässigkeit der Kontrollmitteilungen regelt der § 85 AO sowie bei Betriebsprüfungen § 195 Abs. 3 AO.

Wann und wie oft Sie von solchen Kontrollmitteilungen betroffen sind, können Sie nicht beeinflussen. Sie selbst werden erst damit konfrontiert, wenn Ihr Sachbearbeiter feststellt, dass von einem anderen Steuerzahler Zahlungen an Sie erfolgt sind, die in Ihren Steuererklärungen offensichtlich nicht enthalten sind.

Beispiel: *Angenommen, ein Steuerzahler übt bei seinem Arbeitgeber eine wichtige Rolle bei der Vergabe von Aufträgen aus. Da kommt es dann auch vor, dass er gelegentlich von Lieferanten hofiert wird. Nun könnte einer dieser Lieferanten durchaus auf die Idee kommen, zu einem Kurzurlaub in ein schönes Hotel einzuladen. Und bei der Ankunft findet sich auf dem Zimmer ein kleines Kuvert, in dem ein paar Tausender stecken. Als Aufwandsentschädigung für die Mühen Ihrer Anreise, erklärt man abends an der Bar – hinter vorgehaltener Hand. Und ganz beiläufig bittet man darum, den Empfang zu bestätigen. »Damit mein Chef auch sieht, dass ich das Kuvert nicht selbst eingesteckt habe, ha, ha, ha«, erklärt das Gegenüber. Doch tatsächlich dient die Bestätigung als Beleg für die Buchhaltung – die Zahlung wird dort als Betriebsausgabe verbucht. Und bei der nächsten Prüfung könnte ein Finanzbeamter über diese Zahlung eine Kontrollmitteilung schreiben.*

Wie die Finanzbehörden mit Kontrollmitteilungen arbeiten

Grundsätzlich werden mit Kontrollmitteilungen Daten und Informationen gesammelt und zwischen den Finanzbehörden (auch innerhalb eines Finanzamtes) weiterverarbeitet, um mit diesen Informationen kleinen oder größeren Steuersündern auf die Schliche zu kommen.

1. Die Kontrollmitteilungen werden stets an das Finanzamt geschickt, in dessen Bezirk der Steuerpflichtige seinen

Wohnsitz hat. Bei juristischen Personen (GmbH, Aktiengesellschaft) werden die Mitteilungen an den Veranlagungsbezirk der Geschäftsleitung geschickt.

2. Der Betroffene bzw. die Betroffenen werden bei der ersten Mitteilung über die Kontrollmitteilung unterrichtet, damit ihnen rechtliches Gehör gewährt wird. Hierzu gehört auch, dass der Steuerpflichtige nochmals auf die gesetzlichen Bestimmungen der Abgabenordnung und auf seine Aufzeichnungs- und Erklärungspflichten hingewiesen wird.

Rechtliches Gehör wird gewährt

3. Jetzt hat der Steuerpflichtige Gelegenheit zur Stellungnahme und gegebenenfalls zur Selbstanzeige, damit es außer zu einer Nachversteuerung nicht zu steuerstrafrechtlichen Konsequenzen kommt.

Beispiel: *Angenommen, eine Rentnerin ist zu 50 Prozent schwer behindert und setzt in ihrer Einkommensteuererklärung Kosten für eine Haushaltshilfe von jährlich DM 1.800 als außergewöhnliche Belastungen ab. Namen und Anschrift muss sie in ihrer Steuererklärung angeben. Die Sachbearbeiterin der alten Dame schickt dann eine Kontrollmitteilung an das Finanzamt der Putzhilfe. Diese erhält zunächst ein Schreiben ihres Finanzamtes mit der Bitte um Überprüfung, ob für das betreffende Kalenderjahr selbstständige Einkünfte vorgelegen haben. Das Tückische an der Sache ist, dass das Finanzamt der Betroffenen zunächst keine Angaben über die Höhe der festgestellten Einkünfte macht, damit diese aus Angst vor weiteren Schritten in jedem Falle ganz auspackt.*

Nehmen wir in diesem Fall an, die Putzhilfe meldet die betreffenden Einnahmen nach. Entspricht die Höhe des nachgemeldeten Betrages der Kontrollmitteilung, ergeht ein geänderter Steuerbescheid. Liegt die Nachmeldung betragsmäßig niedriger, wird die Betroffene nochmals angeschrieben. Bringen auch weitere Nachfragen nichts, erfolgt eine Änderung des Steuerbescheides aufgrund der Kontrollmitteilung des Finanzamtes.

Auch normale Steuererklärungen lösen Kontrollmitteilungen aus

Angenommen, es wird eine Eigentumswohnung vermietet, die bar aus unversteuerten Nebeneinkünften bezahlt wurde. Die Mieteinnahmen werden nicht versteuert. Das geht vielleicht jahrelang gut. Der Mieter aber macht eines Tages ein häusliches Arbeitszimmer in seiner Einkommensteuererklärung geltend – bei seinen Einkünften aus nichtselbstständiger Tätigkeit als Lehrer. Sein Finanzamt fordert eine Kopie des Mietvertrages an. Das Finanzamt hat somit auch die Daten des Vermieters und schickt eine Kontrollmitteilung an deren Wohnsitzfinanzamt zur Überprüfung der zutreffenden Besteuerung der Mieteinnahmen.

Ein kleines Arbeitszimmer – große Folgen

Der Steuerfall wird neu aufgerollt, der Vermieter muss nicht nur für Jahre rückwirkend die Mieteinkünfte nachversteuern (plus Zinsen), sondern auch die Finanzierung der Wohnung deklarieren.

Da diese aus Schwarzgeld erworben wurde, wird aus der anfangs eher lächerlichen Kontrollmitteilung ein Steuerfahndungsfall, es sei denn, die Finanzierung kann durch private Darlehen und schenkungsteuerfreie Schenkungen nachgewiesen werden, was sich jedoch rückwirkend immer als schwierig erweist.

Auch Betriebsprüfer schreiben Kontrollmitteilungen

Bei einer Außenprüfung kontrolliert der Betriebsprüfer einerseits sämtliche Rechnungen und Buchhaltungsunterlagen. Er kann aber nicht nur die Verhältnisse des zu prüfenden Steuerpflichtigen selbst, sondern auch die Verhältnisse dritter Personen durchleuchten, die mit dem gerade geprüften Unternehmen in Zusammenhang stehen.

Zahlungen an Dritte

Entdeckt der Prüfer Zahlungen an Dritte, die der zu prüfende Steuerpflichtige als Betriebsausgaben abgesetzt hat, so kann er nach dem Zufallsprinzip willkürlich eine Kontrollmitteilung an das Finanzamt des anderen schicken.

Fast automatisch werden Kontrollmitteilungen bei folgenden Vorfällen geschrieben:

- Außergewöhnlichen Zahlungswegen (z. B. auf Auslandskonten)
- Einmaligen, sehr hohe Zahlungen, die nicht geschäftsüblich sind
- Zahlungen an nebenberuflich Tätige
- Häufigen Zahlungen des Steuerpflichtigen, die offenbar nicht als Betriebsausgaben hätten abgezogen werden dürfen
- Feststellung von geldwerten Vorteilen, die die Privatsphäre des Dritten betreffen (gewährte Rabatte, Boni, Firmenwagen, Werkswohnungen)

So können dann also für das Finanzamt plötzlich steuerlich relevante Sachverhalte ans Tageslicht kommen, die Sie schon längst ad acta gelegt hatten. Eine im Rahmen der Außenprüfung ergangene Kontrollmitteilung kann sich sowohl auf das nicht erklärte Vermögen als auch auf nicht erklärte Einnahmen beziehen! Tückisch ist, dass das eine oft das andere nach sich zieht. Allerdings gibt es da eventuell doch noch Möglichkeiten, den Kopf aus der Schlinge ziehen zu können (siehe Seite 163 ff.).

Kettenreaktion

Drei Beispiele:

1. *Ein Sportler bekommt von seinem Verein Preis- und Nenngelder und erhält Werbeeinnahmen eines Getränkefabrikanten. Wie in der Welt des Sports nicht unüblich, wird die Versteuerung dieser Einnahmen jedoch leider übersehen. Diese Einnahmen stellen jedoch sowohl beim Verein als auch bei der Getränkefirma abzugsfähige Betriebsausgaben dar.*

Im Falle einer Betriebsprüfung hat das Finanzamt Einsichtnahme in die Belege und Buchhaltungsunterlagen und entdeckt die Zahlungen an den Sportler. Sofort ergehen Kontrollmitteilungen an das Finanzamt des Sportlers. Ihm obliegt jetzt die Beweispflicht, ob er diese betreffenden Einnahmen versteuert hat oder nicht.

2. *Ein Gastwirt hat von seiner Tante ein Geschäftsdarlehen in Höhe von 250.000 DM für die Übernahme des Inventars erhalten. Im Rahmen der Betriebsprüfung bei ihm schickt das Finanzamt eine Kontrollmitteilung an das Finanzamt der Tante. Es stellt sich heraus, dass diese die erhaltenen Zinsen aus dem gewährten Darlehen in Höhe von jährlich sechs Prozent, also jeweils 15.000 DM, bisher nicht versteuert hat.*
3. *Ein Handwerksmeister hat Geschäftsräume gemietet, deren Eigentümer die Vermietungseinkünfte nicht versteuert. Aufgrund einer Betriebsprüfung beim Handwerker erfährt das Finanzamt des Vermieters durch eine Kontrollmitteilung von dem Sachverhalt. Es stellt sich dabei heraus, dass das Haus aus Schwarzgeld gebaut wurde. Somit hat der Vermieter nicht nur jahrelang laufende Einnahmen hinterzogen, sondern sogar schwarzes Vermögen gebildet. Hier wurde die Steuerfahndung eingeschaltet.*

Nur Bargeld hinterlässt keine Spuren

Sobald Zahlungen beim Zahlungsverpflichteten steuerlich abzugsfähige Werbungskosten oder Betriebsausgaben darstellen, wird dieser auf einer ordnungsgemäß ausgestellten Rechnung bzw. Quittung bestehen. Bei unbaren Zahlungen über Konten ist auch denkbar, dass der Zahler einen Ersatzbeleg ausstellt und den Kontoauszug als Beweis für den Geldfluss mit einreicht.

Nur wenn Zahlungen in bar ohne jegliche Quittung geflossen sind, droht absolut keine Gefahr durch Kontrollmitteilungen.

Kontrollmitteilungen in Erbschaftsfällen

Banken, Versicherungen, Gerichte, Vermögensverwalter und Notare (wegen der Testamente) sind im Todesfall eines Steuerpflichtigen auskunftspflichtig. Der Erbschaftsteuerstelle des Finanzamtes müssen Kontostände, vorhandene Depots und Schließfächer gemeldet werden. Mogeleien in der Erbschaftsteuererklärung sind völlig zwecklos. Denn das Finanzamt erfährt somit noch vor dem Ehegatten, wie hoch die Lebensversicherungsauszahlung ausfällt und welchen aktuellen Stand das Wertpapierdepot hat.

Der Erblasser (Verstorbene) kann zu den festgestellten Sachverhalten keine Stellung mehr beziehen, diese treffen dann den oder die Rechtsnachfolger, sofern das Erbe nicht ausgeschlagen wird. Wird das Erbe angetreten, fordert das Finanzamt die Abgabe einer Erbschaftsteuererklärung, sofern überschlägig unter Berücksichtigung der sachlichen und persönlichen Freibeträge eine Erbschaftsteuerpflicht entsteht.

Beim Rechtsnachfolger (dem Erben) werden vor allem die folgenden Punkte geprüft:

- Wird die Höhe des erbschaftsteuerpflichtigen Vermögens zutreffend erklärt?
- Erfolgt ein ausreichender Nachweis über die Nachlassverbindlichkeiten und Erbfallkosten?
- Wurde des vererbte Vermögen in den Einkommensteuererklärungen und Vermögensteuererklärungen sowie eventuell sonstigen Steuererklärungen (Körperschaftsteuererklärungen, Umsatzsteuererklärungen) der Höhe nach zutreffend erfasst? Der Rechtsnachfolger haftet für alle eventuell bestehenden Steuerschulden des Erblassers und dies für die letzten zehn Jahre! Insofern empfiehlt sich eine frühzeitige Überprüfung durch einen Steuerberater, ob steuerliche Verbindlichkeiten anfallen und wie hoch sie ausfallen könnten.

Der Erbe im Visier des Finanzamts

- Wird das ererbte Vermögen (Zinseinkünfte aus Anlagen des ererbten Geldes, Mieteinkünfte aus ererbten Immobilien) in den künftigen Steuererklärungen des/der Erben zutreffend erfasst?

Das Erblasser-Finanzamt erhält von der Erbschaftsteuerstelle eine Kontrollmitteilung, soweit der Reinwert des vererbten Vermögens 250.000 DM übersteigt oder das vererbte Kapitalvermögen 50.000 DM übersteigt. Beträgt der Nachlasswert 50.000 DM oder mehr, wird das Finanzamt des Erben informiert.

Kontrollmitteilungen nach Notarverträgen

In Deutschland werden Grundstückskäufe stets notariell beurkundet. Dabei hat der Notar seine beruflichen Anzeigepflichten zu erfüllen. Er informiert u. a. das Finanzamt über den Kauf, damit die zutreffende Grunderwerbsteuer festgesetzt werden kann. Gleichzeitig erhält das Finanzamt Erkenntnisse über steuerliche Sachverhalte des Veräußerers und des Erwerbers.

Nach folgenden Punkten geht das Finanzamt beim Erwerber vor:

- Er bekommt einen Fragebogen von der Grunderwerbsteuerstelle, in den er neben den persönlichen Daten auch die Steuernummer und die künftige Nutzung des Grundstückes eintragen muss.
- Die Veranlagungsstelle (die u. a. für die Einkommensteuer des Steuerpflichtigen zuständig ist) wird somit schon bestens informiert.
- Die Finanzierung des Grundstückes ist vom Erwerber offen zu legen.
- Geprüft wird in jedem Fall, ob das eingesetzte Eigenkapital in früheren Vermögensteuererklärungen und die Erträge daraus in den Einkommensteuererklärungen der vergangenen Jahre enthalten waren.
- Falls niemals eine Vermögensteuerpflicht bestand, wird geprüft, ob diese unter Hinzurechnung des neu festgestellten Vermögens (Kapitalvermögen) doch entstanden wäre.

Nach folgenden Punkten geht das Finanzamt beim Veräußerer vor:

- Falls eine Vermögensteuerpflicht bestand: Wurde das veräußerte Grundstück in der Vergangenheit deklariert?
- Wie wurde das Grundstück in der Vergangenheit genutzt, wurden eventuelle Mieteinnahmen versteuert?

- Wozu wird der Verkaufserlös verwendet? Falls das Kapital angelegt wird: Werden die Zinsen versteuert?
- Ist ein Spekulationsgewinn entstanden? Das wäre der Fall, wenn zwischen Kauf und Verkauf nicht mehr als zwei Jahre (in der Vergangenheit) bzw. zehn Jahre (nach der bei Redaktionsschluss geplanten Änderung ab 1999) liegen.

Nicht nur die Finanzverwaltung schreibt Kontrollmitteilungen

Aufgrund der Anzeigepflicht von Gerichten und Behörden bei Verdacht einer Steuerstraftat können weitere Kontrollmitteilungen ergehen. Typisches Beispiel hierfür wäre ein Strafverfahren wegen Bestechung oder Bestechlichkeit. Die steuerliche Seite muss in diesem Verfahren gar keine Rolle spielen. Stellt sich im Lauf des Verfahrens aber heraus, dass tatsächlich Vorteile gewährt wurden und z. B. Gelder flossen, bekommen die Finanzbehörden entsprechende Hinweise.

Verdacht bezüglich einer Straftat löst Kontrollmitteilungen aus

Auch ganz ohne Kontrollmitteilungen kann das Finanzamt Schätze heben

Oft sind es nur Zufälle, die eine Schwarzgeld-Falle mit lautem Getöse zuschnappen lassen. Das kann z. B. ein Wechsel des bisherigen Sachbearbeiters sein.

Beispiel: *Mal angenommen, Sie besitzen ein Sechsfamilienhaus und vermieten alle sechs Wohnungen, versteuern aber nur vier Wohnungsmieten. Das ging jahrelang gut, und Sie wiegen sich in Sicherheit, dass dies auch für die Zukunft funktioniert.*

Nun aber wechselt Ihr Sachbearbeiter beim Finanzamt, und der Nachfolger arbeitet genauer. Der neue Mann möchte lückenlos für die zwölf Monate des Veranlagungsjahres Kontoauszüge über die eingegangenen Mieten sehen. Aus diesen Kontoauszügen gehen jedoch sechs monatliche Wohnungsmieten hervor – die Steuerfalle schnappt zu.

Natürlich wäre es eine Möglichkeit, die Miete nur in bar zu kassieren. Aber auch da kann das Finanzamt irgendwann dahinter kommen. Wenn Ihr Haus als Sechsfamilienhaus abgenommen wurde, können Sie irgendwann gefragt werden, was mit den angeblich leer stehenden Wohnungen ist. Falls Sie dann angeben, diese (schwarz vermieteten) Wohnungen würden Sie selbst nutzen, so erfolgt eine Kürzung der Werbungskosten, die Sie für die Wohnungen anteilmäßig in Ihrer Steuererklärung absetzen können. Schwarzvermietung ist schon allein deshalb gefährlich, weil die Wohnungsmieter ja in der betreffenden Wohnung gemeldet und eventuell noch bei weiteren Ämtern registriert sind.

Neue Besen kehren anders

Bei einem Sachbearbeiterwechsel besteht schon deshalb ein Risiko, weil mancher Neue nicht automatisch die Vorgaben des bisherigen Schreibtischinhabers übernimmt.

Beispiel: *Angenommen, zwei Ehegatten setzen in der Anlage N der Einkommensteuererklärung die Fahrtkosten als Werbungskosten ab, was bei der Kilometerzahl bei 230 Arbeitstagen für jeden Ehegatten jeweils 7.245 DM ausmacht. Bei einem unterstellten Steuersatz (incl. Kirchensteuer und Solidaritätszuschlag) von 40 Prozent macht dies bei beiden Ehegatten insgesamt eine effektive Steuerersparnis von über 5.500 DM aus. Das funktioniert auch jahrelang einwandfrei. Aber dann will der neue Sachbearbeiter der Veranlagungsstelle die beiden Autokennzeichen wissen und fordert die Versicherungspolice bzw. die Prämienrechnungen für die beiden Fahrzeuge an. Jetzt müssen sie zu ihrer Schande gestehen, dass sie eigentlich nur ein Fahrzeug besitzen und kein weiteres auf sie angemeldet ist. Der Sachbearbeiter wird bei einem der Ehegatten die Kilometer streichen und nur die eventuellen Umwegkilometer anerkennen, da ein Ehegatte den anderen zur Arbeit gefahren hat. Für alle zurückliegenden Veranlagungsjahre, die noch unter dem Vorbehalt der Nachprüfung nach § 164 AO stehen, werden die Steuerbescheide zu ihren Ungunsten geändert, es sei denn, sie können nach-*

weisen und bringen eine Bestätigung vom Halter dafür, dass sie sich immer ein zweites Fahrzeug geliehen hatten.

Ein ganz dummer Zufall ließ tatsächlich im Münchner Raum einen Restaurantbesitzer auffliegen. Denn der Sachbearbeiter beim Finanzamt kam zufällig als Gast in das Lokal. Anhand der Speisekarte stellte er fest, dass die Preise nicht im Verhältnis zum Gewinn standen und das Lokal zudem noch gut frequentiert war. Da die Betriebsprüfer bestimmte Kennzahlen für das Verhältnis von Preisen zu Umsatz und Gewinn haben, kann bei einem offenbaren Missverhältnis eine Mitteilung an die Betriebsprüfungsstelle gelangen.

Kleine Fehler – grosse Folgen: Wie sich mancher selbst verrät

Viele Steuersünden fallen eigentlich erst durch eigene Fehler des Steuerzahlers auf. Ein typischer Fall ist es, wenn Unbelehrbare ihre Steuererklärung ohne fachliche Hilfe ausarbeiten und sie dann noch persönlich bei ihrem Sachbearbeiter des Finanzamtes abgeben. Der Finanzbeamte findet dann immer etwas, streicht Aufwendungen oder entdeckt in nicht wenigen Fällen Schwarzgeld; entweder, weil der Steuerpflichtige zu redselig ist oder Unterlagen vorlegt, aus denen Schwarzeinnahmen oder -vermögen hervorgehen.

Steuererklärungen besser nicht ohne fachlichen Rat erstellen

Angenommen, Sie geben erstmalig in Ihrer Einkommensteuererklärung eine Anlage für Einkünfte aus Vermietung und Verpachtung ab, erklären Ihre Mieteinkünfte und subtrahieren hiervon die Ausgaben und die Abschreibung. Das ist zwar alles richtig.

Aber dem Finanzbeamten fällt auf, dass Sie keine Schuldzinsen geltend gemacht haben, worauf Sie bestätigen, dass Sie alles bar bezahlt haben. Der Finanzbeamte fragt in jedem Fall nach der Finanzierung des Objektes, egal, wie viel Eigenkapital darin steckt. Falls Sie nun aber keine Erbschaft oder Schenkung oder ein Privatdarlehen nachweisen können, so wird die Steuerfahndung informiert.

Das sollten Sie nicht vergessen: Es ist, wenn abends nebenbei Fliesen verlegt oder Teppiche verklebt werden, immer riskant, das schwarz eingenommene Geld in ein steuerlich relevantes Vorhaben zu investieren, für das Sie die Kapitalherkunft nachweisen müssen.

Sparsam mit Kontoauszügen umgehen

Prüfen Sie immer genau, welche Unterlagen Sie dem Finanzamt zu Ihren Steuererklärungen einreichen, lieber etwas zu wenig als zu viel. Dies gilt insbesondere für Kontoauszüge, aus denen sich Querverbindungen mit Auslandskonten nachvollziehen lassen oder unversteuerte Zinsen oder Dividenden ersichtlich sind. Größere Bareinzahlungen fallen dem Finanzamt besonders auf.

Wir haben schon mehrfach darauf hingewiesen, dass man seinen Wohlstand im Stillen genießen sollte. Dann gibt es keine Mitwisser, und man ist schon mal vor anonymen Anzeigen geschützt.

Kehren Sie Ihren unversteuerten Wohlstand nicht nach außen, fahren Sie keinen nagelneuen Ferrari, wenn Sie als kleiner Arbeitnehmer beschäftigt sind und keiner offiziellen lukrativen Nebentätigkeit nachgehen. Dann können Sie weder den Argwohn Ihrer Mitmenschen noch den des Finanzamtes wecken, die Sie sehr schnell fragen würden, wie Sie die Luxuskarosse finanziert haben.

TIPP: Bedenken Sie vor allem immer, dass das Finanzamt beiläufig aus von Ihnen selbst vorgelegten Unterlagen Hinweise auf heimliches Vermögen ziehen kann.

Das Finanzamt erfährt z. B. von Ihrem Autokauf, wenn Sie die Versicherungsprämienrechnung zu Ihrer Steuererklärung einreichen, da Sie die Haftpflichtversicherungsbeiträge als Sonderausgaben absetzen.

Sind Sie selbstständig, so kann der Autobesitz durch die Betriebsprüfung auffallen.

Zehn-Punkte-Liste des unbekannten Schwarzgeldbesitzers:	
1.	Geben Sie Ihr geheimes Geld für private Lebenshaltungskosten aus, fahren Sie in Urlaub, kaufen Sie davon schicke Kleidung, neue Möbel, die sehen Außenstehende nur, wenn Sie sie in Ihre Wohnung lassen!
2.	Schwarzgeld gehört, so lautet ein ungeschriebenes Gesetz, immer in den privaten Konsum – nie aufs Konto!
3.	Sobald Ihr geheimes Geld irgendwo schwarz auf weiß auftaucht, ist es gar nicht mehr schwarz, sondern leicht entdeckbar.
4.	Schwarzgeld darf nie zur Tilgung von Verbindlichkeiten dienen, ausgenommen kleinere private Darlehen, die nirgendwo erscheinen und steuerlich nicht relevant sind.
5.	Falls Sie Verbindlichkeiten haben, deren Zinsen Werbungskosten oder Betriebsausgaben darstellen, so bekommen diese Vorgänge steuerliche Bedeutung, weil sie in Ihrem Jahresabschluss und/oder Ihren Steuererklärungen erscheinen.
6.	Falls Sie hohe Sondertilgungen leisten, so wird das Finanzamt schnell fragen, woher Sie plötzlich so viel Eigenkapital aufbringen konnten.
7.	Auch bei einem selbst genutzten Eigenheim fragt Sie das Finanzamt nach der Finanzierung, falls Sie die Eigenheimzulage beanspruchen oder die frühere steuerliche Förderung von Wohneigentum (§ 10e EStG).
8.	Wenn Sie Ihr hart verdientes geheimes Geld auch als solches erhalten möchten, müssen Sie alles wasserdicht machen. Dazu gehört insbesondere, dass Sie möglichst wenige Mitwisser haben, und wenn Sie ohne diese nicht auskommen, sollten Sie sicher sein, dass diese nicht eines Tages beim Finanzamt »singen«, was leider am häufigsten bei angeblich dicken Freunden oder verprellten Liebhabern und Ehepartnern vorkommt.
9.	Sie dürfen keine Fehler machen und müssen Ihr wirtschaftliches Handeln ständig so ausbalancieren, dass Ihre Nebenkasse unentdeckt bleibt.
10.	Sie müssen die Vorgehensweise der Finanzbeamten (Veranlagungsbeamte, Betriebsprüfer und Steuerfahnder) kennen, um auf deren hinterlistige Fragen die richtige und schlüssige Antwort parat zu haben.

Wasserdicht sollte vieles sein

Wie Unternehmer beim Schummeln überführt werden

Schon im vorstehenden Kapitel hatten wir kurz die Thematik der Betriebsprüfungen gestreift. Denn Unternehmer (Gewerbetreibende und Freiberufler) müssen dem Finanzamt jedes Jahr ihren Jahresabschluss und die Steuererklärung einreichen. Jedoch werden keine Belege verlangt, die der Finanzbuchführung zugrunde liegen.

Insofern hat das Finanzamt zunächst keine Kontrollmöglichkeit bezüglich der Richtigkeit der Besteuerungsgrundlagen. Im Gegensatz zum Arbeitnehmer, denn der fügt seinen Einkommensteuererklärungen stets alle Belege bei, so dass das Finanzamt sofort bei der Veranlagung eine Kontrolle durchführen kann. Bei Selbstständigen ist das aufgrund des wesentlich umfangreicheren Belegwerkes kaum möglich, selbst wenn die Unterlagen mit eingereicht würden.

Steuererklärungen ohne Belege

Die Finanzämter wären personell gar nicht in der Lage, so umfangreiche Belegsammlungen auch nur ansatzweise zu prüfen. Folglich verzichten sie gleich darauf. Das erscheint zwar gegenüber den Arbeitnehmern ungerecht, aber das Schummeln ist auch für Unternehmer nicht ungefährlich. Denn sie müssen eigentlich immer mit mehr oder weniger regelmäßigen Betriebsprüfungen rechnen, bei denen sämtliche für sie zutreffenden Steuerarten geprüft werden. Diese Betriebsprüfungen heißen Außenprüfungen, da sie außerhalb des Finanzamtes stattfinden. Und letztlich werden damit zwei Ziele verfolgt:

- Es wird geprüft, ob die Buchführung des Unternehmens den gesetzlichen Vorschriften entspricht.
- Ob die anhand dieser Buchführung ermittelten Werte in richtiger Form zur Bemessung der Steuerschulden angesetzt wurden.

Schon daraus wird deutlich, dass es einem Unternehmer kaum möglich ist, seine Steuererklärung zu »frisieren«. Damit allein hätte er kaum realistische Aussichten, unentdeckt zu bleiben. Will er das Finanzamt betrügen, müsste er schon bei der Buchführung seines Unternehmens ansetzen, damit zumindest Stimmigkeit zwischen diesen Aufzeichnungen und der Steuererklärung besteht.
Der Schlüssel für die Aufdeckung von Unregelmäßigkeiten beim Unternehmer ist deshalb auch weniger die Steuererklärung, sondern vielmehr die Buchführung.

Die Aufgaben der Buchführung

Aufgabe der Buchführung ist die lückenlose, zeitlich geordnete sowie nachprüfbare schriftliche Erfassung aller Geschäftsvorfälle. Sie ist damit ein Teil des betrieblichen Rechnungswesens, das sich in folgende Teilgebiete gliedert:

Teilbereiche des betrieblichen Rechnungswesens

1. **Buchführung und Bilanz**
   - Buchführung
   - Inventar
   - Jahresabschluss
2. **Kosten- und Leistungsrechnung**
   - Betriebsabrechnung (kalkulatorische Buchführung)
   - Selbstkostenrechnung (Kostenträger-Stückrechnung)
3. **Statistik- und Vergleichsrechnung**
   - Auswertung der Buchführungsdaten
4. **Planungsrechnung**
   - Erfassung betrieblicher und außerbetrieblicher Daten zur Berechnung und Erstellung von Prognosen

Die Informationen aus den genannten Teilbereichen des betrieblichen Rechnungswesens gehen in das betriebliche Controlling ein, das zu den wichtigsten Fachbereichen eines Unternehmens gehört.

- Das Controlling benötigt die Informationen aus dem betrieblichen Rechnungswesen, um eine ergebnisorientierte Unternehmensplanung, -steuerung und -überwachung durchführen zu können.

- Die Buchführung nimmt deshalb eine zentrale Stellung innerhalb des Rechnungswesens ein, weil hier alle Geldbewegungen (Zugänge und Abgänge) in chronologischer Reihenfolge festgehalten werden.
  Sie dokumentiert genau, wofür der Unternehmer Geld ausgegeben hat.
- Die Daten der Buchführung bilden die Grundlage für den Jahresabschluss seines Unternehmens (für die Bilanz mit Gewinn-und-Verlust-Rechnung oder für die Einnahmen-Überschuss-Rechnung).
- Dem Unternehmer gibt die Buchführung detaillierte Informationen über die Vermögens-, die Finanz- und die Ertragslage.
- Da jeder Unternehmer auch Steuerschuldner ist, liefert die Buchhaltung außerdem die wichtigsten Daten für verschiedene Steuerarten, denen er unterliegt. Und das ist also der Aspekt der Buchhaltung, der uns nachfolgend besonders interessieren soll.

Berechnungsgrundlage für die Steuer

In einem Schaubild dargestellt, nimmt dieser Teilbereich nur einen kleinen Raum ein. Aber dadurch sollte man sich nicht täuschen lassen, denn der Betriebsprüfer konzentriert sich nur auf diesen Sektor.

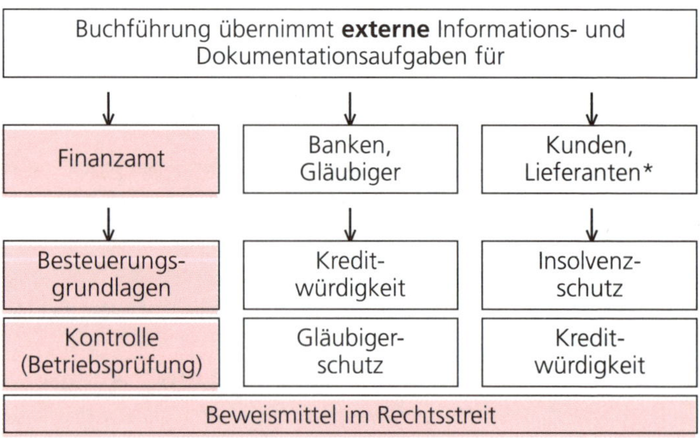

* Nur bei Großunternehmen, die interne Daten veröffentlichen müssen (Publizitätspflicht)

Was jeder Unternehmer wissen muss

Die Aufzeichnungen Ihrer Einnahmen und Ausgaben dürfen nicht wahllos erfolgen, sondern müssen in eine bestimmte vorgeschriebene Form gebracht werden.
Die Buchführung hat neben der Dokumentations-, Kontroll- und Dispositionsaufgabe auch die Aufgabe der Ermittlung des wirtschaftlichen Erfolges eines Unternehmens. Aber vor allem ist sie Berechnungsgrundlage für alle steuerlichen Erhebungen.
Hierbei handelt es sich um alle schriftlichen bzw. computerunterstützten regelmäßig festgehaltenen Geschäftsvorfälle, die eine Feststellung der Besteuerungsgrundlagen für die einzelnen Steuerarten ermöglichen.

Die Buchhaltung liefert die Daten für den Jahresabschluss

Die Feststellung dieser Daten erfolgt in Form der ordnungsgemäßen Buchführung, aus der der Jahresabschluss erstellt wird. Aus dem Jahresabschluss ergibt sich dann entweder ein Gewinn oder ein Verlust.
Der Unternehmensgewinn oder -verlust wird jeweils nach den handelsrechtlichen Grundsätzen ordnungsgemäßer Buchführung ermittelt. Es sind jedoch nicht alle Unternehmer zur Buchführung verpflichtet. Die meisten werden aber schon für die eigene Betriebsplanung freiwillig eine Buchhaltung erstellen.

Wer ist buchführungs- und abschlusspflichtig?

Es gibt Unternehmen, die gesetzlich zur Buchführung und somit gleichzeitig zur Erstellung eines Jahresabschlusses verpflichtet sind. Dies ergibt sich sowohl aus steuerrechtlichen Vorschriften (§§ 140 und 141 der AO) sowie aus handelsrechtlichen Vorschriften (§ 238 sowie §§ 1,2,3 und 6 HGB).
Nach §§ 140 und 141 AO gilt eine Buchführungs- und Abschlusspflicht für:

Kaufleute

- Kaufleute aufgrund § 140 AO (das sind u. a. Versicherungsunternehmen, Banken, Genossenschaften, Kapitalgesellschaften, z. B. OHG, KG, GmbH)

Größenmerkmale

- Gewerbliche Unternehmer, die nicht Kaufleute sind, sowie Land- und Forstwirte, die folgende Kriterien erreichen bzw. überschreiten:
  - Jahresumsatz einschl. der steuerfreien Umsätze über 500.000 DM
  - Selbst bewirtschaftete land- und forstwirtschaftliche Flächen mit einem Wirtschaftswert über 40.000 DM
  - Gewinn aus Gewerbebetrieb über jährlich 48.000 DM
  - Gewinn aus Land- und Forstwirtschaft über jährlich 48.000 DM

Schon wenn nur eines der vorgenannten Größenmerkmale erreicht wird, tritt die Buchführungs- und Abschlusspflicht ein.

Wird keines der Größenmerkmale erreicht, so endet die Buchführungs- und Abschlusspflicht mit Ablauf des Wirtschaftsjahres, das auf das Kalenderjahr folgt, in dem festgestellt wurde, dass die Buchführungsgrenzen nicht mehr überschritten werden.

Beispiel: *Erfolgt die Feststellung im Januar, so endet die Buchführungs- und Abschlusspflicht also erst mit dem Dezember des Folgejahres.*

Folgende Personen sind von der Buchführungs- und Abschlusspflicht befreit:

Von der Buchführungspflicht entbunden

- Nicht als Kaufmann ins Handelsregister eingetragene Gewerbetreibende (geänderte HGB-Vorschriften), sonstige Gewerbetreibende und Land- bzw. Forstwirte unterhalb der Größenmerkmale nach § 141 AO (siehe oben)
- Freiberufler nach § 18 EStG, die nicht gewerblich tätig sind, also zum Beispiel Ärzte, Rechtsanwälte, Steuerberater, Notare, Architekten, Heilpraktiker, Psychologen, Journalisten usw.

Diese Unternehmergruppen können jedoch eine Buchhaltung führen. Sie haben bei dem Jahresabschluss die Wahl zwischen einer Bilanz mit Gewinn-und-Verlust-Rechnung nach § 5 EStG oder einer Einnahmen-Überschuss-Rechnung nach § 4 Abs. 3 EStG.

Neben diesen steuerrechtlichen Vorschriften verpflichtet § 238 HGB jeden im Handelsregister eingetragenen Kaufmann zur Buchführung.

Eingetragener Kaufmann im Handelsregister

Für nicht im Handelsregister eingetragene Kleingewerbetreibende entfällt diese Verpflichtung nur, solange sie nicht freiwillig die Kaufmannseigenschaft durch Eintragung ins Handelsregister erwerben.

Eine monatlich oder vierteljährlich geführte Buchführung muss ab der Gründung eines Unternehmens bzw. der Betriebsübernahme bis zum Verkauf oder der Liquidation des Unternehmens erstellt werden.

Die Buchführung als Grundlage für die Steuerarten

Aus dem Zahlenwerk der Finanzbuchführung wird der Jahresabschluss erstellt. Er ist Grundlage für die verschiedenen Steuerarten, mit denen ein Unternehmer sich immer wieder herumärgern muss.

Oft entsteht ein Rechtsstreit über die Höhe der vom Finanzamt festgesetzten Steuern, dann dient eine ordnungsgemäß erstellte Finanzbuchführung als Beweismittel im Besteuerungsverfahren.

Die Buchführung ist Besteuerungsgrundlage für folgende Steuerarten:

a) Umsatzsteuer

Mehrwertsteuer

Bemessungsgrundlage für die Umsatzsteuerschuld sind die Entgelte (Einnahmen) zuzüglich des Eigenverbrauchs und abzüglich der vorsteuerbelasteten Betriebsausgaben. Neben der Umsatzsteuer-Jahreserklärung werden auch monatliche oder vierteljährliche Umsatzsteuervorauszahlungen angefordert, was dann eine monatliche oder vierteljährliche Buchführung erforderlich macht. Die Abgabefrist endet z. Zt. am jeweils 10. Kalendertag nach Ablauf:

- Eines Monats, wenn die Jahressteuerschuld des Vorjahres über 12.000 DM lag
- Eines Monats auf Antrag, wenn der Vorsteuerüberschuss des Vorjahres über 12.000 DM lag
- Eines Vierteljahres, wenn die Jahressteuerschuld des Vorjahres zwischen 1.000 DM und 12.000 DM lag

Die Abgabefrist entspricht der der Jahressteuererklärung, wenn die Steuerschuld für das Vorjahr nicht über 1.000 DM lag.

b) Einkommensteuer

Bemessungsgrundlage ist hauptsächlich der Gewinn oder Verlust des Einzelunternehmers (zuzüglich eventueller weiterer Einkünfte), der sich aus dem Jahresabschluss ergibt.

c) Körperschaftsteuer

Bemessungsgrundlage ist hauptsächlich der Gewinn oder Verlust der Kapitalgesellschaft, der sich aus dem Jahresabschluss ergibt.

d) Gewerbeertragsteuer

Bemessungsgrundlage ist der Gewerbeertrag (Gewinn) aus dem Jahresabschluss zuzüglich Hinzurechnungen sowie abzüglich Kürzungen.

Jede Buchhaltung muss denselben Grundsätzen folgen

Kein selbst erdachtes System

Eine Buchführung darf nicht wahllos erfolgen, sondern muss nach den Grundsätzen ordnungsmäßiger Buchführung (GoB) vorgenommen werden. Die GoB legen fest, nach welchen Regeln die Buchungsverfahren erfolgen müssen, damit sie einen objektiven Aussage- und Beweiswert haben.

Nach § 238 Abs. 1 und 2 HGB ist jeder Kaufmann verpflichtet:

- Bücher zu führen und in diesen seine Handelsgeschäfte und die Lage seines Vermögens nach den Grundsätzen ordnungsmäßiger Buchführung ersichtlich zu machen.
- Die Buchführung muss so beschaffen sein, dass sie einem sachverständigen Dritten innerhalb einer angemessenen Zeit einen Überblick über die Geschäftsvorfälle und über die Lage des Unternehmens vermitteln kann.

- Die Geschäftsvorfälle müssen sich in ihrer Entstehung und Abwicklung verfolgen lassen.
- Der Kaufmann ist verpflichtet, eine mit der Urschrift übereinstimmende Wiedergabe der abgesandten Handelsbriefe (Kopie, Datenträger) zurückzubehalten.

Grundsätze ordnungsgemäßer Buchführung

Nach § 239 Abs. 1–4 HGB muss sich der Kaufmann bei der Führung von Handelsbüchern und bei den sonst erforderlichen Aufzeichnungen einer »lebenden Sprache« bedienen.

- Werden Abkürzungen, Ziffern, Buchstaben oder Symbole verwendet, muss im Einzelfall deren Bedeutung eindeutig festliegen.
- Die Eintragungen in Büchern und die sonst erforderlichen Aufzeichnungen müssen vollständig, richtig, zeitgerecht und geordnet vorgenommen werden.
- Eine Eintragung oder eine Aufzeichnung darf nicht in einer Weise verändert werden, dass der ursprüngliche Inhalt nicht mehr feststellbar ist. Auch solche Veränderungen dürfen nicht vorgenommen werden, deren Beschaffenheit es ungewiss lässt, ob sie ursprünglich oder erst später gemacht worden sind.

Wichtig für die Benutzer von Computerprogrammen zur Buchführung

Die Handelsbücher und die weiter erforderlichen Aufzeichnungen können auch in der geordneten Ablage von Belegen bestehen oder auf Datenträgern geführt werden, soweit diese Formen der Buchführung einschließlich des dabei angewandten Verfahrens den Grundsätzen ordnungsmäßiger Buchführung entsprechen. Bei der Führung der Handelsbücher und der sonst erforderlichen Aufzeichnungen auf Datenträgern muss insbesondere sichergestellt sein, dass die Daten während der Dauer der Aufbewahrungsfrist verfügbar sind und jederzeit innerhalb angemessener Frist lesbar gemacht werden können.

Neben diesen gesetzlichen Vorschriften gibt es weitere Anforderungen, die eine ordentliche Buchführung erfüllen muss.

Grundsätze der formellen Richtigkeit:

Keine Buchung ohne Beleg

- Es darf nur gebucht werden, was durch Rechnung, Quittung oder Eigenbeleg nachgewiesen werden kann.
- Die Geschäftsvorfälle müssen vollständig, richtig und sachlich geordnet festgehalten werden.
- Die Belege sollten nummeriert werden.
- Belege und Buchungen sollen nicht durch Radieren, Überschreiben oder Löschen verändert werden.
- Erforderliche Korrekturen sollen als Stornobuchungen ausgeführt werden.
- Wenn auf Belegen etwas durchgestrichen wird, dann muss der Vorgang für Dritte leserlich und nachvollziehbar bleiben.

Grundsätze der zeitlichen Abfolge:

- Alle Buchungen müssen zeitnah und fortlaufend erfolgen.
- Kassenbücher sind täglich zu führen.

Grundsatz der Klarheit und der Übersichtlichkeit:

- Alle Buchungen müssen klar und übersichtlich sein, damit sich auch ein sachverständiger Dritter innerhalb einer angemessenen Zeit einen Überblick verschaffen kann.

Grundsatz der Vollständigkeit:

- Alle Belege müssen lückenlos gebucht werden.

Grundsätze der materiellen Richtigkeit:

Kein Auf- oder Abrunden

- Die gebuchten Geschäftsvorfälle müssen ihrem tatsächlichen Inhalt entsprechen.
- Rechnungsbeträge dürfen nicht auf- oder abgerundet werden.

Grundsätze der periodengerechten Abgrenzung:

- Die Buchungen müssen für den Zeitraum erfolgen, zu dem sie wirtschaftlich gehören.
- Einnahmen oder auch Ausgaben dürfen nicht verschoben werden.

Nach diesen materiellen und formellen Voraussetzungen muss eine Finanzbuchführung erstellt werden, die folgende Inhalte hat:

- Belegsammlung und Belegführung
- Laufende Buchführung
- Bilanz
- Gewinn-und-Verlust-Rechnung

Erst wenn alle genannten Grundsätze erfüllt sind, dient die Buchführung als Beweismittel in Besteuerungsverfahren (§ 158 AO). Fehlt die formelle Ordnungsmäßigkeit der Buchführung und kann das Finanzamt diesen Vorwurf begründen, darf es die Besteuerungsgrundlagen nach § 162 AO schätzen – meist zu Ungunsten des Steuerpflichtigen.

Die Möglichkeiten der Buchhaltungserstellung

Die Form der Buchführung kann frei gewählt werden, wobei sich die elektronische Datenverarbeitung aus Rationalisierungsgründen durchgesetzt hat. Der im Unternehmen angestellte, frei beauftragte oder beim Steuerberater tätige Buchhalter muss die Geschäftsvorfälle vorher kontieren, also die Buchungssätze auf den Belegen bzw. Bankauszügen notieren. Diese vorkontierten Belege bzw. Buchungslisten werden dann in den Computer eingegeben.

Belege müssen kontiert werden

Wichtig für die Benutzer von Computerprogrammen zur Buchführung

Die Grundsätze ordnungsmäßiger Speicherbuchführung (GoS) ergänzen die GoB. Auch die Buchführung auf Datenträgern muss nachprüfbar und während der Aufbewahrungsfrist verfügbar und lesbar sein.

Das gilt auch für eine Fernbuchhaltung, bei der die gespeicherten Daten z. B. vom Steuerberater an ein externes Rechenzentrum und nach Buchung wieder an den Kunden geschickt werden (z. B. DATEV in Nürnberg).

Wie wird nun eine Buchhaltung geführt?

Jeder Geschäftsvorfall wird zweimal gebucht

Eine Buchhaltung erfolgt im Normalfall immer in Form der so genannten doppelten Buchführung. Das bedeutet, dass jeder Geschäftsvorfall zweimal erfasst wird. Diese Datenerfassung erfolgt heute fast ausschließlich per EDV. Trotzdem aber sollte man wissen, was da eigentlich im Hintergrund passiert. Deshalb ist es nicht unwichtig, einige Grundzüge zum System der doppelten Buchführung zu kennen:

- Jeder Geschäftsvorfall wird zeitlich und sachlich erfasst. Die zeitliche Erfassung bedeutet, dass alles mit richtigem Datum gebucht wird. Die sachliche Erfassung meint die richtige Bewertung oder Einordnung der Geschäftsvorfälle als bestimmte Einnahme- oder Ausgabeform.
- Die Buchungen werden in einem Buchungssatz festgehalten, der immer zwei Konten anspricht, da jeder Geschäftsvorgang eine Doppelwirkung entfaltet.
- Doppelte Buchführung bedeutet nämlich, dass ein Buchungssatz immer eine Soll-Seite und eine Haben-Seite desselben Kontos anspricht. Jedes Konto hat sowohl Soll- als auch Habenseite (T-Kontenmodell).

T-Kontenmodell

- Die Sollseite bezeichnet bei einem Kostenkonto immer einen Zugang, die Habenseite immer einen Abgang.

Achtung, nicht verwirren lassen!
Wenn wir hier von Konten sprechen, dann hat das nichts mit Bank- oder Girokonten zu tun. Die buchhalterischen Konten müssen Sie sich wie verschiedene Fächer in Ihrer Firmenkasse vorstellen, aus denen immer nur Ausgaben ein und derselben Art bezahlt werden (Sollkonto), direkt daneben gibt es immer ein weiteres Fach, in das immer nur Einnahmen ein und derselben Art gelegt werden (Habenkonto).

Beispiel: *Gastwirt Maier kauft Bier für 1.500 DM und bezahlt die Ware per Banküberweisung. Der Buchungssatz lautet: Wareneingang (Geldverwendung) an Bank.*

Auf einem Konto erfolgt eine Zubuchung, während auf dem anderen Konto der gleiche Betrag wieder abgeht. Per Saldo müssen die Konten ausgeglichen sein, sonst ist die Buchhaltung fehlerhaft. Für Gastwirt Maier zeigt der Buchungssatz, dass das Wareneingangskonto um 1.500 DM gestiegen ist, während sein Bankkonto um den gleichen Betrag schrumpfte. Der Geschäftsvorfall wird beim Wareneingangskonto als Zugang im Soll gebucht. Beim Bankkonto wird die Buchung im Haben erfasst.

Wareneingangskonto	
Soll	**Haben**
1.500	–

Bankkonto	
Soll	**Haben**
–	1.500

Zur Erfassung aller Geschäftsvorfälle gibt es folgende Kontenarten:

a) Bestandskonten

Hier wird zunächst für jede Vermögens- und Kapitalart der Anfangsbestand gebucht, werden Zugänge und Abgänge erfasst und wird der Endbestand ermittelt. Somit ist ein Vermögensvergleich zu Beginn und am Ende der Buchungsperiode möglich. Als Rechenformel ausgedrückt, sieht das so aus:

Anfangsbestand

Erfolg = Vermögen am Ende der Buchungsperiode
./. Vermögen am Anfang der Buchungsperiode
+ Entnahmen
./. Einlagen

b) Erfolgskonten

Hier werden alle Erträge und Aufwendungen erfasst. Der Unterschied zwischen allen Erträgen und Aufwendungen einer Buchungsperiode ist der Erfolg (oder Misserfolg) des

Gewinn oder Verlust

Unternehmens. Ein Gewinn erhöht das Eigenkapitalkonto, ein Verlust reduziert es. Als Rechenformel ausgedrückt, sieht das so aus:

Erfolg = Ertrag ./. Aufwand

c) Gemischte Konten
Diese sollten gar nicht verwendet werden, sondern zugunsten einer aussagefähigen Buchführung in reine Bestands- und Erfolgskonten geteilt werden.

Die Kontenklassen und Kontenarten

Die zehn Kontenklassen

Alle Buchungssätze (Sätze deshalb, weil immer zwei Konten anzusprechen sind) werden nach einem Kontenplan bzw. Kontenrahmen als Ziffern erfasst. Bezogen auf unser Beispiel mit den Fächern in der Firmenkasse bedeutet das: Die Fächer werden mit Ziffernkombinationen bezeichnet, die üblicherweise vierstellig sind. Die erste Ziffer nennt die Kontenklasse, die weiteren Ziffern dienen zur Feinunterscheidung. Insgesamt ist der Kontenplan in die folgenden zehn Kontenklassen eingeteilt:

Kontenklasse	Kontenart
0	Anlage- und Kapitalkonten
1	Finanz- und Privatkonten
2	Abgrenzungskonten
3	Wareneingangs- und Bestandskonten
4	betriebliche Kostenkonten
5	sonstige betriebliche Aufwendungen
6	sonstige betriebliche Aufwendungen
7	Bestände an Erzeugnissen
8	Erlöskonten
9	Vortragsstatistische Konten

Wichtigster Grundsatz ordnungsgemäßer Buchführung: keine Buchung ohne Beleg

Als Beleg gelten Rechnungen, Verträge, Dokumente, Kontoauszüge, Geschäftsbriefe. Ist ein Beleg verloren gegangen, wird auch der so genannte Eigenbeleg anerkannt. Bei größeren Geschäftsvorfällen sollten Sie jedoch ein Rechnungsduplikat anfordern. Das erspart dann später unnötige Diskussionen mit dem Betriebsprüfer vom Finanzamt.

Rechnungsduplikat

Von jedem Beleg muss auf die Buchung verwiesen werden und umgekehrt. Dazu wird am besten der jeweilige Buchungssatz als vierstellige Ziffernkombination auf den Beleg geschrieben.

Wenn der Prüfer Unregelmäßigkeiten in der Buchführung findet

Nicht alles, was der Betriebsprüfer im Jahresabschluss oder in Steuererklärungen bemängelt, muss beim Steuerpflichtigen ein schlechtes Gewissen auslösen. Oft streiten sich der Prüfer und der Steuerberater, der den Steuerpflichtigen meistens vertritt, nur um den Ansatz einzelner Bilanzpositionen oder den Ansatz bestimmter Betriebsausgaben. Beliebtester Streitpunkt ist bei Personen- und Einzelgesellschaften meistens der Ansatz der Privatanteile von betrieblich genutzten Kraftfahrzeugen, beim Telefon oder beim Eigenverbrauch des Vorratsvermögens.

Privatanteile sind oft strittig

Hier erfolgen dann die entsprechenden Kürzungen oder Hinzurechnungen, die im Betriebsprüfungsbericht genau erläutert sind. Der Prüfer ist zufrieden, weil er steuerliche Mehrergebnisse nach seiner Arbeit vorweisen kann, der Steuerpflichtige ist um ein paar Mark ärmer, weil er nachzahlen muss. Manchmal ist er auch froh, dass der Prüfer sonst nichts gefunden hat.

Fehler bei den Bilanzansätzen oder beim Ansatz der Betriebsausgaben veranlassen den Betriebsprüfer zunächst nicht zu der Annahme einer Steuerstraftat.

Wenn der Steuerpflichtige vorgibt, in Unkenntnis der richtigen Buchführungsansätze Fehler begangen zu haben, drückt der Prüfer schon mal beide Augen zu. Und wenn der Steuerberater bisher unentdeckte Schlampereien seiner Mitarbeiter (Falschbuchungen) gesteht, können auch schon mal brisantere Fälle (allerdings mit steuerlichem Mehrergebnis) vom Tisch gefegt werden. Hier muss der Steuerberater dann seine Berufshaftpflichtversicherung in Anspruch nehmen. Es gibt jedoch Fälle, in denen der Prüfer eine Mitteilung an die Bußgeld- und Strafsachenstelle machen muss, weil ihm der Tatbestand der Steuerhinterziehung »förmlich ins Auge springt«.

Betriebsprüfung und Steuerfahndung – oft geht es Hand in Hand

Häufig wird von Steuerpflichtigen die Frage gestellt, was denn der Prüfer eigentlich mit der Steuerfahndung zu tun hätte. Die Antwort ist leicht gegeben: Zunächst einmal sind Steuerfahnder und Betriebsprüfer nämlich Kollegen – sie haben denselben obersten Chef, das ist der Bundesfinanzminister. Und wie das bei Kollegen manchmal so ist, wird denn auch gelegentlich Hand in Hand gearbeitet …

Der Betriebsprüfer schaltet die Steuerfahndung ein

Neben der Prüfung von Steuerunterlagen obliegt nämlich dem Prüfer auch die Pflicht, bei Verdacht einer Steuerstraftat oder auch nur einer Steuerordnungswidrigkeit die Steuerfahndung einzuschalten. Im Anschluss an die Betriebsprüfung kann dann eine Steuerfahndungsprüfung erfolgen, die:

- Steuerstraftaten und begangene Steuerordnungswidrigkeiten aufdecken
- Die tatsächlichen Besteuerungsgrundlagen ermitteln
- Bisher noch unbekannte Steuerfälle aufdecken soll

Die Aussenprüfung des Finanzamts – wann droht sie?

Das legt allein das Finanzamt fest, dort wird die so genannte Fallauswahl getroffen. Und dabei wird ein Teil der Prüfungsfälle immer nach dem Zufallsprinzip ausgewürfelt. Grund: So

hat theoretisch jedes Unternehmen die Chance (oder das Risiko), einmal »dran« zu sein – und der vom Verfassungsgericht verlangten Steuergerechtigkeit ist Genüge getan.
Ein anderer, erheblich größerer Teil von Betrieben aber wird vom Finanzamt gezielt geprüft. Das ist zum Beispiel immer dann der Fall:

- Wenn die Veranlagungsstelle aufgrund vermuteter Unstimmigkeiten ein Prüfungsersuchen an die Betriebsprüfungsstelle stellt
- Wenn bei der letzten Außenprüfung des Unternehmens schon ein ordentliches steuerliches Mehrergebnis zu verzeichnen war

Wer äußerst negativ auffällt, wird häufiger geprüft

Das Bundesfinanzministerium hat zwar die unten genannten Betriebsmerkmale festgelegt, an denen sich die Häufigkeit der Besuche vom Betriebsprüfer orientieren soll. Aber Vorsicht: Auf diese Zeitabstände ist kein Verlass, denn das Finanzamt kann jederzeit eine Prüfung ansetzen – nach dem Zufallsprinzip.

In freien Berufen: Betriebsgrößenklassen und Zeiträume für Prüfungen
(gültig seit 1. Januar 1998 laut BMF-Schreiben vom 2. Mai 1997)

Unternehmensklasse	Merkmale	Prüfungsintervall
Großbetrieb	**Gesamtumsatz** über 6,7 Millionen oder **Gewinn** über 875.000 DM p. a.	ca. alle **5 Jahre**, lückenlose Prüfung
Mittelbetrieb	**Gesamtumsatz** über 1,25 Millionen oder **Gewinn** über 200.000 DM p. a.	ca. alle **14 Jahre**, die letzten drei vorliegenden Jahresabschlüsse und Steuererklärungen
Kleinbetrieb	**Gesamtumsatz** über 250.000 oder **Gewinn** über 48.000 DM p. a.	ca. alle **40 Jahre**, die letzten drei vorliegenden Jahresabschlüsse und Steuererklärungen

In Dienstleistungsunternehmen: Betriebsgrößenklassen und Zeiträume für Prüfungen
(gültig seit 1. Januar 1998 laut BMF-Schreiben vom 2. Mai 1997)

Unternehmensklasse	Merkmale	Prüfungsintervall
Großbetrieb	**Gesamtumsatz** über 8,25 Millionen oder **Gewinn** über 460.000 DM p. a.	ca. alle **5 Jahre**, lückenlose Prüfung
Mittelbetrieb	**Gesamtumsatz** über 1,1 Millionen oder **Gewinn** über 90.000 DM p. a.	ca. alle **14 Jahre**, die letzten drei vorliegenden Jahresabschlüsse und Steuererklärungen
Kleinbetrieb	**Gesamtumsatz** über 250.000 oder **Gewinn** über 48.000 DM p. a.	ca. alle **40 Jahre**, die letzten drei vorliegenden Jahresabschlüsse und Steuererklärungen

In Handelsunternehmen: Betriebsgrößenklassen und Zeiträume für Prüfungen
(gültig seit 1. Januar 1998 laut BMF-Schreiben vom 2. Mai 1997)

Unternehmensklasse	Merkmale	Prüfungsintervall
Großbetrieb	**Gesamtumsatz** über 11,8 Millionen oder **Gewinn** über 460.000 DM p. a.	ca. alle **5 Jahre**, lückenlose Prüfung
Mittelbetrieb	**Gesamtumsatz** über 1,4 Millionen oder **Gewinn** über 90.000 DM p. a.	ca. alle **14 Jahre**, die letzten drei vorliegenden Jahresabschlüsse und Steuererklärungen
Kleinbetrieb	**Gesamtumsatz** über 250.000 oder **Gewinn** über 48.000 DM p. a.	ca. alle **40 Jahre**, die letzten drei vorliegenden Jahresabschlüsse und Steuererklärungen

Im produzierenden Gewerbe: Betriebsgrößenklassen und Zeiträume für Prüfungen
(gültig seit 1. Januar 1998 laut BMF-Schreiben vom 2. Mai 1997)

Unternehmensklasse	Merkmale	Prüfungsintervall
Großbetrieb	**Gesamtumsatz** über 6,7 Millionen oder **Gewinn** über 410.000 DM p. a.	ca. alle **5 Jahre**, lückenlose Prüfung
Mittelbetrieb	**Gesamtumsatz** über 825.000 oder **Gewinn** über 90.000 DM p. a.	ca. alle **14 Jahre**, die letzten drei vorliegenden Jahresabschlüsse und Steuererklärungen
Kleinbetrieb	**Gesamtumsatz** über 250.000 oder **Gewinn** über 48.000 DM p. a.	ca. alle **40 Jahre**, die letzten drei vorliegenden Jahresabschlüsse und Steuererklärungen

Indiz für bevorstehende Prüfungen: ein Vermerk auf Ihrer Steuererklärung

Mehrverdiener sollen strenger geprüft werden – denn es könnte ja mehr zu holen sein! Hierbei spielt es keine Rolle, ob der Steuerzahler selbstständig ist oder nicht. Zunächst werden die Steuerfälle nach Einkommens-, Gewinn- und Verlusthöhe eingeteilt, kleinere Fälle werden zunächst zurückgestellt.

Kriterien für eine genaue Kontrolle

- Streng geprüft werden 70 Prozent der Steuerpflichtigen, deren Einkommen über jährlich 400.000 DM liegt.
- Besonders kontrolliert werden 70 Prozent der Steuerfälle, die mehr als 200.000 DM Verlust geltend machen.
- Genau kontrolliert werden 40 Prozent der Steuerpflichtigen, deren Einkünfte über 300.000 DM liegen, sowie 10 Prozent der Steuerpflichtigen, deren Einkünfte über 200.000 DM liegen.

Aber bei aller Planung: Auch dies sind Wunschträume der Finanzverwaltung, die oft wegen Personalmangels kaum zu erfüllen sind.

Finanzamt

- Betriebsprüfungsstelle -

Steuernummer (in Schreiben bitte angeben)	AB-Nr.

Hamburg
Postfach
, 2 Hamburg
Dienstgebäude
Telefon - Durchwahl Vermittl. ( ) Telefax
Bearbeiter(in) Zimmer

Prüfungsanordnung

Sehr geehrte(r)

Zutreffendes ist ☒ angekreuzt

der / die Betriebsprüfer(in)

ist / sind beauftragt worden, bei Ihnen bzw. bei

nach

☐ § 193 Abs. 1 AO ☐ § 193 Abs. 2 Nr. 2 AO ☐ § 194 Abs. 2 AO ☐ eine Außenprüfung ☐ eine abgekürzte Außenprüfung (§ 203 AO) - durchzuführen.

Es ist beabsichtigt, mit der Prüfung zu beginnen am .

Als Prüfungsort ist vorgesehen:

Zu prüfen sind:

	von bzw. vom	bis bzw. bis zum
☐ Umsatzsteuer	19	19
☐ Einkommensteuer ☐ Körperschaftsteuer	19	19
☐ Verwendbares Eigenkapital für die Bilanzstichtage ☐ vom 19 ☐ bis zum 19	31. Dezember 19	31. Dezember 19
☐ Investitionszulage	19	19
☐ Gewerbesteuer	19	19
☐ Vermögensteuer	19	19
☐ Einheitswerte des Betriebsvermögens	01. Januar 19	01. Januar 19
☐ Anteilsbewertung	31. Dezember 19	31. Dezember 19
☐ Gesonderte Feststellung der Einkünfte	19	19
☐ Gesonderte Feststellung des verbleibenden Verlustabzugs zum Schluß des Veranlagungszeitraumes	19	19
☐ Gesonderte Feststellung des vortragsfähigen Gewerbeverlustes	31. Dezember 19	31. Dezember 19
☐ Gesonderte Feststellung des verrechenbaren Verlustes	19	19
☐	19	19

Die Prüfung kann sich auch auf die steuerlichen Verhältnisse der Arbeitnehmer erstrecken. Der Prüfer soll ferner auf Sachverhalte achten, die für andere Steuern (z. B. Erbschaftsteuer, Grunderwerbsteuer, Wechselsteuer) von Bedeutung sein können.

Hochachtungsvoll

Ihre wesentlichen Rechte und Mitwirkungspflichten bei der Außenprüfung

Die Außenprüfung soll dazu beitragen, daß die Steuergesetze gerecht und gleichmäßig angewendet werden; deshalb ist auch zu Ihren Gunsten zu prüfen (§ 199 Abgabenordnung - AO -).

Beginn der Außenprüfung
Wenn Sie wichtige Gründe gegen den vorgesehenen Zeitpunkt der Prüfung haben, können Sie beantragen, daß ihr Beginn hinausgeschoben wird (§ 197 Abs. 2 AO). Wollen Sie wegen der Prüfungsanordnung Rückfragen stellen, wenden Sie sich bitte an die prüfende Stelle und geben Sie hierbei den Namen des Prüfers an. Über den Prüfungsbeginn sollten Sie ggf. Ihren Steuerberater unterrichten.

Der Prüfer wird sich zu Beginn der Außenprüfung unter Vorlage seines Dienstausweises bei Ihnen vorstellen (§ 198 AO).

Ablauf der Außenprüfung
Haben Sie bitte Verständnis dafür, daß Sie für einen reibungslosen Ablauf der Prüfung zur Mitwirkung verpflichtet sind. Sie können darüber hinaus auch sachkundige Auskunftspersonen benennen.

Legen Sie bitte dem Prüfer Ihre Aufzeichnungen, Bücher, Geschäftspapiere und die sonstigen Unterlagen vor, die er benötigt, erteilen Sie ihm die erbetenen Auskünfte und erläutern Sie ggf. die Aufzeichnungen (§ 200 Abs. 1 AO).

Stellen Sie ihm zur Durchführung der Außenprüfung bitte einen geeigneten Raum oder Arbeitsplatz sowie die erforderlichen Hilfsmittel unentgeltlich zur Verfügung (§ 200 Abs. 2 AO).

Werden die Unterlagen nur in Form der Wiedergabe auf einem Datenträger aufbewahrt, kann der Prüfer verlangen, daß Sie auf Ihre Kosten diejenigen Hilfsmittel zur Verfügung stellen, die zur Lesbarmachung erforderlich sind, bzw. daß Sie auf Ihre Kosten die Unterlagen unverzüglich ganz oder teilweise ausdrucken oder ohne Hilfsmittel lesbare Reproduktionen beibringen (§ 147 Abs. 5 AO).

Über alle Feststellungen von Bedeutung wird Sie der Prüfer während der Außenprüfung unterrichten, es sei denn, Zweck und Ablauf der Prüfung werden dadurch beeinträchtigt (§ 199 Abs. 2 AO).

Ergebnis der Außenprüfung
Wenn sich die Besteuerungsgrundlagen durch die Prüfung ändern, haben Sie das Recht auf eine Schlußbesprechung. Sie erhalten dabei Gelegenheit, einzelne Prüfungsfeststellungen nochmals zusammenfassend zu erörtern (§ 201 AO).

Über das Ergebnis der Außenprüfung ergeht bei Änderung der Besteuerungsgrundlagen ein schriftlicher Prüfungsbericht, der Ihnen auf Antrag vor seiner Auswertung übersandt wird. Zu diesem Bericht können Sie Stellung nehmen (§ 202 AO).

Rechtsbehelfe können Sie allerdings nicht gegen den Bericht, sondern nur gegen die aufgrund der Außenprüfung ergehenden Steuerbescheide einlegen.

Wird bei Ihnen eine abgekürzte Außenprüfung durchgeführt, findet eine Schlußbesprechung nicht statt (§ 203 AO). Anstelle des schriftlichen Prüfungsberichts erhalten Sie spätestens mit den Steuer- / Feststellungsbescheiden eine schriftliche Mitteilung über die steuerlich erheblichen Prüfungsfeststellungen.

Ablauf der Außenprüfung beim Verdacht einer Steuerstraftat oder einer Steuerordnungswidrigkeit
Ergibt sich während der Außenprüfung der Verdacht einer Steuerstraftat oder einer Steuerordnungswidrigkeit gegen Sie, so dürfen hinsichtlich des Sachverhalts, auf den sich der Verdacht bezieht, die Ermittlungen bei Ihnen erst fortgesetzt werden, wenn Ihnen die Einleitung eines Steuerstraf- oder Bußgeldverfahrens mitgeteilt worden ist (vgl. § 397 AO). Soweit die Prüfungsfeststellungen auch für Zwecke eines Steuerstraf- oder Bußgeldverfahrens verwendet werden können, darf Ihre Mitwirkung bei der Aufklärung der Sachverhalte nicht erzwungen werden (§ 393 Abs. 1 Satz 2 AO). Wirken Sie bei der Aufklärung der Sachverhalte nicht mit (vgl. § § 90, 93 Abs. 1, 200 Abs. 1 AO), können daraus allerdings im Besteuerungsverfahren für Sie nachteilige Folgerungen gezogen werden; ggf. sind die Besteuerungsgrundlagen zu schätzen, wenn eine zutreffende Ermittlung des Sachverhalts deswegen nicht möglich ist (§ 162 AO).

Rechtsbehelfsbelehrung

Sie können gegen die in dieser Prüfungsanordnung enthaltenen Einzelanordnungen (Verwaltungsakte *) **Einspruch** einlegen.
Der Einspruch ist beim auf der Vorderseite bezeichneten **Finanzamt** schriftlich oder zur Niederschrift zu erklären.

Die **Frist** für die Einlegung des Einspruchs beträgt **einen Monat**. Sie beginnt mit Ablauf des Tages, an dem Ihnen diese Prüfungsanordnung bekanntgegeben worden ist. Bei Übergabe der Prüfungsanordnung durch den Betriebsprüfer erfolgt die Bekanntgabe mit der Übergabe. Bei Zustellung durch einfachen Brief oder Zustellung durch eingeschriebenen Brief gilt die Bekanntgabe mit dem dritten Tag nach der Aufgabe zur Post als bewirkt, es sei denn, daß die Prüfungsanordnung zu einem späteren Zeitpunkt zugegangen ist. Bei Zustellung mit Postzustellungsurkunde oder gegen Empfangsbekenntnis ist der Tag der Bekanntgabe der Tag der Zustellung.

Auch wenn Einspruch eingelegt worden ist, sind Sie verpflichtet, den Anordnungen Folge zu leisten, es sei denn, daß die Vollziehung des angefochtenen Verwaltungsaktes ausgesetzt worden ist.

*) z. B. Prüfungsanordnung, Festlegung des Prüfungsbeginns und des Prüfungsortes

Ein Indiz für eine bevorstehende Betriebsprüfung ist aber oft, dass die letzten Steuerbescheide unter dem Vorbehalt der Nachprüfung nach § 164 AO erfolgen. Hierdurch lässt die Finanzverwaltung den Steuerfall offen. Es ergehen jedoch mehr Steuerbescheide unter Vorbehalt dieser Nachprüfung an die Steuerpflichtigen, als Betriebsprüfungen erfolgen. Je plausibler die Angaben in den Steuererklärungen sind, je weniger Unregelmäßigkeiten der Finanzbeamte entdeckt, desto geringer ist die Wahrscheinlichkeit einer Betriebsprüfung – ausgenommen bei Großbetrieben.

Ohne Ankündigung gibt es keine Prüfung

Keine unangemeldete Prüfung

Sie erhalten zunächst einige Wochen vor Prüfungsbeginn die schriftliche Bekanntgabe der Prüfungsanordnung (§ 197 Abs. 1 AO), in der das Datum des Prüfungsbeginns, der Name des Prüfers sowie der Umfang einer Außenprüfung bekannt gegeben werden.

Wichtig: Der Betriebsprüfer erscheint nicht unangemeldet. Ohne die vorherige schriftliche Prüfungsanordnung brauchen Sie diesen gar nicht erst hereinzulassen.

Den Steuerberater einschalten

Diese Prüfungsanordnung sollten Sie Ihrem Steuerberater vorlegen und zusammen mit diesem entscheiden, ob Ihnen das Datum der anberaumten Außenprüfung genehm ist oder nicht. Sie können die Prüfung unter Angabe einer stichhaltigen Begründung verschieben, z. B. wegen Urlaub, Geschäftsreisen, Krankheit, personalbedingter Abwesenheiten usw. Die Ursachen der Verschiebung können bei Ihnen oder Ihrem steuerlichen Berater liegen. Der Antrag sollte schriftlich gestellt werden.

Die Außenprüfung findet entweder in Ihren Geschäftsräumen oder bei Ihrem steuerlichen Berater statt, wobei Sie immer Letzteres wählen sollten. Dafür gibt es folgende Gründe:

- Der Prüfer kann seine Nase nicht überall hineinstecken, er kann zum Beispiel Ihre betrieblichen Abläufe nicht in

Augenschein nehmen, was in manchen Fällen für den Steuerpflichtigen vorteilhaft sein kann.

- Der Prüfer kann weder Ihr Personal noch Familienangehörige ausfragen, die keinesfalls durchschauen können, worauf der Prüfer mit seinen scheinbar harmlosen Fragen eigentlich hinauswill.
- Findet die Prüfung im Büro des Steuerberaters statt, hat dies den Vorteil, dass der Berater während der Prüfungsdauer immer zugegen ist und sofort die für den Steuerpflichtigen günstigste Antwort liefern kann.
- Der Steuerberater kennt die Tricks der Prüfer und lässt sich nicht »ausquetschen«. Er antwortet sachlich, präzise, nicht ausschweifend und ausschließlich im Sinne des Mandanten. Er muss jedoch bei der Wahrheit bleiben.
- Der Steuerberater weiß, dass der Prüfer schon die nächsten Prüfungstermine für andere Steuerpflichtige fest im Terminkalender hat. Wenn er jetzt durch geschickte Ablenkungsmanöver Zeit schinden kann, so hat der Prüfer nicht so viel Gelegenheit, in die Tiefe zu gehen. Dies darf jedoch nicht zu offensichtlich geschehen.

Außenprüfung beim Steuerberater vornehmen lassen

Das sind die verschiedenen Formen der Außenprüfungen

1. **Lohnsteueraußenprüfungen können** ins Haus stehen, wenn Sie als Selbstständiger fest angestellte Arbeitnehmer oder pauschalbesteuerte Aushilfskräfte beschäftigen. Das Finanzamt prüft, ob Sie als Arbeitgeber ordnungsgemäß alle Lohnsteuern, Kirchensteuern und Solidaritätszuschlag abgeführt haben.
2. **Umsatzsteuersonderprüfungen finden** bei Unternehmern oder Vermietern statt, wenn diese gewerblich mit Umsatzsteuer vermieten oder an ein Gewerbe vermieten. Hier prüft das Finanzamt, ob alle Aufzeichnungen ordnungsgemäß durchgeführt wurden, alle steuerpflichtigen Umsätze versteuert wurden und ob die Vorsteuerbeträge richtig ermittelt wurden. Insbesondere wird geprüft, ob die Vorsteuerbeträge (Mehrwertsteuer, die in Ihren Ein-

Lohn- und Umsatzsteuerprüfung

gangsrechnungen enthalten ist und die Sie wieder von der zu zahlenden Mehrwertsteuer abziehen) richtig ermittelt wurden und ob die dazugehörigen Rechnungen die Mehrwertsteuer ausweisen.

3. Die Steuerfahndungsprüfung ist auch eine Außenprüfung – darauf aber gehen wir später noch gesondert ein (siehe Seite 185 ff.).

Wie Prüfungen vorbereitet werden

Ganz ohne Mitwirkung des Steuerpflichtigen kann eine Außenprüfung nicht ablaufen. Dies betrifft zunächst die Buchhaltungs-, Aufzeichnungs-, Erklärungs- und Aufbewahrungspflichten bezüglich der Unterlagen. Diese Pflichten gelten völlig unabhängig von einer Betriebsprüfung. Falls eine solche jetzt unglücklicherweise ins Haus steht, müssen Sie sämtliche Unterlagen bereithalten, z. B.:

Bereitzustellende Unterlagen

- Finanzbuchhaltungsunterlagen
- Lohnbuchhaltungsunterlagen
- Kassenbücher
- Jahresabschlüsse, Gewinn-und-Verlust-Rechnungen
- Anlagenverzeichnisse
- Originalrechnungen (Eingangs- und Ausgangsrechnungen),
- Urkunden, Dokumente, Verträge

Die Zusammenstellung dieser Unterlagen ist lästig und zeitraubend. Darüber hinaus sollte diese noch einmal mit dem Steuerberater durchgesprochen werden. Deshalb ist es ratsam, dass zwischen schriftlicher Prüfungsanordnung und -beginn eine für Sie und den Bevollmächtigten ausreichende Zeitspanne liegt.

Die Mitwirkungspflichten des Steuerzahlers bei der Außenprüfung

Bevollmächtigter

Die bei der Außenprüfung beteiligten Personen trifft eine Mitwirkungspflicht. Der Steuerpflichtige kann hierzu auch einen Bevollmächtigten legitimieren (Steuerberater, Rechtsanwalt) und darüber hinaus noch andere Auskunftspersonen (Mitarbeiter) benennen.

Die Auskunftsperson darf jedoch nur Auskünfte erteilen, während der Bevollmächtigte auch Entscheidungsbefugnisse hat, z. B. zur Abgabe von den Steuerpflichtigen bindenden Willenserklärungen.
Bei juristischen Personen trifft den Geschäftsführer die Mitwirkungspflicht, wobei der Prüfer sich auch an die Gesellschafter halten kann.

Erscheinen dem Betriebsprüfer die Auskünfte der benannten Auskunftspersonen zu »dünn« und kommt er in dem Fall anders nicht weiter, kann er auch andere Betriebsangehörige befragen, wobei dies dem zu prüfenden Steuerpflichtigen mitgeteilt werden muss. Er soll vorher Gelegenheit haben, eine andere Auskunftsperson zu legitimieren.

Andere Auskunftspersonen

Dies ist ganz wichtig, damit der Prüfer nicht wahllos Ihre Mitarbeiter ausfragt, durch deren unbedachte Äußerungen Sie vielleicht Unannehmlichkeiten in Form hoher Steuernachzahlungen (oder sogar ein Strafverfahren) erwarten könnten. Diese unkontrollierbare Ausfragerei entfällt natürlich, wenn die Außenprüfung in den Büroräumen Ihres Steuerberaters stattfindet!

Keine unkontrollierbare Ausfragerei

Hat der zu prüfende Steuerpflichtige eine Auskunftsperson benannt, so wendet sich der Prüfer in erster Linie an diese. Deshalb sollten Sie die Auskunftsperson entsprechend informieren, damit die Auskünfte in Ihrem Sinne ausfallen und Sie während der Prüfung getrost arbeiten können.

Die Grenzen der Mitwirkungspflicht

Grundsätzlich kann der Prüfer nur Auskünfte verlangen, wenn das Mitwirkungsverlangen notwendig ist und dem Steuerpflichtigen zugemutet werden kann. Erst wenn der Prüfer zur Klärung eines wichtigen Sachverhaltes Angaben oder Unterlagen benötigt, muss der Steuerpflichtige diese beibringen.

Verursacht die Beschaffung der Auskünfte bzw. Unterlagen hohen Aufwand und würden sich nur geringe steuerliche Konsequenzen ergeben, so steht die Mitwirkung des Steuerpflichtigen in keinem Verhältnis mehr zum eventuellen steuerlichen Mehrergebnis für den Prüfer.

Man muss sich nicht selbst belasten

Wichtig: Der Steuerpflichtige kann (nach § 393 Abs. 1 Satz 2 AO) in jedem Fall die Auskunft verweigern, wenn er sich durch diese sonst selbst wegen einer Steuerstraftat oder Steuerordnungswidrigkeit belasten würde.

Wenn Sie genau wissen, dass ein Teil Ihrer Betriebseinnahmen an eine Liechtensteiner Briefkastenfirma geflossen ist, der Prüfer dies entdeckt hat und Sie dafür mit Gefängnisstrafe rechnen müssen, so müssen Sie nicht aussagen und sollten sich auch nicht selbst belasten.

Kommt der Prüfer in seinem Prüfungsfall nicht weiter, kann er z. B. ein Auskunftsersuchen an die Bank richten und sich so die entsprechenden Auskünfte einholen. Dies jedoch erst, wenn der Steuerpflichtige sich weigert, die Angelegenheiten mit seiner Bank zu regeln, z. B. wegen ungeklärter Kontoeinzahlungen.

Angehörige

Angehörige des Steuerpflichtigen können (nach § 101 AO) die Auskünfte verweigern, sofern sie nicht selbst als Beteiligte über ihre eigenen steuerlichen Verhältnisse auskunftspflichtig sind oder die Auskunftspflicht eines Beteiligten zu erfüllen haben.

Außerdem existiert noch das Auskunftsverweigerungsrecht zum Schutz bestimmter Berufsgeheimnisse (nach § 102 AO). Demnach dürfen bestimmte Berufsgruppen die Auskunft verweigern. Dies gilt z. B. für:

- Steuerberater
- Rechtsanwälte
- Notare
- Wirtschaftsprüfer
- Vereidigte Buchprüfer
- Geistliche

Für Notare gelten jedoch ungeachtet dessen die gesetzlichen Anzeigepflichten, die sich auch auf die Vorlage von Urkunden und Dokumenten (z. B. Grundstückskaufvertrag) erstrecken. Wurden die erwähnten Berufsgruppen von ihrer beruflichen Verschwiegenheitspflicht entbunden, so dürfen diese auch die Auskunft nicht verweigern. Dies gilt ebenso für die Erfüllungsgehilfen (Mitarbeiter) dieser Berufsgruppen.

Auskunftsverweigerungsrecht

Die Rechte des Betriebsprüfers

Zumindest während einer Lohnsteueraußenprüfung hat der Prüfer das Recht, auch den Arbeitnehmern im Unternehmen jede Frage bezüglich Art und Höhe ihrer Einnahmen zu stellen. Er darf darüber hinaus aber auch unverfängliche Gespräche führen – und gerade die sind gefährlich.

Unverfängliche Gespräche

Beispiel: *Fragt er nach Urlaubsregelungen und erfährt dabei, dass der Firmenwagen des Chefs auch während des Urlaubs niemand anderem zur Verfügung steht, weil der Chef damit immer selbst nach Südspanien fährt, sind schon steuerlich relevante Fakten auf dem Tisch. Der Eigenanteil der Pkw-Nutzung kann neu gefasst werden.*

Über die Rechte, seine Augen und Ohren offen zu halten, hinaus hat der Betriebsprüfer Anspruch auf ein angenehmes Arbeitsklima – egal, ob die Außenprüfung bei Ihnen oder bei Ihrem Steuerberater stattfindet. Es ist zwar nicht erlaubt, dem Prüfer Kaffee und Brötchen hinzustellen und/oder ihn auch zum Mittagessen einzuladen. Aber davon sollte man sich nicht irritieren lassen. Denn erstens sind die Gehälter beim Finanzamt niedrig – und zweitens kann der Prüfer schließlich immer noch ablehnen. Wegen eines Brötchens und eines normalen Essen ist noch nie ein Bestechungsvorwurf bekannt geworden. Nach Beamtenbestechung oder Vorteilsgewährung kann es aber schnell aussehen, wenn Kfz-Mechanikermeister das Fahrzeug des Prüfers ohne Rechnung warten oder Einzelhändler dem Prüfer generell großzügige Prozente gewähren.

Arbeitsklima

Dem Betriebsprüfer sind Hilfsmittel unentgeltlich zur Verfügung zu stellen. Dazu zählen z. B.:

- Büromaterial
- Telefon
- Rechenmaschine
- Kopierer usw.

Falls Sie keinen Kopierer besitzen, kann der Prüfer die Unterlagen mitnehmen und im Finanzamt kopieren. Aus diesem Grunde empfiehlt sich auch die Prüfungsdurchführung bei Ihrem Steuerberater, da dieser über sämtliche bürotechnischen Ausstattungen verfügt.

Mancher Unternehmer ruft vor der Prüfung eine Möbelspedition an

Der Prüfer darf eine Betriebsbesichtigung durchführen (§ 200 Abs. 3 Satz 2 AO). Er darf sich alle Betriebsräume und Grundstücke ansehen, um sich ein Bild der betrieblichen Abläufe zu machen, die er sich vom Steuerpflichtigen selbst erklären lassen sollte, eventuell auch in Begleitung des Steuerberaters. Diese Besichtigung hat auch den Zweck, festzustellen, ob tatsächlich alle als Betriebsvermögen geführten Anschaffungen im Unternehmen vorhanden sind.

Kontrolle des Betriebsvermögens

Wurden z. B. teure Büromöbel, wertvolle Kunstgegenstände, echte Teppiche oder exklusive Unterhaltungselektronik für das Unternehmen angeschafft, so will der Prüfer diese Gegenstände natürlich in den Geschäftsräumen vorfinden. Es soll sogar schon Unternehmer gegeben haben, die bei der Ankündigung einer Prüfung zunächst mal eine Möbelspedition beauftragt haben. Die bekam dann den Auftrag, all diese Gegenstände aus der Privatwohnung des Unternehmers schnellstens in die Geschäftsräume zu transportieren.

TIPP: Die privaten Räume des Steuerpflichtigen müssen dem Betriebsprüfer nicht zugänglich gemacht werden. Dies kann nur mit einer Zustimmung des Steuerpflichtigen geschehen.

Auch private Unterlagen sind nur dann vorzulegen, wenn sie für die Besteuerung relevant sind. Der Prüfer muss den Anlass für das Verlangen der Einsichtnahme in Privatunterlagen begründen. Falls diese Unterlagen nicht vorgelegt werden, dann erfolgt eine Schätzung, die zu Ihren Ungunsten ausfallen kann.

Private Papiere

Wann der Betriebsprüfer doch in der Privatsphäre forschen darf

- Wenn die Steuerpflicht sich auf private Überschusseinkünfte bezieht, z. B. Kapital- und Vermietungseinkünfte nach den §§ 20, 21 EStG
- Wenn es um die Zuordnung von Wirtschaftsgütern zum Betriebs- oder Privatvermögen geht
- Wenn private Ausgaben mit in die Prüfung einbezogen werden, etwa Sonderausgaben, außergewöhnliche Belastungen, Ökozulagen
- Wenn in der Finanzbuchhaltung nicht zwischen Betriebs- und Privatsphäre unterschieden wurde
- Wenn es um Zahlungen an Ehegatten oder Kinder geht, die beim Steuerpflichtigen als Betriebsausgabe abgezogen wurden

Dann kann Privates doch wichtig sein

Das Ende der Prüfung – bei der Schlussbesprechung ist noch viel zu retten

Nach Beendigung der Prüfung wird ein Termin für die Schlussbesprechung festgesetzt – möglichst im Beisein des Steuerberaters. Er wird oft eine Vermittlungsfunktion zwischen dem Steuerpflichtigen und dem Betriebsprüfer einnehmen, wenn es anders zu keiner für beide Seiten akzeptablen Lösung kommt. Diese Schlussbesprechung sollten Sie wahrnehmen, auch wenn Sie darauf verzichten dürfen. Es können hier noch Kompromisse geschlossen werden, bevor der anschließende Prüfungsbericht ergeht. Denn die meisten Betriebsprüfer sind kompromissbereit. Wichtig ist für den Prüfer nur, dass er ein steuerliches Mehrergebnis erzielt und damit Punkte für seine Beförderung gewonnen hat.

Zeit für Kompromisse

Prüfungsbericht

Nach der Schlussbesprechung erfolgt der Prüfungsbericht, der das Ergebnis der Prüfung für alle Steuerarten des Prüfungszeitraumes zusammenfasst. Sodann erlässt das Finanzamt gegebenenfalls geänderte Steuerbescheide für die betreffenden Jahre. Gegen diese Bescheide können Sie zwar Rechtsmittel einlegen. Nach einer abgeschlossenen Betriebsprüfung dürfte dies jedoch ein fast aussichtsloser und teurer Kampf sein!
Die Schlussbesprechung entfällt, wenn der Prüfer nichts für Sie Nachteiliges gefunden hat und sich folglich keine Änderungen Ihrer Besteuerungsgrundlagen ergeben.

Oft ein Bumerang: der Datenaustausch innerhalb der Finanzverwaltung

Während der Betriebsprüfung sammelt der Prüfer viele Daten. Dabei interessieren den Prüfer insbesondere solche, die auf eine Steuerverkürzung schließen lassen können. In diesem Fall sendet der Betriebsprüfer eine Kontrollmitteilung an die betreffende Finanzbehörde. Es handelt sich dann um einen Informationsaustausch zwischen den Behörden, um die Steuermoral der Bürger zu prüfen und möglichst viel Geld für die Staatskasse einzutreiben.
Bei einer Außenprüfung werden Kontrollmitteilungen häufig dann angefertigt, wenn:

- Hohe Abfindungen oder Zuschüsse gezahlt wurden
- Scheinrechnungen vermutet werden
- Scheinfirmen vermutet werden
- Branchenuntypische Geschäfte festgestellt werden
- Hohe Provisionen gezahlt wurden
- Schmiergeldzahlungen vorliegen
- Geldschenkungen sowie Übertragungen von Sparguthaben vorliegen
- Fragwürdige Darlehensverträge entdeckt werden
- Ungewöhnliche Zahlungsabwicklungen festgestellt werden
- Hohe Bargeldtransaktionen oder Auslandsüberweisungen vorliegen
- Rechnungen ungewöhnlich erscheinen

Dieses Kontrollsystem zwischen den Finanzbehörden funktioniert reibungslos. Neben den Erkenntnissen der Außenprüfung über den Steuerpflichtigen selbst erhält der Prüfer somit quasi nebenbei zahlreiche steuerlich relevante Informationen über Dritte.

Die Vermögenszuwachsrechnung oder der Gesamtvermögensvergleich

Dieser Vermögensvergleich ist eine weitere Verprobungsmethode (siehe Seite 95 ff.) des Betriebsprüfers zur Feststellung von unversteuertem Vermögen bzw. Schwarzgeld.
Hierbei wird der Gesamtbetrag der Einkünfte mit der tatsächlichen Vermögensentwicklung verglichen. Dies ist nur im Rahmen der Betriebsprüfung möglich, da hier ein Finanzstriptease der letzten drei Jahre erfolgt, sofern der Prüfungszeitraum nicht noch erweitert wird. Beim Gesamtvermögensvergleich wird auch die Privatsphäre mit einbezogen.
Die Finanzverwaltung prüft also die Plausibilität von Vermögen und Schulden, Einnahmen und Ausgaben in einem bestimmten Zeitraum. Sie geht davon aus, dass in einem bestimmten Zeitraum ein Vermögenszuwachs nur aus versteuerten Einkünften plus steuerfreien Einkünften plus einmaligen Vermögensmehrungen erfolgen kann, sofern diese nicht durch private Ausgaben verbraucht wurden. Die Finanzverwaltung unterstellt, dass unversteuerte Einkünfte (und auch Vermögen) dann vorliegen, wenn der Vermögenszuwachs zuzüglich privatem Verbrauch unter Berücksichtigung bestimmter Zu- und Abschläge höher ist als die versteuerten Einkünfte. Der BFH sieht die Notwendigkeit eines Vermögensvergleiches dann als gegeben, wenn die Einkommens- und Vermögensverhältnisse eines Steuerpflichtigen undurchsichtig sind (Urteil vom 3. August 1966, IV R 152/66, BStBl. 1966 III, S. 650).

Wenn der Vermögenszuwachs höher ist als die versteuerten Einkünfte

Beispiel: *Ein Malermeister, der seit fünf Jahren nur jährliche Gewinne von 80.000 DM bis 100.000 DM erzielt, keine Kapitaleinkünfte erklärt und gleichzeitig ein Einfamilienhaus*

von 500.000 DM bar bezahlt hat, muss erklären, woher diese ungewöhnlich hohe Liquidität stammt, denn er brauchte ja auch Geld zum Leben.
Folgende harmlose Erklärungsalternativen gibt es:
Möglichkeit 1: *Es handelt sich um eine GmbH, und der Malermeister bezog ein höheres Geschäftsführergehalt, aus dem er private Lebenshaltungskosten und einen Teil des Kaufpreises finanzieren konnte, den Rest zahlte er aus Gewinnausschüttungen.*
Möglichkeit 2: *Die Ehefrau bezog ein höheres Gehalt aus der Firma, das auf ein Konto gezahlt wurde. Anhand der Barabhebungen kann der Betriebsprüfer sehen, dass die Steuerpflichtigen von dem Ehegattengehalt gelebt haben, wovon noch ein Teil des Kaufpreises gezahlt wurde, der Rest wurde aus dem Gewinn bzw. den Gewinnausschüttungen finanziert.*
Möglichkeit 3: *Es handelt sich um eine Schenkung von Verwandten, die anfallende Schenkungsteuer wurde gezahlt.*
Möglichkeit 4: *Der Kaufpreis wurde über ein privates Darlehen von Verwandten oder Bekannten finanziert.*

Ausgabenvergleich anhand statistischer Daten

Lebenshaltungskosten

Die Betriebsprüfer entnehmen aus den Tabellen des Statistischen Bundesamtes Wiesbaden den Lebenshaltungskostenbedarf verschiedener Haushaltstypen, die nach Personenzahl und Einkommen klassifiziert sind. Deshalb kann man dem Prüfer kaum weiszumachen versuchen, dass eine vierköpfige Familie von monatlich 600 DM gelebt haben soll.

Freie und gebundene Entnahmen im Vergleich

Der Betrag, der zum Leben (Essen, Kleidung, Urlaub usw.) verbraucht wurde, muss als Privatentnahme oder Gehalt aus dem Betrieb abgegangen sein. Das sind die so genannten freien Entnahmen. Zusätzlich gibt es die gebundenen Entnahmen wie private Versicherungen, Mieten, Ratenzahlungen fürs Eigenheim, Unterhaltszahlungen etc. Übersteigen die gebundenen Privatentnahmen die gesamten Privatausgaben, unterstellt der Prüfer, dass die freien Entnahmen für den privaten Konsum aus unversteuertem Geld kommen.

Arbeitsbogen Vermögenszuwachsrechnung

(Grundlage hierfür ist das Schema, welches von der Oberfinanzdirektion Düsseldorf/Köln/Münster in ihrer Betriebsprüfungskartei vorgegeben wird)

	1. Ermittlung des Anfangs- und Endvermögens	am 1. Jan. ...	am 31. Dez. ...
1.1	**Grundvermögen**		
1.2	**Betriebsvermögen**	+	+
1.3	**Kapitalvermögen** (./. Guthaben bei Bausparkassen und Lebensversicherungen)	+	+
1.4	**sonst. Vermögen**	+	+
1.5	**Rohvermögen** (Summe 1.1 bis 1.4)	=	=
1.6	**Verbindlichkeiten** (./. betrieblicher Schulden)	–	–
1.7	**Reinvermögen** (Summe 1.5/1.6)		
1.8	**Summe 1** (Vermögenszuwachs/-minderung aus Vergleich 1.7)		=

	2. Ermittlung der Aufwendungen in der Vergleichszeit	
2.1	tats. **gezahlte Einkommen-, Vermögen-, Kirchensteuer** (wenn keine Betriebsausgabe)	
2.2	**Versicherungsbeiträge** (alle Versicherungen)	+
2.3	**Einzahlungen** in Raten- und Bausparverträge	+
2.4	**Krankheitskosten** (wenn selbst getragen)	+
2.5	**Vereinsbeiträge**, Ausgaben für Hobbys	+
2.6	**private Reisekosten** (Urlaubsreisen)	+
2.7	**andere private Ausgaben** (für Erziehung und Ausbildung von Kindern, Unterhalt und andere Zuwendungen an Kinder oder andere Verwandte, Schenkungen an fremde Personen)	+
2.8	**private Anschaffungen** (Kleidung, Wäsche, Hausrat, Möbel, Schmuck, Bücher usw.)	+
2.9	**private Kfz-Kosten** (Anschaffung, Unterhalt)	+
2.10	**private Prozesskosten, Geldstrafen**	+
2.11	**Herstellungsaufwand an privaten Gebäuden**	+
2.12	**Ausgaben für Miete** oder Mietwert von eigengenutzter Wohnung	+
2.13	**Ausgaben für Haushaltshilfen**	+

2.14	**private Schuldzinsen und Renten**	+
2.15	**Verluste bei Verkauf von privaten**	+
	Vermögensgegenständen (wenn im Anfangsvermögen enthalten) oder andere **private Vermögensverluste** (Kursverluste bei Wertpapieren, Bürgschaftsleistungen)	+
2.16	**Lebensunterhalt, Haushaltsverbrauch**	+
2.17	**sonstige Ausgaben**	+
2.18	**Summe 2** gesamte Aufwendungen (2.1–2.17)	=
2.19	Ansatz von Summe 1 (Feld 1.8)	+/–
2.20	**Summe 3**	=
	3. Ermittlung steuerfreier oder nicht steuerpflichtiger Einkünfte	
3.1	aus **Erbschaften, Schenkungen** (abzgl. Erbschaft-, Schenkungsteuer)	
3.2	aus realisiertem **Kursgewinn**	+
3.3	aus **Lebensversicherungen**, Auszahlung von **Bau-, Ratensparverträgen**	+
3.4	**Pauschbeträge für Werbungskosten**, sonstige **steuerfreie Einkünfte**	+
3.5	**Abschreibung** aus privatem **Grundbesitz** bzw. auf private **Herstellungskosten**	+
3.6	**Mehrerlös durch Verkauf von Privatvermögen oder -grundbesitz** (wenn im Anfangsvermögen enthalten)	+
3.7	**Gesamterlös durch Verkauf von Privatvermögen oder -grundbesitz** (wenn nicht im Anfangsvermögen enthalten)	+
3.8	**sonstige Einkünfte**	+
3.9	**Summe 4** (aus 3.1–3.8)	=
	4. Ermittlung aller Einkünfte	
4.1	**Summe 3 (Feld 2.20)**	
4.2	**Summe 4 (Feld 3.9)**	–
4.3	**Gesamtbetrag zu versteuernder Einkünfte**	=
4.4	**tatsächlich versteuerte Einkünfte**	
	im Jahr 19...	
	im Jahr 19...	
	im Jahr 19...	
	Summe daraus	=
4.5	**Summe nicht versteuerter Einkünfte** (Differenz aus Feld 4.3 und 4.4)	=

Bringt der Gesamtvermögensvergleich für den Prüfer kein aufschlussreiches Ergebnis, erfolgt eine Hinzuschätzung des Gewinnes. Das ist meistens mit hohen Steuernachzahlungen verbunden.

Ungeklärter Vermögenszuwachs

Deshalb wird der Steuerpflichtige bemüht sein, den ungeklärten Vermögenszuwachs durch Darlehen von Freunden und Verwandten zu erklären, zur Vermeidung hoher Steuernachzahlungen.

Etwaige Erklärungsnöte können Steuerpflichtige oft schon dadurch vermeiden, dass sie die freien Privatausgaben nicht per Scheck, Überweisung oder Kreditkarte bezahlen, sondern in bar.

Sollten Sie zu den unmoralischen Zeitgenossen gehören, die Schwarzgeld besitzen, ist das sowieso die einzige Möglichkeit, es unter den Tisch fallen zu lassen!

Geldquellen müssen erklärt werden

Wenn Sie allerdings keine freien Privatentnahmen tätigen oder vom Firmengehalt gelebt haben, wird der Prüfer wieder die Frage stellen, aus welcher Geldquelle die Lebenshaltungskosten gedeckt wurden.

Korrekturposten beim Gesamtvermögensvergleich

Nicht alle steuerlich abzugsfähigen Beträge sind mit Zahlungen in der gleichen Höhe identisch, daher werden folgende Korrekturposten berücksichtigt; abgerechnet werden der Vermögenszuwachsrechnung:

- Steuerlich abzugsfähige Beträge, die jedoch als Ausgabe nicht angefallen sind, z. B. AfA (Absetzung für Abnutzung bei Gebäuden des Privatvermögens, Werbungskostenpauschbeträge bei Arbeitnehmern, Sparerfreibeträge, Werbungskostenpauschbeträge für Kapitalvermögen)
- Einnahmen, die nicht voll steuerpflichtig sind, z. B. Differenzbeträge zwischen Rente und Ertragsanteil der Rente, oder auch Spekulationsgewinne innerhalb der Freigrenze von 999,99 DM usw.

Hinzugerechnet werden der Vermögenszuwachsrechnung: Einnahmen, die nur steuerlich berücksichtigt, jedoch nicht tatsächlich als Zahlung vereinnahmt wurden, z. B. Erträge aus der Auflösung von Sonderposten mit Rücklagenanteil, Auflösung der Ansparabschreibung.

Der Prüfer wird fündig – was passiert nun?

Information über die Einleitung eines Strafverfahrens

Wird während der Außenprüfung eine Steuerstraftat entdeckt, so muss der Prüfer die Steuerfahndung benachrichtigen. Da sich der Verdacht meistens gegen den zu prüfenden Steuerpflichtigen richtet, dürfen die Ermittlungen bei ihm erst fortgeführt werden, wenn er über die Einleitung des Strafverfahrens informiert wurde. Insbesondere muss der Steuerpflichtige darüber belehrt werden (mit Angabe von Datum und Uhrzeit), dass seine Mitwirkung ab sofort im eigentlichen Besteuerungsverfahren nicht mehr erzwungen werden kann. Dies gilt auch bei dem bloßen Verdacht auf eine steuerliche Ordnungswidrigkeit.

Nur bei konkretem Tatverdacht darf der Prüfer die Bußgeld- und Strafsachenstelle des Finanzamtes einschalten. Für den Verdacht muss es aber objektive Beweismittel geben.

Bestimmt erinnern Sie sich an unsere Hinweise auf die Richtsätze, anhand derer die Betriebsprüfer den steuerlichen Gewinn branchenbezogen ermitteln. Fällt das Ergebnis im Einzelfall nun abweichend aus, kann aber nicht sofort die Steuerfahndung eingeschaltet werden.
Der Prüfer wird zunächst aufgrund seiner Erfahrungen bei anderen Außenprüfungen in gleichartigen Branchen zu beurteilen versuchen, ob es sich um:

- Flüchtigkeitsfehler
- Rechenfehler

- Eingabefehler bei der EDV
- Personalfehler
- Strittige Bewertungs- und Rechtsauffassungen
- Eindeutige schwerwiegende Verstöße gegen die Buchführungs- und Bilanzierungsgrundsätze

handelt. Weicht das Betriebsergebnis von dem Ergebnis der Betriebsprüfung ab, so entscheidet der Prüfer, ob eine steuerliche Zuwiderhandlung oder ein bloßer Irrtum vorliegt. Und da kann es sich auszahlen, wenn man auf ein gutes Klima mit dem Prüfer hingearbeitet hat. Denn ob ein Irrtum angenommen wird, hängt wesentlich von der Mitwirkung des geprüften Steuerpflichtigen ab.
Zeigt sich dieser kooperativ und entschuldigt sich für den von ihm begangenen Rechtsirrtum oder technische Fehler, so ist der Prüfer eher dazu geneigt, von der Einleitung eines Strafverfahrens abzusehen.

Notbremse ziehen – alle Schuld auf den Steuerberater schieben

Letzte Notbremse – der Steuerberater

Kann der Steuerpflichtige selbst nichts mehr retten, gibt es in dieser Situation eine letzte Notbremse. Es können nämlich zahlreiche Fehler einfach auf den Steuerberater und dessen Mitarbeiter geschoben werden. Um den Mandanten vor einem Strafverfahren zu retten, wird der Steuerberater eventuell Fehler vor dem Betriebsprüfer zugeben.
Diese Lösung setzt natürlich voraus, dass vorher mit dem Steuerberater Absprachen getroffen werden.

Flüchtigkeits- oder Rechenfehler

Die Finanzverwaltung ist in vielen Fällen tatsächlich geneigt, Ausreden mit Flüchtigkeits- oder Rechenfehlern beim Personal zu entschuldigen. Denn die sind menschlich – und schließlich ist auch jeder dritte Steuerbescheid mit Fehlern behaftet, wenn er das Finanzamt verlässt.
Der Deal mit dem Steuerberater kann zwar ein Strafverfahren verhindern. Er schützt aber nicht vor Steuernachzahlungen zuzüglich eventueller Hinterziehungszinsen.
Stellt der Betriebsprüfer Mängel in der Buchführung fest, so liegt keine strafrechtlich relevante Steuerverkürzung vor,

wenn diese vom Prüfer nicht nachgewiesen werden kann. Allerdings erfolgt in solchen Fällen eine Hinzuschätzung der Besteuerungsgrundlagen (nach § 162 AO) anhand der amtlichen Richtsätze der Finanzverwaltung und der einschlägigen branchenspezifischen Erfahrungen.

Hinzuschätzung

Meistens werden dann vom Prüfer Betriebseinnahmen hinzugeschätzt oder wird der Eigenverbrauch für die private Nutzung bzw. Entnahme sonstiger Leistungen des Betriebsvermögens höher angesetzt.

In diesen Fällen handelt es sich häufig um die Privatanteile bei Telefon und Pkw oder zum Beispiel um den Eigenverbrauch von Vorräten im Gaststätten- oder Lebensmittelgewerbe.

Die vorsätzliche oder auch die leichtfertige Steuerverkürzung muss immer nachgewiesen werden und hat strafrechtliche Folgen.

Fehler sind grundsätzlich nicht schlimm

Auf Mängel in der Buchführung aber stößt der Prüfer fast immer – und das ist weniger schlimm. Aufgrund der Vielzahl der steuerlichen Bewertungsvorschriften und weil sich praktisch jeden Tag eine steuerliche Vorschrift oder Verwaltungsanweisung ändert, haben z. T. selbst Steuerberater, Richter an Finanzgerichten und Bundesfinanzhöfen keinen umfassenden Durchblick mehr.

Deshalb gibt es auch kaum Ärger, wenn keine völlig fehlerlose Buchführung beim steuerlich unbedarften Normalbürger oder von »normalen« Buchführungshelfern vorgefunden wird.

Nur bei offensichtlichen, bewussten, schwerwiegenden und nachweisbaren Verstößen gegen die ordnungsgemäßen Buchführungs- und Bilanzierungsgrundsätze liegt eine strafbare Handlung des Steuerpflichtigen oder auch dessen Beraters vor.

Durchblick im Steuerdeutsch: Was ist Hinterziehung, was ist Verkürzung?

Zunächst einmal hat die steuerliche Betriebsprüfung die Aufgabe, hohe Steuerausfälle für den Staat zu vermeiden. Zusätzlich soll der Steuerpflichtige zu einer höheren Steuermoral erzogen werden. Und tatsächlich werden einige Steuersünder erst durch eine Außenprüfung geschult, künftig noch vorsichtiger zu sein und geheimes Geld oder Schwarzeinnahmen künftig wirklich als solche zu belassen.

Was passiert aber, wenn der Prüfer während einer normalen Betriebsprüfung eine Steuerhintergehung bemerkt? Zunächst muss unterschieden werden zwischen einer leichtfertigen Steuerverkürzung und der Steuerhinterziehung.

Zu Unrecht gewährte Steuervorteile

In beiden Fällen handelt es sich um zu Unrecht erhaltene Steuervorteile, Steuerverkürzungen und somit um eine zugunsten des Steuerpflichtigen zu niedrige Steuerfestsetzung. Steuerhinterziehung wäre es z. B., wenn man Einkommensteuer-Vorauszahlungen erheblich zu niedrig festsetzen lässt, obwohl bekannt ist, dass die Einkünfte tatsächlich wesentlich höher liegen werden. Gleiches gilt bei Arbeitnehmern für einen Lohnsteuerermäßigungsantrag, wenn erheblich zu hohe Werbungskosten aus nichtselbstständiger Tätigkeit angesetzt werden.

- Nach dem Gesetz (§ 370 AO) liegt Steuerhinterziehung immer dann vor, wenn steuerlich erhebliche Angaben unrichtig gemacht wurden. Hier drohen hohe Geldstrafen und Gefängnisstrafen bis zu 10 Jahren.
- Eine leichtfertige Steuerverkürzung (i. S. § 378 AO) ist eine nicht ganz so gravierende Steuerhinterziehung, die nur mit Geldstrafen (bis 100.000 DM) geahndet wird.

Steuerverkürzung ist nicht so gravierend wie Steuerhinterziehung

Der Betriebsprüfer kann im Rahmen der Außenprüfung beide Tatbestände feststellen. Entweder bei dem geprüften Steuerpflichtigen selbst oder bei anderen Steuerpflichtigen. Denn deren Steuersünden können eventuell dadurch ans Tageslicht kommen, dass sich während der Prüfung eine wirtschaftliche Beziehung zu dem geprüften Steuersünder herstellen lässt.

- Steuerordnungswidrigkeiten (i. S. § 379 AO) kann der Prüfer auch feststellen. Diese ziehen dann Straf- und/oder Bußgeldverfahren nach sich. Bei solchen Ordnungswidrigkeiten erfolgen geringere Geldstrafen (bis 10.000 DM). Aber: Es hängt vom konkreten Fall ab, ob solche Handlungen nicht doch schon als leichtfertige Steuerverkürzungen geahndet werden.

Bei falsch ausgestellten Belegen handelt es sich um eine Ordnungswidrigkeit

Typische Fälle von Ordnungswidrigkeiten sind, wenn Belege falsch ausgestellt wurden, Eingangsrechnungen durch Briefkopfkopien tatsächlich vorhandener Firmen fingiert und die Rechnungsbeträge frei erfunden eingetragen wurden, um Steuervorteile zu erlangen. Ebenso, wenn Geschäftsvorfälle oder Betriebsvorgänge, die nach dem Gesetz aufzeichnungspflichtig sind, nicht oder der Höhe nach unrichtig notiert wurden.

Auch um eine Ordnungswidrigkeit handelt es sich, wenn die gesetzlichen Mitteilungspflichten nicht oder nur unvollständig erfüllt werden.

Dies betrifft vor allem Selbstständige bzw. gewerblich Tätige, die die Gründung und den Erwerb eines Betriebes nicht rechtzeitig dem zuständigen Finanzamt anzeigen.

Steuerhinterziehung und die Möglichkeiten der Strafbefreiung

Wer beim Finanzamt aufgeflogen ist, kann immer noch nach einem rettenden Strohhalm greifen, um nicht in hohen Geldstrafen zu ertrinken. Aber vor Nachzahlungen, eventuell auch für mehrere Jahre, kann man sich damit nicht immer schützen! Voraussetzung für Rettungen in höchster Not ist aber, dass bestimmte Formvorschriften der Abgabenordnung beachtet werden und/oder rechtzeitig der Steuerberater umfassend informiert wird.

Eine dieser Möglichkeiten ist die nachträgliche Berichtigung von Steuererklärungen (§ 153 AO). Stellt man nachträglich fest, dass eine Steuererklärung unrichtig oder unvollständig abgegeben wurde und deshalb unberechtigte steuerliche Erleichterungen erhalten wurden oder noch erhalten werden, so muss dies unverzüglich der Finanzbehörde gemeldet und eine korrigierte Steuererklärung abgegeben werden. Wird auf solche Richtigstellungen verzichtet, liegt eine Steuerhinterziehung (i. S. § 370 AO) vor.

Korrigierte Steuererklärung

Dieselben Regeln gelten auch für Steuerberater, wenn sie Fehler in den Steuererklärungen der Mandanten entdecken, die unberechtigte Steuerverkürzungen einbrachten oder noch einbringen.

Innerhalb bestimmter Fristen können Steuererklärungen berichtigt werden

Die nachträgliche Berichtigung von Steuererklärungen (§ 153 AO) ist nur möglich bei Bekanntwerden von Fehlern vor Ablauf der Festsetzungsfristen. Die Festsetzungsfrist beginnt mit Ablauf des Kalenderjahres, in dem die Steuer entstanden ist. Eine geänderte Steuerfestsetzung nach Ablauf dieser Fristen

Festsetzungsfrist

ist nicht mehr zulässig, dies gilt auch für Schreibfehler des Finanzamtes (offenbare Unrichtigkeiten § 129 AO).

Übersicht zu den Festsetzungsfristen

Steuerart	**Zeitraum**
Einkommen-, Umsatz-, Gewerbesteuer	4 Jahre
Verbrauchsteuern und Zölle	1 Jahr
alle Steuerarten bei leichtfertigen Steuerverkürzungen	5 Jahre
alle Steuerarten bei Steuerhinterziehungen	10 Jahre

Keine Verkürzung der Festsetzungsfrist

Die Finanzbehörde prüft, ob eine vorsätzliche oder leichtfertige Steuerverkürzung vorliegt. Liegt eine vorsätzliche Steuerhinterziehung (i. S. § 370 AO) vor, so kann die zehnjährige Festsetzungsfrist nicht durch eine strafbefreiende Selbstanzeige oder die Einstellung des Strafverfahrens verkürzt werden. Das bedeutet, dass die Steuern zuzüglich Zinsen (i. S. der §§ 233a, Verzinsung von Steuernachforderungen, und 235 AO, Hinterziehungszinsen) für die letzten 10 Jahre zu zahlen sind.

Die genannten Festsetzungsfristen können durch verschiedene Ereignisse gehemmt werden (z. B. Außenprüfungen). So ist es möglich, dass sich die entsprechenden Fristen durchaus verlängern können (Ablaufhemmung). Dies bedeutet, dass Sie z. B. bei vorsätzlicher Steuerhinterziehung auch Steuern für mehr als 10 Jahre zurückzahlen müssen.

Stellen Sie selbst oder Ihr Steuerberater vor Ablauf dieser Fristen steuerverkürzende Mängel in Steuererklärungen fest, so müssen Sie diese dem Finanzamt anzeigen und die Fehler berichtigen. Das Finanzamt wird die Fehler aufgrund der korrigierten Steuererklärungen berichtigen, und der Fall ist vom Tisch. Strafrechtlich hat dies keine Folgen.

Eine Steuerhinterziehung (i. S. § 370 AO) liegt allerdings vor, wenn diese Mitteilungen vorsätzlich unterbleiben. Kommt das Finanzamt dann durch Anzeigen Dritter oder Betriebsprüfungen dahinter und konstatiert vorsätzliche oder leichtfertige Steuerverkürzungen, so verlängern sich die Festsetzungsfristen entsprechend. Sie müssen für weitaus mehr Jahre zurückzahlen und mit einem Strafverfahren rechnen.

Selbstanzeigen zur Vermeidung von Strafverfahren

Wer sich reumütig zu seinen Steuersünden bekennt und die neu festgesetzten Steuern zuzüglich Zinsen entrichtet, kann straffrei ausgehen. Aber:

Straffreiheit

- Die Verjährungsfristen werden durch die Selbstanzeige nicht verkürzt
- Der Steuersünder erhält bei einer Selbstanzeige keine »steuerlichen Rabatte«.

Die Selbstanzeige hat einzig und allein strafbefreiende Wirkung. Die Folgen der Selbstanzeige bei vorsätzlich begangener Steuerhinterziehung sind gesetzlich geregelt (in § 371 AO), ebenso die Folgen der Selbstanzeige bei leichtfertiger Steuerverkürzung (in § 378 AO). Konkret bedeutet das für den Steuerzahler, dass:

- Ihm strafrechtliche Sanktionen (Geld-, Gefängnisstrafe) erspart bleiben und kein Eintrag ins Vorstrafenregister erfolgt
- Er hohe Kosten für Gerichtsverfahren und Rechtsberatung sparen kann
- Bei der leichtfertigen Steuerverkürzung kein Bußgeld erhoben wird

Zunächst mögen diese »Vorteile« vielleicht nicht besonders verlockend klingen, denn Steuern und Hinterziehungszinsen werden schließlich in voller Höhe fällig. Aber vor allem Unternehmer sollten bedenken, dass sie durch ein Strafverfahren keine Blamagen und damit bei Kunden, Banken, Geschäftspartnern verbundene Bonitätsverluste erleiden.

Bonitätsverlust

Hauptgrund für Selbstanzeigen: Hausdurchsuchungen bei Kreditinstituten

Die Staatsanwaltschaft ist der verkehrte Adressat

Nachdem einige Bankkunden vom Einmarsch der Steuerfahndung bei der Mehrzahl der deutschen Großbanken erfahren hatten, gingen bei vielen Staatsanwaltschaften Selbstanzeigen reuiger Steuersünder ein. Da aber hatten viele Steuerzahler bzw. Steuersünder vor lauter Aufregung wohl die Adressen verwechselt. Denn Selbstanzeigen fallen nicht in den Zuständigkeitsbereich des Staatsanwalts, sondern in den Bereich der Finanzbehörden.

Wichtig: Nur solange gegen den einzelnen Bankkunden noch kein Ermittlungsverfahren eröffnet wurde bzw. die Steuerfahndung noch nicht im Haus des Steuersünders tätig war, kann eine Selbstanzeige strafbefreiende Wirkung entfalten.

Hat sich jedoch ein Prüfer der betriebsnahen Veranlagung angemeldet, um in Ihrem Haus Ihre tatsächlichen Kapitaleinkünfte mit den vorliegenden Kontrollmitteilungen aufgrund der Bankdurchsuchung zu vergleichen, so entfällt die Steueramnestie durch eine Selbstanzeige.
Unbedingt nutzen sollte man die Möglichkeit der Selbstanzeige, wenn bekannt ist, dass bei der eigenen Bank die Steuerfahndung aktiv ist und man kein reines Gewissen hat.

Selbstanzeige angesichts der eigenen Betriebsprüfung

Die Sperrwirkung, wie das Versagen aller Vorteile einer Selbstanzeige genannt wird, tritt ein, sobald ein Finanzbeamter in den Räumen des Steuerpflichtigen oder seines Vertreters erschienen ist. Egal ist dabei, ob es sich beim Mitarbeiter der Finanzverwaltung um einen Betriebs-, Fahndungsprüfer oder Prüfer der betriebsnahen Veranlagung handelt. Haben diese Herrschaften den Türgriff zu privaten oder betrieblichen Räumen in der Hand, kann eine Selbstanzeige also nicht mehr vor Strafe retten.

Die schriftliche Ankündigung einer Außenprüfung dagegen entfaltet noch keine Sperrwirkung.

Die Wirksamkeit einer Selbstanzeige ist jedoch auch mit dem Erscheinen des Prüfers noch nicht gänzlich ausgeschlossen. In solchen Fällen spricht man von der persönlich, zeitlich und sachlich eingeschränkten Sperrwirkung. Darunter ist Folgendes zu verstehen:

- Ist der Prüfer bei einem Mittäter noch nicht erschienen, so kann dieser trotz laufender Betriebsprüfung beim Haupttäter strafbefreiende Selbstanzeige erstatten. Nur Täter oder eventuelle Mitbeteiligte, bei denen der Prüfer erschienen ist, können sich nicht mehr retten (persönliche Sperrwirkung).
- Angenommen, der Prüfer hat nichts gefunden. Der Steuersünder aber rechnet damit, dass die jetzt noch unentdeckten Taten demnächst auffliegen und er mit entsprechenden Strafen rechnen muss. In diesem Fall kann nach Beendigung der Betriebsprüfung wieder eine wirksame Selbstanzeige abgegeben werden. Denn durch den ergebnislosen Abschluss der Prüfung hat sich die zeitliche Sperrwirkung einer Selbstanzeige erledigt.

Nach erfolgloser Prüfung ist eine Selbstanzeige wieder möglich

- Entscheidend ist schließlich auch, auf welche Steuerarten und Veranlagungszeiträume sich die Prüfungsanordnung bezieht – denn nur darauf bezogen kann sich die sachliche Sperrwirkung entfalten. Ist z. B. eine Umsatzsteuer-Sonderprüfung angekündigt, so kann bezüglich hinterzogener Einkünfte aus Vermietung und Verpachtung (Einkommensteuer) trotzdem eine Selbstanzeige ihre strafbefreiende Wirkung entfalten.

Schon daraus ergibt sich, dass eine in blinder Panik abgegebene Selbstanzeige meist der falsche Weg ist. Im ungünstigsten Fall muss man mit der Aufdeckung von Unregelmäßigkeiten rechnen, die nun wegen einsetzender Sperrwirkung doch strafrechtliche Konsequenzen haben und zusätzlich die durch Selbstanzeige fälligen weiteren Hinterziehungen ausgleichen – obwohl die beim vorgegebenen Prüfungsinhalt womöglich gar nicht entdeckt worden wären.

Persönliche Sperrwirkung kann unter bestimmten Umständen zur Rettung werden

Als Folge der Hausdurchsuchungen bei Banken und der Beschlagnahme von Akten müssen sehr viele Bankkunden mit Strafanzeigen und Ermittlungsverfahren rechnen. Ist der Beamte der Steuerfahndung erst einmal bei jenen im Haus, erfolgt die sofortige Beschlagnahmung aller diesbezüglichen Unterlagen – sofern diese im Haus ausfindig gemacht werden können.

Es folgt die Einleitung des Ermittlungsverfahrens. Und der Betroffene kann sich bei hinreichendem Beweismaterial nicht mehr des Strafverfahrens entziehen, muss also mit Geld- oder Gefängnisstrafen rechnen.

Sollte das Strafverfahren aber gegen den falsch beschuldigten Ehegatten eingeleitet worden sein und es sich bei dem eigentlichen Übeltäter um den anderen Ehegatten handeln, so kann dieser noch strafbefreiende Selbstanzeige erstatten, da gegen ihn selbst noch kein Ermittlungsverfahren läuft. Denn die Sperrwirkung hat sich nur persönlich gegen den anderen entfaltet.

Gefährliche Konstrukte

In solchen Fällen müssen zwar alle Steuern, Zinsen darauf und die Hinterziehungszinsen geleistet werden, den Staatsanwalt jedoch sind die Betroffenen los. Folglich entfallen auch Bußgelder und/oder Gefängnisstrafen.

Ganz ungefährlich ist es nicht, wenn zwei Betroffene solche Fälle konstruieren. Stellen sich im Zuge der Ermittlungen andere Tatsachen heraus, sind Strafverfahren wegen Vortäuschung einer Straftat oder Strafvereitelung denkbar.

Wann mit der Selbstanzeige gar nichts mehr zu retten ist

Selbst wenn Sie eine Selbstanzeige beim Finanzamt eingereicht haben, tritt in den folgenden Fällen (nach § 371 Abs. 2 AO) Straffreiheit nicht ein, wenn:

- Vor der Berichtigung, Ergänzung oder Nachholung der Betriebsprüfer erschienen ist
- Ein Finanzbeamter zur Ermittlung einer Steuerstraftat oder Steuerordnungswidrigkeit erschienen ist
- Dem Beschuldigten oder dessen Vertreter die Einleitung eines Straf- oder Bußgeldverfahrens wegen der Tat bekanntgegeben wurde
- Die Tat zum Zeitpunkt der Berichtigung, Ergänzung oder Nachholung bereits entdeckt war und der Täter dies wusste oder damit rechnen musste

TIPP: Wurde das Verfahren zwar eingeleitet, aber diese Einleitung dem Steuerpflichtigen noch nicht bekannt gegeben, so ist eine strafbefreiende Selbstanzeige noch möglich.

Ansonsten aber entfaltet jeder der genannten Vorgänge die bereits erläuterte Sperrwirkung für die Selbstanzeige.
Ein kritischer Punkt ist im Hinblick auf die eben dargelegten Umstände immer die Frage, wann eine Steuerstraftat als entdeckt gilt. Dies lässt sich am besten anhand eines Beispiels verdeutlichen:

Eine Steuerstraftat gilt als entdeckt

- Hat das Finanzamt durch Zufall mehrere ungeklärte Bareinlagen auf Ihrem Girokonto entdeckt, reicht das für den Vorwurf der Steuerhinterziehung wegen Einzahlung von Schwarzgeld noch nicht aus. Es gibt noch keine Tat, die entdeckt ist.
- Kann das Finanzamt jedoch beweisen, dass es sich bei den Bareinlagen um unversteuerte Einnahmen handelt, liegt eine entdeckte Tat vor.

Was ist trotz laufenden Strafverfahrens noch zu retten?

Den Schaden wieder gutmachen

Die Beschuldigten können nach den gesetzlichen Bestimmungen (§ 46 a StGB) mit Strafmilderung oder Einstellung des Verfahrens rechnen, wenn der Schaden wieder gutgemacht wird oder dies ernsthaft angestrebt wird. Diese Vorschriften gelten auch für die Bußgeld- und Strafsachenstellen der Finanzämter (§ 385 Abs. 2 AO in Verbindung mit § 153b StPO). Allerdings wollen diese die genannte Vorschrift in Steuerhinterziehungsfällen (nach § 370 AO) oft nicht anwenden.

Milderungsvorschrift

Erfolgt in einem Steuerstrafverfahren die Verurteilung mit den entsprechenden Strafen, so muss die Milderungsvorschrift (nach § 46 a StGB) greifen, wenn alle Steuern zuzüglich Zinsen und Hinterziehungszinsen (§§ 233a, 235 AO) gezahlt werden. Wird dies durch das zuständige Gericht abgelehnt, so sollten gegen abschlägige Entscheidungen Rechtsmittel geprüft und eventuell eingelegt werden. Begründung: Die Strafzumessungsvorschrift wurde nicht berücksichtigt.

Grundsätzlich kann ein verurteilter Steuersünder seine Situation dann nur noch verbessern. Er geht nur Risiken im Hinblick auf weitere Prozess- und Anwaltskosten ein.

Besonderheiten bei Selbstanzeigen wegen leichtfertiger Steuerverkürzungen

Nach der Abgabenordnung kann sich der Eindruck stellen, dass im Prinzip zwei Selbstanzeigen möglich wären:

1. Die wegen vorsätzlicher Steuerhinterziehung (nach § 371 Abs. 1 AO)
2. Die wegen leichtfertiger Steuerverkürzung (nach § 378 Abs. 3 AO)

Tatsächlich aber gibt es einen Unterschied nur bezüglich der Auswirkungen einer Selbstanzeige. Denn bisher war die Rede davon, dass man sich dadurch ein Strafverfahren ersparen kann – wir haben uns also überwiegend mit der Selbstanzeige wegen vorsätzlicher Steuerhinterziehung (nach § 371 Abs. 1 AO) befasst.

Im Gegensatz dazu bezieht sich die Selbstanzeige wegen leichtfertiger Steuerverkürzung (§ 378 Abs. 3 AO) nur auf Steuerordnungswidrigkeiten. Und ordnungswidrig handelt jeder, der eine Steuerhinterziehung (i. S. § 370 AO) leichtfertig begeht, also ohne böse Absicht.

Diese kleineren Sünden können nur mit Bußgeldern und nicht mit Freiheitsstrafen geahndet werden. Eine Selbstanzeige kann Sie deshalb in diesen Fällen auch nur vor Bußgeldern retten. Auch bei einer leichtfertigen Steuerhinterziehung gibt es jedoch Ausschlussgründe.
Wenn nämlich dem Steuersünder oder dessen Vertreter die Einleitung eines Straf- oder Bußgeldverfahrens wegen der betreffenden Tat bereits bekannt gegeben wurde, entfällt die strafbefreiende Wirkung der Selbstanzeige. Wurde das Verfahren gegen den Steuerpflichtigen zwar eröffnet, ihm dies jedoch (noch) nicht bekannt gegeben, so ist auch hier noch die Amnestie durch die Selbstanzeige möglich.

Wie sieht eine Selbstanzeige aus?

Hat das Finanzamt z. B. durch eine Kontrollmitteilung oder Anzeigen Dritter von Steuersünden erfahren, wird es zunächst schriftlich mit Fristsetzung um Stellungnahme zu den neu erworbenen Kenntnissen bitten. Diese Frist beträgt meistens vier Wochen. Sie ist aber in jedem Fall großzügig bemessen, so dass Ihnen genügend Zeit zur Klärung aller Fragen und zu Überlegungen (eventuell mit dem Steuerberater) bezüglich der weiteren Vorgehensweise bleibt.

Stellungnahme zu bekannt gewordenen Steuersünden

Sollte die vom Amt gesetzte Frist wegen Urlaub, Krankheit usw. nicht eingehalten werden können oder sollten die entsprechenden Unterlagen erst angefordert werden müssen, kann das Finanzamt um begründete Fristverlängerung gebeten werden. Lassen sich die Fragen des Finanzamts nicht schlüssig beantworten und soll deshalb eine Selbstanzeige entworfen werden, sollten folgende Punkte enthalten sein:

Punkte einer Selbstanzeige

- Die Selbstanzeige ist ausschließlich an Ihre zuständige Finanzbehörde zu richten, nicht an die Staatsanwaltschaft!
- Sinnvoll ist es, die Selbstanzeige gleich an den zuständigen Veranlagungsbezirk unter Angabe der Steuernummer zu adressieren.
- Falls Sie bisher steuerlich nicht geführt wurden, ist es ausreichend, die Selbstanzeige an das örtlich zuständige Finanzamt zu richten.

- Die Glaubwürdigkeit der Selbstanzeige wird durch eine Entschuldigung für das Versehen bzw. den Rechtsirrtum ausgedrückt.
- Eine kurze schlüssige Erklärung sollte unterstreichen, dass es sich nicht um eine plumpe Ausrede handelt.
- Die bisher geheimen Einkünfte müssen nachgemeldet werden.

Zusicherung der Entrichtung von Nachzahlungen

- Außerdem sollte bereits die Zusicherung abgegeben werden, dass etwaige Steuernachzahlungsbeträge zuzüglich Zinsen pünktlich und in einer angemessenen Frist entrichtet werden.

Eine angemessene Frist zur Entrichtung der hinterzogenen Steuern beträgt bis zu sechs Monate. Die Frist wird jedoch allein vom Finanzamt festgesetzt.

Sinnvoll ist es natürlich, sich wegen der Selbstanzeige und etwaiger Formvorschriften im weiteren Verfahren an einen Steuerberater zu wenden. Er kann auch bevollmächtigt werden, eine Selbstanzeige anzufertigen.

Beispiel für eine schriftliche Selbstanzeige wegen nicht deklarierter Zinseinkünfte

Name des Absenders
Steuer-Nr. des Absenders 123/456/789

An das
Finanzamt ...
Veranlagungsbezirk oder Sachbearbeiter (wenn z. B. aus Anfrage bekannt)

Ihr Schreiben vom ...

Sehr geehrte Damen und Herren,

zu Ihrem Schreiben vom ... muss ich Ihnen zu meinem großen Bedauern leider Folgendes mitteilen:

Tatsächlich habe ich die Zinsen aus meinem Wertpapierdepot in Luxemburg bisher nicht versteuert. Dies geschah jedoch nicht in der Absicht, meine Steuern zu verkürzen und Einnahmen böswillig zu verschweigen. Vielmehr war ich der Annahme, dass nur in Deutschland bezogene Einkünfte anzugeben und zu versteuern sind. Die Versteuerung von Wertpapierzinsen aus Luxemburg ist deshalb bisher irrtümlich unterblieben.

Nach Prüfung meiner Unterlagen handelt es sich nicht nur um den von Ihnen angefragten Betrag, sondern es wurden weitere Zinsen nicht angegeben. Im Einzelnen handelt es sich um die folgenden Beträge, die Sie auch aus den beiliegenden Erträgnisaufstellungen entnehmen können:

für das Jahr 1997	DM 7.000
für das Jahr 1998	DM 7.000
für das Jahr 1999	DM 7.000

Ich bitte um Nachversteuerung dieser Beträge und sichere die pünktliche Entrichtung der Nachzahlungen incl. aller Zinsen auf die Nachforderungen und der Hinterziehungszinsen zu.

Nachdem ich nun Kenntnis davon erhalten habe, dass auch alle eventuell anfallenden ausländischen Zinsen zu versteuern sind, sichere ich Ihnen dies für die Zukunft in vollem Umfang zu.

Aufgrund meines Irrtums und aufgrund dieser Selbstanzeige bitte ich darum, von der Einleitung eines Strafverfahrens i. S. § 371 (1) AO abzusehen.

Mit besten Grüßen

Unterschrift

Auch möglich: die mündliche Selbstanzeige

Grundsätzlich kann eine Selbstanzeige schriftlich oder mündlich abgegeben werden. Allerdings ist die Schriftform schon aus Beweissicherungsgründen sinnvoller. Für die schriftliche Selbstanzeige gibt es keine Formvorschriften. Inhaltlich aber muss jede Selbstanzeige, auch die mündliche, vollständig sein in Bezug auf:

- Die Berichtigung und auch die Ergänzung vorher unrichtiger Angaben
- Die Nachholung bisher unterlassener Angaben
- Zusicherung der Entrichtung von Nachzahlungen in einer angemessenen Frist

Unvollständige Unterlagen

Problematisch kann es oft werden, weil sich eine Selbstanzeige wegen vorsätzlicher Steuerhinterziehung auf einen Zeitraum von bis zu zehn Jahren erstrecken kann. Sind aufgrund fehlender oder unvollständiger Unterlagen die steuerlichen Bemessungsgrundlagen für die zurückliegenden Jahre nicht mehr nachzuvollziehen, so können diese geschätzt werden. Alle Schätzungen sollten jedoch realistisch sein. Denn grundsätzlich ist davon auszugehen, dass dem Finanzamt bereits das tatsächliche Zahlenmaterial vorliegt. Fallen Schätzungen zu niedrig aus, kann das Finanzamt Folgendes unterstellen:

Bei zu geringer Schätzung

- Im günstigsten Fall wird unzureichendes Erinnerungsvermögen bzw. Nachlässigkeit und dadurch eine mangelnde Möglichkeit zur Beschaffung der Beweisunterlagen angenommen. Dann könnte eine zu niedrige Schätzung als Irrtum bewertet werden und sich in einem Fahndungsverfahren strafmildernd auswirken.
- Im ungünstigsten Fall aber kann das Finanzamt vermuten, dass es sich um eine verkürzte, nämlich um die so genannte »dolose« Selbstanzeige handelt, bei der wiederum durch falsche Angaben geschummelt wurde, um zu hohe Steuernachzahlungen zu vermeiden und von weiteren Steuerverkürzungen abzulenken. Findet das Finanzamt Beweise für diesen Verdacht, hat der Steuerpflichtige doch mit Strafen zu rechnen, die ja eigentlich durch die Selbstanzeige vermieden werden sollten.

Eine bewusst unvollständig gehaltene Selbstanzeige wird deshalb immer zum Schuss, der nach hinten losgeht.

TIPP: Wenn schon eine Selbstanzeige vorgenommen wird, sollte diese auch tatsächlich so abgefasst sein, dass wirklich strafrechtliche Sanktionen erspart bleiben.

Selbstanzeige versäumt – eventuell haftet Ihr Steuerberater

Wenn der Steuerberater schlecht informiert

Wird ein Steuerpflichtiger von seinem Steuerberater gar nicht oder nicht rechtzeitig auf die Möglichkeit einer strafbefreienden Selbstanzeige aufmerksam gemacht, so kann er sich eventuell Schadensersatzforderungen aussetzen. Ansprüche kann der Mandant aber nur stellen, wenn er dem Steuerberater rechtzeitig die entsprechenden Informationen zukommen ließ. Daraus ergibt sich, dass:

- Die Prüfungsanordnung für die Außenprüfung dem Steuerberater sofort vorgelegt werden sollte
- Dem Steuerberater reiner Wein eingeschenkt werden muss, wenn er von den bisher hinterzogenen Steuern keine Ahnung hatte

Wird der Steuerberater erst zu Hilfe gerufen, wenn der Prüfer das Haus schon betreten hat, ist es zu spät. Er haftet für nichts mehr, denn der Steuerberater kann keine Selbstanzeige mehr erstatten, weil das Erscheinen des Prüfers ja die bereits beschriebene Sperrwirkung für die Selbstanzeige entfaltet.

Allerdings kann ein Berater eventuell in Bezug auf die Prozesskosten und die Strafe schadenersatzpflichtig gemacht werden, wenn er Ihnen die Möglichkeit der Selbstanzeige verschwiegen hat.

Die Berufshaftpflichtversicherung des Steuerberaters wird aber vermutlich lange mit dem Mandanten darüber streiten, ob der Hinweis auf eine Selbstanzeige überhaupt erfolgen musste, wenn der Berater bisher nie von verschwiegenen Einnahmen ausgehen musste.

Der Schadensersatzanspruch entfällt dagegen immer, wenn von der Selbstanzeige trotz ausdrücklichen Hinweises des Steuerberaters kein Gebrauch gemacht wird. Und auch dann, wenn der Steuerberater zu früh zur Selbstanzeige rät und die Tat ansonsten vermutlich nie entdeckt worden wäre, haftet er nicht, muss keinen Schadenersatz zahlen. Denn eine korrekte Steuerfestsetzung zuzüglich Zinsen, die ja nach der Selbstanzeige erfolgt, kann nicht als Schaden für den Steuerpflichtigen gewertet werden. Schließlich kommt er damit nur seinen gesetzlichen Pflichten nach.

Strafklageverbrauch – die preiswertere Variante der Selbstanzeige

Steuersünder können mit einer Selbstanzeige zwar Straffreiheit erlangen. Sie müssen jedoch alle hinterzogenen Einnahmen deklarieren und hierfür kräftig Steuern und Hinterziehungszinsen nachzahlen.

Wenn nicht alle hinterzogenen Einnahmen deklariert wurden

Um dies zu vermeiden, sind einige besonders raffinierte und risikofreudige Steuerpflichtige auf die Idee gekommen, durch eine Selbstanzeige den so genannten Strafklageverbrauch zu erreichen und dadurch viel eigenes Vermögen vor dem Fiskus zu retten.

Strafklageverbrauch bedeutet, dass eine rechtskräftig verfolgte Steuerhinterziehung nicht weiter strafrechtlich verfolgt werden darf. Wurde der Steuersünder zu Freiheits- oder Geldstrafe verurteilt, darf er für diese Steuerhinterziehung nicht weiter verfolgt werden.

Beispiel: *Ein Steuerpflichtiger wurde wegen Hinterziehung von Einkünften aus Vermietung und Verpachtung in den Jahren 1996 und 1997 angezeigt. Die verkürzten Steuern betrugen 10.000 DM, das Verfahren wurde gegen Zahlung eines Geldbetrages eingestellt (i. S. § 153a StPO). Stellt das Finanzamt später fest, dass in den betreffenden Jahren auch Einkünfte aus Kapitalvermögen oder aus einer anderen Einkunftsart hinterzogen wurden, so darf der Steuersünder hierfür strafrechtlich nicht mehr verfolgt werden.*

Wie raffinierte Steuertrickser den Strafklageverbrauch einfädeln

Fälle aus der Praxis machen deutlich, wie in Einzelfällen mit dem Strafklageverbrauch vorgegangen wird. Die Steuersünder gehen wie folgt vor:

- Der Steuersünder fertigt für das Finanzamt eine anonyme Anzeige gegen sich selbst.
- In dieser Anzeige werden der Sachverhalt und die Art der verkürzten Steuern (z. B. Einkommensteuerhinterziehung wegen Nichtdeklarierung von Zinsen, Vermögensteuerhinterziehung vor 1997 wegen Besitz einer Motorjacht) genau beschrieben.

Kleine Sünden gestehen – mit großen u. U. davonkommen

- Dabei wird darauf geachtet, dass die verkürzten Steuern höchstens insgesamt 10.000 DM betragen, damit das Strafverfahren gegen geringe Geldauflage eingestellt wird.
- Das Finanzamt leitet ein Verfahren ein.
- Der Steuerzahler muss dieses Verfahren »aussitzen«.
- Er nimmt die Verhängung einer Geldstrafe hin und bezahlt.
- Sobald er die Strafe bezahlt hat, ist eine Verfolgung für hinterzogene Steuern in den gleichen Zeiträumen verwirkt.

Das Prinzip beim Strafklageverbrauch lautet also, dass der Bußgeld- und Strafsachenstelle kleine Bröckchen bewusst hingeworfen werden, damit sie die großen Brocken übersieht und dieses Geld in der eigenen Tasche bleibt.

Ausreden statt Selbstanzeigen – was bringen Sie?

Wie eine korrekte Selbstanzeige aussehen kann, wurde bereits ausführlich beschrieben. Aber so weit denken die meisten Steuerzahler nicht. Insgeheim haben sich viele bereits eine Fülle von Argumenten für den Fall bereitgelegt, dass der Betriebsprüfer auf Unregelmäßigkeiten stößt oder sich das Finanzamt plötzlich mit einer Anfrage meldet, weil dort eine Kontrollmitteilung aufgefallen ist.

»Ach, dem Finanzamt erkläre ich dann einfach ...« – so beginnt meistens der Satz von Steuersündern, wenn man sie auf die Gefährlichkeit ihres Tuns hinweist. Fast noch gefährlicher als die Hinterziehung von Steuern aber ist die Arglosigkeit, mit der mancher glaubt, das Finanzamt übertölpeln zu können. Denn oft wird vergessen, dass man selbst nur den persönlichen Fall vor Augen hat und sich eventuell sogar noch für besonders geschickt hält. Dies relativiert sich aber ganz schnell, wenn man bedenkt, dass sich den Finanzbeamten tagtäglich eine Fülle ähnlicher Fälle auftun. Und dabei handelt es sich oft nicht nur um sehr ähnliche, sonder vielfach sogar um dieselben Umstände.

Dass es Millionen von Steuerzahlern, überarbeitete Sachbearbeiter und eventuell zu geringe Anhaltspunkte gibt, einem einzelnen Hinterzieher auf die Spur zu kommen, ist die eine Überlegung – aber die falsche. Richtig sind dagegen folgende Feststellungen:

Das Finanzamt ist nicht weltfremd

- Es gibt nur eine begrenzte Anzahl von Steuerarten, bei denen die strafbare Verkürzung möglich ist.
- Es gibt nur begrenzte Möglichkeiten, in Buchhaltungsunterlagen zu tricksen.
- Es gibt nur begrenzte Erklärungsmöglichkeiten für festgestellte Unregelmäßigkeiten.
- Es gibt aber sehr beliebte Ausreden, die immer wieder verwendet werden.
- Es spricht bereits gegen den Steuerzahler, wenn er eine dieser Standardausreden verwendet.
- Es gibt außerdem gute Möglichkeiten, die meisten dieser Ausreden zu überprüfen.
- Es gibt immer nur für kurze Zeit »ganz sichere Tricks«, das Finanzamt zu täuschen.
- Denn es gibt einen sehr gut funktionierenden Informationsaustausch innerhalb der Finanzverwaltung, der vor allem über die gerade aufgeflogenen »sicheren Tricks« informiert.

Kurzum: Dem Erfindungsreichtum des Steuerhinterziehers sind enge Grenzen gesetzt, weil die Finanzverwaltung nicht so weltfremd ist, wie manche Steuersünder das gern hätten. Gehen Sie also immer davon aus, dass das Finanzamt alle Angaben sehr genau prüft. Deshalb sind die meisten Notlügen ungeeignet, um sich vor Strafe zu schützen. Und je höher die zu erwartenden Steuermehreinahmen im Einzelfall sein können, desto mehr Energie wird darauf verwendet, auch die plausibelsten Ausreden zu enttarnen.

Ausreden haben kurze Beine

Riskant: Wenn unbeteiligte Dritte in Erklärungen eingebaut werden

Dem Finanzamt unklare Vermögenszuwächse mit Schenkungen zu erklären wird zwangsläufig zum Eigentor. Denn so können zu den Einkommensteuer-Nachzahlungen, Zinsen und eventuellen Strafen auch noch Schenkungsteuern anfallen. Geschenke müssen außerdem nachgewiesen werden, vom Finanzamt wird auch der Schenker befragt. Falls diese Ausrede gewählt wird, muss also der andere informiert werden, und man sollte die entsprechenden Freibeträge kennen. Schenkungen müssen außerdem plausibel sein. Selbst wenn der Schenker bereit ist, eine nicht vorhandene Schenkung vor dem Finanzamt zu bestätigen, hilft das nicht, wenn die andere Partei mittellos ist. Eine von der Sozialhilfe lebende Tante kann einem anderen schließlich kaum 50.000 DM geschenkt haben. Und wenn doch, wird im Zuge der Amtshilfe bald das Sozialamt davon erfahren und die Hand aufhalten.

Die Schenkung muss wasserdicht sein

Lag jedoch wirklich eine Schenkung vor und handelte es sich um Schwarzgeld, so wird der Schenker ebenfalls ins Fadenkreuz des Finanzamts rutschen. Das ist nicht nur bei Geldgeschenken riskant, sondern auch bei größeren Sachwerten. Denn nun wird die frühere Vermögensteuerpflicht des Schenkers vom Finanzamt unter die Lupe genommen.

TIPP: Nur wenn der eigentlich unbeteiligte Dritte eine Schenkung bestätigt und diese aus versteuertem Vermögen vorgenommen wurde, wird das Finanzamt die Erklärung schlucken müssen.

Verkauf von Wertgegenständen wird zurückverfolgt

Verkauf von Antiquitäten und dergleichen

Gern wird bei ungeklärtem Vermögenszuwachs oder fraglichen Bareinzahlungen auch die Ausrede benutzt, man hätte Antiquitäten, Kunstgegenstände oder Sammlungen zu Geld gemacht. Aber dann will das Finanzamt genau wissen, um welche Gegenstände es sich handelte. Hinterfragt wird auch, wo die Objekte zu welchem Preis erworben wurden – und von welchem Geld. Ebenso nachgewiesen werden muss der Verkauf. Sollte es dafür – was unüblich und deshalb ein Verdachtsmoment wäre – keine Quittung geben, muss der Name des Erwerbers genannt werden.
Wurden tatsächlich Wertgegenstände veräußert, so kann bei größeren Summen rückwirkend eine Veranlagung zur Vermögensteuer erfolgen. Deshalb sollte vorher mit einem Steuerberater geprüft werden, welche vermögensteuerlichen Konsequenzen sich eventuell ergeben. Dasselbe gilt, wenn wertvolle Antiquitäten wirklich aus einer Erbschaft stammen. In diesem Fall sollte man sich vorher die mögliche Erbschaftsteuer ausrechnen lassen. Denn das Finanzamt stellt garantiert die Frage, ob die entsprechende Erbschaftsteuer gezahlt worden ist.

Sofern keine Kollision mit der früheren Vermögensteuerpflicht droht, kann der Verkauf von Wertgegenständen eine plausible Erklärung sein.

Plötzlicher Reichtum ist nicht mit Geldgewinnen zu erklären

Vor allem bei heimlichen Erbschaften, Schenkungen wird gern versucht, sich gegenüber dem Fiskus mit Lotto- oder Spielbankgewinnen zu erklären. Dies aber ist von vornherein zum Scheitern verurteilt. Lottogesellschaften nämlich sind noch nach Jahren in der Lage, über Gewinner und Gewinne Auskünfte zu erteilen. Und in einem Steuerstrafverfahren sind die staatlichen Gesellschaften auch auskunftspflichtig. Hinzu kommt, dass größere Beträge immer auf ein Konto überwiesen werden. Ob dies tatsächlich geschehen ist, kann bei den Geldinstituten noch nach Jahren (z. B. anhand von Mikrofilmen) recherchiert werden.

Auch der Besuch einer Spielbank, wo man angeblich den Jackpot geknackt haben will, taugt kaum als Ausrede.

Denn alle Besucher von inländischen Spielbanken werden schriftlich registriert. Insofern ist der Besuch nachvollziehbar (oder aber auch nicht), der Gewinn muss außerdem nachgewiesen werden, dieser wird auch von der Spielbank registriert. Hinzu kommt, dass Spielbanken bei der Annahme von größeren Bargeldbeträgen nach dem schon beschriebenen Geldwäschegesetz verpflichtet sind, Namen, Anschrift, Geburtsdatum und Personalausweisnummer des Besuchers zu notieren. Solche Aufzeichnungen müssen mindestens sechs Jahre lang aufbewahrt werden.

Spielbanken registrieren höhere Gewinne

Weil alle Gewinne durch die Aufzeichnungspflichten der Zahler lange transparent bleiben und nachprüfbar sind, wird das Finanzamt schnell die Wahrheit erkennen.

Private Darlehen taugen selten für Erklärungen

Oft wird ein Darlehensvertrag nur pro forma konstruiert, um Schwarzeinnahmen verschwinden zu lassen. Dann aber können auch die angeblichen Darlehensraten nur in bar geflossen sein. Grund: Auf einem Konto können sie rückwirkend nicht mehr erscheinen.

Um aber überhaupt als wasserdichte Erklärung herzuhalten, muss so ein privates Darlehen unter Freunden oder Verwandten bestimmten Grundanforderungen genügen – und es sind mehrere Punkte grundsätzlich zu beachten:

- Beim Darlehensgeber muss das versteuerte Einkommen hoch genug sein, um ein Darlehen in der betreffenden Höhe überhaupt gewähren zu können.
- Der Darlehensgeber darf die gewährte Summe nicht selbst schon aus Schwarzgeld bereitgestellt haben, weil er sonst plötzlich in Erklärungsnot gerät.

- Beim Darlehensgeber stellen die vom Darlehensnehmer gezahlten Schuldzinsen Guthabenzinsen dar, die in der Anlage KSO versteuert werden müssen. Falls dann der Freibetrag überschritten wird, kann eine Steuerpflicht entstehen.
- Beim Darlehensnehmer müssen die ungebundenen Entnahmen vom Konto hoch genug sein, um die Darlehensraten in dem betreffenden Zeitraum zu decken und eine Barzahlung glaubhaft zu machen.
- Beim Darlehensnehmer muss das offizielle Einkommen hoch genug sein, um die Darlehensraten bezahlen zu können

Formvorschriften eines Darlehensvertrages

Zu den normalen Grundanforderungen gehört außerdem, dass dem Finanzamt als Nachweis ein schriftlicher Darlehensvertrag vorgelegt werden kann, der die entsprechenden Formvorschriften erfüllt, also praktisch wie ein unter fremden Dritten abgeschlossener Vertrag erscheint. Dazu gehören insbesondere Angaben über:

- Darlehenshöhe
- Darlehenszins
- Tilgungssatz
- Darlehenslaufzeit
- Datum des Vertragsabschlusses und/oder
- Angaben über Art und Zeit der Rückzahlung des Darlehens, wenn zunächst nur Zinsen gezahlt werden sollen

Bei Verträgen unter Angehörigen mit einer Laufzeit ab vier Jahren sollte auch die Stellung von Sicherheiten erwähnt sein, weil dies auch von Banken gefordert wird. Der Zinssatz muss außerdem marktüblich sein und darf nicht unter fünf Prozent liegen.

Das Finanzamt kann eine Schenkung annehmen, und es entsteht Schenkungsteuerpflicht, wenn der Zinssatz zu niedrig ist.

Ein beliebter Trick ist es, wenn z. B. unter Kindern und Eltern Darlehen aus Geldern gewährt werden, die dem Gläubiger vorher vom Darlehensnehmer geschenkt wurden. Solche

Konstruktionen aber taugen nicht für Erklärungen gegenüber der Finanzverwaltung, denn hier liegt Gestaltungsmissbrauch nach § 42 AO vor (BFH, 26. März 1996, IX R 51/92). Und dem kommt der Fiskus schnell auf die Schliche, weil er den Darlehensgeber nach der Herkunft des Geldes fragt.

Darlehen zwischen Eltern und Kindern

Angebliche Freunde im Ausland, von denen man das Geld bekommen haben will, sind meistens auch keine Lösung. Das Finanzamt wird den Angaben genau nachgehen. Falls der angebliche Freund keine ausreichenden Unterlagen über eine Schenkung oder ein Darlehen präsentieren kann, wird zu Ungunsten des deutschen Steuerzahlers entschieden. Dies gilt auch für den Fall, dass der Freund im Ausland unbekannt verzogen sein sollte. Der Finanzbeamte erwartet, dass bei ernsthaft durchgeführten Schenkungen oder Darlehen diese Unterlagen in Ihrem Besitz sind.

Fremde im Ausland

Die Darlehensnotlüge ist zwar schnell zur Hand, aber mangels Unterlagen und nicht mehr für die Vergangenheit anzufertigender Bankbelege fliegt sie oft ebenso schnell auf. Und unter sehr nahen Verwandten kann es sich um Gestaltungsmissbrauch handeln, bzw. der Darlehensgeber kommt in Erklärungsnot bezüglich der Herkunft des verliehenen Geldes.

Die Arbeit der Steuerfahndung

Personalmangel

Auch wenn mancher nach den Hausdurchsuchungen in Banken oder bei Prominenten einen anderen Eindruck gewonnen haben sollte: So schnell wird keine Steuerrazzia veranstaltet. Das ist schon deshalb ausgeschlossen, weil es dafür bei derzeit bundesweit nur rund 2.000 Fahndern gar nicht das erforderliche Personal gibt.

Selbst wenn Steuerhinterziehungen ans Tageslicht kommen, durch eigenen Leichtsinn, durch anonyme Anzeigen, durch Kontrollmitteilungen und/oder Betriebsprüfungen, wird noch kein Steuerfahnder an einer Haustür klingeln.

Im Normalfall werden sich eher ganz normale Finanzbeamte um die Aufklärung der Verdachtsmomente kümmern. Denn im Finanzamt gibt es folgende Arbeitsteilung:

1. Die Sachbearbeiter der Veranlagungsstelle versuchen, den Vorgang aufzuklären.
2. Ebenso wie die Polizei ein Hilfsorgan für Bußgeldstellen (Verkehrssünden) und Staatsanwaltschaften (bei Kapitalverbrechen) ist, wird die Steuerfahndung als Kripo des Finanzamts unterstützend bei der Aufklärungsarbeit tätig.
3. Liegt ausreichendes Material vor, wird die Bußgeld- und Strafsachenstelle eingeschaltet, der quasi dieselbe Aufklärungsarbeit wie der Staatsanwaltschaft in Strafverfahren zufällt.

So schnell kommt die Steuerfahndung nicht

Konkret lässt sich daraus folgern, dass ohne ausreichendes Belastungs- bzw. Beweismaterial und auf bloße Vermutungen hin niemals ein Steuerfahnder anrückt. Auch die weit verbreitete Befürchtung, dass nach jedem anonymen Anruf sofort ein Steuerfahnder Hausbesuche abstattet, hat mit der Wirklichkeit wenig zu tun. Zwar ist es richtig, dass viele Anrufer direkt bei der Steuerfahndung landen. Denn meistens verlangen die anonymen Tippgeber direkt danach, einen

Fahnder zu sprechen. Aber schon wegen der Arbeitsüberlastung lässt der Fahnder jede Gesprächsnotiz erst mal ganz unten im Stapel verschwinden, wenn:

- Es sich eher um allgemeine Anschuldigungen handelt
- Dem Anruf keine konkreten Fakten zu entnehmen sind, die Ansatzpunkte bieten
- Nicht ganz erhebliche Steuermehreinnahmen aus der Meldung zu erkennen sind

Das Arbeitsprinzip der Steuerfahndung

Auf folgende Maßnahmen müssen Sie sich bei einer Steuerfahndung gefasst machen:

Ablauf einer Steuerfahndung

1. Fahndungsaufgriff durch:
- Betriebsprüfungen
- Eigenen Aufgriff (Zufallsentdeckungen)
- Ermittlungsauftrag von Staatsanwaltschaft oder Bußgeld- und Strafsachenstelle
- Hinweise von dritten Personen, anonyme Anzeigen
- Kontrollmitteilung anderer Behörden
- Kontrollmitteilungen
- Mitteilung der Veranlagungsstelle

2. Verdachtsprüfung mit:
- Einleitung des Strafverfahrens
- Strafrechtlichem Anfangsverdacht
- Bekanntgabe und rechtlicher Belehrung

3. Beweiserhebung durch:
- Beschlagnahmungen
- Durchsuchungen
- Ermittlungen bei Behörden und Banken, anderen Dritten,
- Vernehmungen

4. Abschluss der Ermittlungen mit:
- Schlussbesprechung
- Strafrechtlichem Bericht für Bußgeld- und Strafsachenstelle bzw. Staatsanwaltschaft
- Steuerlichem Bericht für die Veranlagungsstelle

5. **Entscheidung der Strafsachenstelle oder Staatsanwaltschaft mit:**
   - Bußgeldbescheid
   - Beantragung des Strafbefehls
   - Anklageerhebung
   - oder Verfahrenseinstellung
6. **Strafgerichtsverfahren mit Urteil und Urteilsvollstreckung durch:**
   - Geldstrafenvollzug
   - Vollzug von Freiheitsstrafen
   - Überwachung steuerlicher und strafrechtlicher Auflagen

Steuerfahnder klären etwa 20.000 Fälle pro Jahr

Relativ geringe Wahrscheinlichkeit

Der Umstand, dass es nur rund 2.000 Steuerfahnder gibt, sollte allerdings niemanden in trügerischer Sicherheit wiegen. Denn jeder dieser Mitarbeiter kann pro Jahr etwa acht bis zwölf Fälle als erledigt und geklärt zu den Akten legen. Das bedeutet einerseits zwar nur eine Wahrscheinlich von weniger als 1:2.000, selbst ins Visier der Fahnder zu geraten. Andererseits beträgt die Wahrscheinlichkeit auf den Hauptgewinn im Lotto mehr als 1:15 Millionen – und trotzdem hoffen viele jede Woche auf den Zufall ...

Aber eben nach einem Zufallsprinzip darf die Steuerfahndung gar nicht arbeiten, denn ihre gesetzlichen Aufgaben sind in der Abgabenordnung (§ 208 AO) klar geregelt. Daraus ergibt sich auch, dass die Steuerfahndung sogar ohne Einleitung eines Strafverfahrens ermitteln kann, z. B. im Rahmen einer Außenprüfung. Hier zeigt sich die Nähe zur normalen Polizeiarbeit – denn die wird auch oft eingeschaltet, um die Einleitung eines Strafverfahrens erst zu ermöglichen.

Steuerermittlungs- wie Steuerverfolgungsorgan

Die Steuerfahndung jedoch wird sowohl zum Steuerermittlungs- wie auch zum Steuerverfolgungsorgan, denn sie soll:

- Bei Steuerstraftaten und in Steuerordnungswidrigkeiten ermitteln
- Bisher unbekannte Steuerfälle ermitteln und transparent machen
- Besteuerungsgrundlagen aufdecken

Wann wird die Steuerfahndung tätig?

Ungeachtet der Tatsache, dass viele anonyme Anrufe mangels verwertbarer Hinweise oder aufgrund ersichtlicher Schikaneversuche gleich zu den Akten wandern, resultieren die meisten Erfolge der Steuerfahnder aus anonymen Anzeigen. Diese erfolgen seltener schriftlich, häufiger telefonisch.

Die meisten Steuerfahndungsstellen unterhalten ständig einen telefonischen Bereitschaftsdienst zur Entgegennahme anonymer Anzeigen – nach Dienstschluss per Anrufbeantworter.

Immer ansprechbar

Die Dienstanweisungen sehen vor, dass jede Anzeige nach ihrer Aufnahme intern daraufhin überprüft wird, ob ihre Verfolgung eingeleitet werden soll. Hierbei werden die mitgeteilten Fakten geprüft und die voraussichtlich zu erwartende Steuernachzahlung hochgerechnet.

Zu geringe Erfolgsaussichten

Die Anzeige wird im Regelfall zu den Akten gelegt und nicht weiterverfolgt, wenn:

- Nach grober Einschätzung nicht mit einer Steuermehreinnahme von mindestens 10.000 DM zu rechnen ist
- Es sich um eine Anzeige handelt, die offensichtlich nur aus dem entfernteren Umfeld des angeblichen Steuersünders (z. B. von Nachbarn, Kollegen) stammt und in ihr pauschal nur ein aufwendiger Lebensstil angezeigt wird, der nicht zum Einkommen passen könne
- Konkrete Hinweise auf Kontoverbindungen, Besitztümer oder verheimlichte Einkünfte fehlen

Die Anzeige wird im Regelfall weiterverfolgt, wenn:

- Erkennbar ist, dass der Anzeiger aufgrund der persönlichen Nähe zum Angezeigten offensichtlich über interne Kenntnisse und Detailwissen verfügt, z. B. als Mitarbeiter des Angezeigten, als (Ex-)Lebens- oder Geschäftspartner, als (übergangener) Miterbe

- In der Anzeige bereits konkrete Hinweise z. B. auf Nebeneinkünfte mit Größenordnung gegeben werden, die sich leicht überprüfen lassen
- Die konkreten und mit Fakten angereicherten Anschuldigungen auf eine Gemeinschaftstat mit mehreren Beteiligten schließen lassen und so organisierte Steuerhinterziehung zu vermuten ist

Außer durch Anzeigen kann man durch eine Betriebsprüfung ins Visier der Steuerfahnder geraten. Deckt der Betriebsprüfer z. B. Schwarzgeldkonten oder sonstige Unregelmäßigkeiten auf, so kann er bei ausreichendem Beweismaterial die Steuerfahndung einschalten.

Ämter arbeiten zusammen

Aber auch die Veranlagungsstellen des Finanzamtes, in denen die ganz normalen Steuererklärungen bearbeitet werden, kooperieren eng mit den Straf- und Bußgeldsachenstellen des Finanzamtes. Die Veranlagungsstellen haben den besten Überblick über wirtschaftliche und steuerliche Daten aller Steuerzahler. Daher liegt die Zusammenarbeit zwischen den beiden Ämtern nahe, um dem steuerlichen Missbrauch entgegenzuwirken.

Steuerlicher Missbrauch als Anfangsverdacht

Werden trotz Kenntnis der gesetzlichen Grundlagen bewusst falsche oder unvollständige Angaben gemacht oder steuerrelevante Daten auf der Einnahmeseite nicht mitgeteilt, liegen steuerliche Missbrauchsfälle vor. Missbrauch kann z. B. dann vorliegen, wenn steuerlich nicht abzugsfähige private Aufwendungen als beruflich veranlasste abzugsfähige Aufwendungen dargestellt werden.

Stichproben

Die Veranlagungsstellen erkennen z. B. im Rahmen der Einkommensteuerveranlagung Missbrauchstatbestände oft durch stichprobenhafte Belegprüfungen.

Viele Steuerzahler liefern sich quasi »selbst ans Messer«, weil sie falsche Belege herausgeben oder dem Finanzamt zu viele Informationen zukommen lassen.

Sinnvoll ist es deshalb, bei eingereichten oder nachträglich angeforderten Belegen darauf zu achten, dass aus den Unterlagen keine unerwünschten Querverbindungen auf Geldtransfers oder unerklärte Einnahmen und Guthaben erkennbar sind. Sollte die Veranlagungsstelle etwas entdecken, wird dies zwar nicht in jedem Fall ein Steuerstrafverfahren nach sich ziehen. Aber aus dem winzigen Schneeball eines Anfangsverdachts kann sich schnell eine Lawine entwickeln.

Wann die Veranlagungsstelle Steuerfahnder um Hilfe bittet

Nur ein geänderter Steuerbescheid

Angenommen, es werden den mit der Steuererklärung eingereichten Unterlagen Kontoauszüge beigefügt, aus denen regelmäßige Überweisungen eines anderen erkennbar sind. Dann bittet das Finanzamt um Erläuterung, wenn diese Einnahmen bisher nicht versteuert wurden. Daraufhin könnte man sich mit einem Irrtum erklären und z. B. eine nebenberufliche selbstständige Tätigkeit nachmelden. Dies kann entweder mit einer Nacherklärung (nach § 153 AO) oder im Rahmen einer Selbstanzeige (nach § 371 AO) geschehen. In diesem Fall erfolgt gar keine Meldung an die Straf- und Bußgeldsachenstelle des Finanzamtes. Die Sache ist somit vom Tisch, denn die Veranlagungsstelle verschickt einen geänderten Steuerbescheid unter Hinzurechnung der bisher nicht versteuerten Einkünfte.

Eine Antwort ist geboten

Angenommen, in demselben Fall wird dem Steuerzahler zwar »rechtliches Gehör« durch die Anfrage des Finanzamtes gewährt, der aber beantwortet die Fragen nicht. Dieses Prinzip Hoffnung, bei dem darauf gesetzt wird, dass die Sache beim Finanzamt in Vergessenheit gerät, verfolgen viele Steuerpflichtige. Doch jeder sollte sich darauf verlassen, dass vom Finanzamt ein Erinnerungsschreiben mit Fristsetzung zur Klärung des Sachverhaltes folgt.

Wird daraufhin der Sachverhalt wie oben beschrieben hinreichend aufgeklärt, hat sich die Sache ebenfalls ohne Einschaltung der Steuerfahndung erledigt, und es folgt der geänderte Steuerbescheid.

Wirklich ernst wird es für den Steuerpflichtigen jedoch, wenn er die Beantwortungs- und eine eventuelle Nachfrist verstreichen lässt. Das Finanzamt ermittelt weiter z. B. durch Auskunftsersuchen aufgrund der vorliegenden Kontoauszüge. Damit aber ist die Veranlagungsstelle überfordert. Und weil ein hinreichender Anfangsverdacht vorliegt, erfolgt eine Meldung an die Straf- und Bußgeldsachenstelle. Nun läuft die Maschinerie der Steuerfahndung an.

Der bloße Verdacht eines Sachbearbeiters reicht nicht aus

Für eine Meldung von der Veranlagungs- an die Strafsachenstelle reichen ein bloßer Verdacht, Gerüchte und vage Vermutungen nicht aus. Es muss ein konkreter, objektivierbarer Sachverhalt vorliegen, der an die Strafsachenstelle zu melden ist, die dann aufgrund ihrer staatsanwaltlichen Befugnisse das Strafverfahren gegen den/die Steuerpflichtigen einleitet. Folgende Umstände können dazu führen:

Objektivierbare Sachverhalte für ein Strafverfahren

- Es werden keine oder unvollständige Steuererklärungen abgegeben, obwohl durch Kontrollmitteilungen belegte Einkünfte vorhanden sein müssen.
- Angeblich beruflich oder betrieblich veranlasste Ausgaben erweisen sich als Privatausgaben.
- Es werden in der Steuererklärung fingierte, durch gefälschte Belege dokumentierte Ausgaben (Werbungskosten, Sonderausgaben, außergewöhnliche Belastungen) entlarvt.
- Bei der Prüfung eines Unternehmens werden fiktive Betriebsausgaben entdeckt.
- Gefälschte Ausgabenbelege, z. B. um Vorsteuerabzugsbeträge geltend machen zu können, fallen auf.
- Es fallen z. B. im Zusammenhang mit Wareneinkäufen nicht gebuchte Betriebsausgaben auf, durch die aller Wahrscheinlichkeit nach Einnahmen kaschiert werden sollten.
- Dem Finanzamt fallen ungeklärte Vermögenszuwächse mit dubiosen Erklärungen (Einnahmen von Auslandskonten, fingierte Darlehensverträge zwischen Angehörigen, Spielgewinne) auf oder werden dort angegeben.

- Auf Kontoauszügen tauchen unterschlagene Auslandseinkünfte und Auslandsvermögen auf.
- Aus eingereichten Kontobelegen werden Geldtransfers auf Auslandskonten transparent.

Fahnder haben auch in der Freizeit »offene Ohren«

Aufgrund des so genannten Legalitätsprinzips sind die Beamten der Steuerfahndung als Fiskalpolizei gesetzlich verpflichtet, selbst dann ein Strafverfahren einzuleiten, wenn sie Straftaten quasi nebenbei entdecken. Dies bezieht sich auch auf Erkenntnisse, die in der Freizeit gewonnen werden. Und tatsächlich ist schon manchem Steuersünder zum Verhängnis geworden, dass er allzu mitteilungsfreudig gewesen ist – gegenüber den falschen Personen.

Auch in der Freizeit ist der Fiskus aktiv

Beispiel: *Angenommen, ein Fahnder erfährt am Tresen zufällig, wie ein anderer Kneipenbesucher mit heimlichen Einnahmen prahlt, von denen er sich einen roten Ferrari kaufen konnte. Der Steuerfahnder wäre dann gesetzlich verpflichtet, das polizeiliche Kennzeichen aufzunehmen und ein Strafverfahren einzuleiten. Ebenso z. B., wenn ein Unternehmer sich damit brüstet, gerade eine Weltreise mit seiner Frau als Betriebsausgabe abgesetzt zu haben, und dabei auch noch Termine und Orte nennt.*

Wo hört die Vermutung auf, wo fängt der Verdacht an?

Mittlerweile wurde es oft genug gesagt: Eine bloße Vermutung reicht für die Einleitung eines strafrechtlichen Ermittlungsverfahrens nicht aus, es muss ein konkreter Anfangsverdacht vorliegen. Aber die Grenzen sind für den Steuerzahler nur schwer erkennbar. Außerdem geht auch jedem Verdacht zunächst mal nur eine Vermutung voraus. Hinzu kommt, dass auch voreilige Steuerfahnder oder Staatsanwälte oft ein Strafverfahren schon aufgrund einer Vermutung einleiten, was der Betroffene ja nicht unterscheiden kann.

Konkreter Anfangsverdacht

Beispiel: *Ein entlassener Mitarbeiter zeigt telefonisch und anonym seinen Chef an, weil der als Handwerksmeister in* *großem Umfang schwarz arbeitet, also Aufträge ohne Rechnungen abwickelt. Diese Vermutung reicht der Steuerfahndung nicht für die Einleitung eines Ermittlungsverfahrens aus. Die Vermutung müsste zunächst durch verschiedene Ermittlungen überprüft werden. Erst bei positiven Erkenntnissen oder Beweisen kann dann daraus ein Anfangsverdacht werden. Auch kann eine Vermutung durch die Erkenntnisse einer Betriebsprüfung die Qualität eines Verdachts bekommen.*

Wie das Steuerstrafverfahren eingeleitet wird

Keine Selbstanzeige mehr möglich

Ist ein konkreter Tatverdacht festgestellt, so wird die BuStra (Bußgeld- und Strafsachenstelle) informiert, die ein Strafverfahren einleitet. Aufgrund des erwähnten Legalitätsprinzips müssen die Beamten das Vergehen jetzt von Staats wegen verfolgen. Über diesen Vorgang wird der Steuerpflichtige nicht informiert, damit dieser keine Möglichkeit mehr zur Abgabe einer strafbefreienden Selbstanzeige hat!

Dem Beschuldigten wird die Einleitung des Strafverfahrens meistens erst dann mitgeteilt, wenn er zu den Beschuldigungen Stellung nehmen soll.

Rechtsbelehrung

Der Steuersünder muss über sein Recht belehrt werden, die Aussage verweigern zu können. Vor dieser Rechtsbelehrung darf er nicht vernommen werden. Es ist ratsam, die Angelegenheit einem Rechtsanwalt zu übergeben, der jedoch bei der Vernehmung des Beschuldigten und der Mittäter nicht zugegen sein darf.

Ist das Strafverfahren einmal eingeleitet, so hat die Steuerfahndung unbegrenzte Möglichkeiten, an alle Daten des Steuerpflichtigen zu gelangen. Im Rahmen ihrer Ermittlungen haben die Steuerfahnder weitaus größere Kompetenzen als die Polizei.

Wesentliche Unterschiede bestehen darin, dass die Polizei zwar z. B. Unterlagen beschlagnahmen, sie jedoch nicht einsehen darf. Die Papiere müssen versiegelt der Staatsanwaltschaft vorgelegt werden. Die Steuerfahndung dagegen hat das Recht zur Einsichtnahme in die Unterlagen.

Einsichtnahme in alle Unterlagen

In einem Strafverfahren sind alle Beteiligten auskunftspflichtig wie z. B. Behörden und Banken. Und auch zufällige Erkenntnisse anderer Behörden können zur Einleitung des Strafverfahrens führen, denn dazu ist nicht nur die Finanzverwaltung berechtigt. Kommen z. B. in einem normalen Gerichtsverfahren Fiskaldelikte quasi nebenbei zur Sprache, können Staatsanwaltschaft oder Strafrichter aufgrund dieser Erkenntnisse ein Steuerstrafverfahren einleiten.

Durchsuchungen bei Banken – öffentlichkeitswirksamste Waffe

Wie wichtig die ständig für neues Aufsehen und Unruhe sorgenden Durchsuchungsaktionen von Geldinstituten für den Fiskus geworden sind, zeigt sich an den im Winter 1998 neu geregelten Aufbewahrungspflichten für Geschäftsunterlagen. Per Gesetz wurden sie auf zehn Jahre verlängert, um auch künftig Bankdurchsuchungen mit den bisherigen Erfolgen für den Fiskus durchführen zu können. Nach der davor geltenden Frist von sechs Jahren wären nämlich zahlreiche Belege für die Finanzverwaltung nicht mehr greifbar gewesen.

Zehn Jahre lange Aufbewahrungspflichten

Folglich werden sie seit 1994 durchgeführten umfangreichen Steuerfahndungsaktionen bei kleinen und großen Geldinstituten auch weiterhin viele Kapitalanleger in Angst und Schrecken versetzen. Hintergrund ist die im Jahr 1993 in Deutschland eingeführte Zinsabschlagsteuer. Auf der Flucht davor hatten viele Kunden ihr Geld ins Ausland transferiert. In zahlreichen Fällen hat sich der Verdacht bestätigt, dass Bankangestellte Beihilfe zur Steuerhinterziehung geleistet haben, damit Bankkunden Schwarzgeld anonym ins Ausland bringen konnten. Weil in einigen Fällen sogar Geldtransfers ins Ausland ohne Namensnennung und nur mit einer Nummernangabe durchgeführt wurden, ist sogar auf organisierte Beihilfe zur Steuerhinterziehung zu schließen.

Nur Anleger, die ihr eigenes Geld selbst in bar bei ausländischen Banken eingezahlt haben, müssen die Durchsuchungen von Geldinstituten nicht fürchten. Grund ist, dass bei ausländischen Banken häufig durch deutsche Behörden nicht ermittelt werden kann.

Auslandsüberweisungen

Bei Überweisungen von Inlandskonten auf Auslandskonten, auch mit anonymen Codierungen oder Scheckeinzahlungen, werden die Steuerfahnder jedoch meist schnell fündig. Und dann gelingt ihnen oft gleich ein Doppelschlag. Denn viele Kapitalanleger haben tatsächlich ausländische Kapitalerträge in Deutschland nie versteuert. Zudem handelt es sich bei diesem im Ausland angelegten Kapital meistens um Schwarzgeld.

Außer den Nachzahlungen von Einkommensteuer wegen nicht angegebener Kapitalerträge können somit oft noch Vermögensteuer für die Vergangenheit zuzüglich Zinsen und Hinterziehungszinsen als Mehrergebnis für den Fiskus erzielt werden.

Aufsehen in der Öffentlichkeit ist beabsichtigt

Kein Zufall ist es, dass regelmäßig Medienvertreter anwesend sind, wenn solche Durchsuchungen stattfinden. Denn durch die öffentlich ausgetragenen Fahndungsaktionen sollen Kapitalanleger und Bankangestellte unter Druck gesetzt werden. Motto: Legt lieber gleich Geständnisse ab, um straffrei auszugehen. Diese Wirkung wird sogar bei Anlegern und Angestellten von Banken erzielt, die noch nicht geprüft wurden, dies aber zu befürchten haben.

Fahndungsaktionen erzeugen Druck

Die Steuerfahnder konnten und werden auch künftig bei den Banken Unterlagen beschlagnahmen und dabei hinreichendes Beweismaterial sicherstellen. Die Durchsuchungen und Beschlagnahmungen des Beweismaterials sind jedoch nur möglich, wenn vorher bereits konkreter Tatverdacht vorliegt. Dieser ergibt sich aber oft schon dadurch, dass alle bisherigen Durchsuchungen von Geldinstituten wahre Kettenreaktionen ausgelöst haben. Dafür gibt es folgende Gründe:

- Bankmitarbeiter erstatten Selbstanzeigen, um als Helfer bei der Steuerhinterziehung von Kunden straffrei auszugehen. Dies wird zwar von Banken dementiert – ist aber gängige Praxis, um durch eine Flucht nach vorn den Kopf aus der Schlinge zu ziehen. Und die Banken können darauf hoffen, dass die Indiskretion ihrer Mitarbeiter wegen des Steuergeheimnisses nicht transparent wird, also künftige Kunden verschreckt.
- Viele durch die Durchsuchungen aufgeschreckte Kapitalanleger haben Selbstanzeigen erstattet. Dabei haben sie umfangreich die Verfahrenspraktiken geschildert und somit genügend Verdachtsmomente geliefert, die weitere Aktionen der Steuerfahndung rechtfertigen.
- Durch die Fahndungsaktionen bei Banken hat die Steuerfahndung auch Erkenntnisse über sonst steuerehrliche Bankkunden erhalten. Durch Sammelauskunftsersuchen können umfangreiche Auskünfte über Auslandskonten eingeholt werden. Sobald Auslandsbeziehungen festgestellt werden, werden diese überprüft – und lösen dann weitere Ermittlungen auch gegen solche Anleger aus, die nicht im Zusammenhang mit der Geld- bzw. Steuerflucht in den Jahren 1992/1993 aktiv wurden.

Sammelauskunftsersuchen brachten vieles ans Licht

- Bei Außenprüfungen in Banken werden häufig besondere Sammel-Verrechnungskonten für Schwarzgeld-Transaktionen entdeckt, deren Codierungen Rückschlüsse auf Kundenkonten zulassen. Listen solcher Codierungen werden von Bankmitarbeitern gern herausgegeben, wenn durch diese Kooperation die Einstellung eines Verfahrens wegen Beihilfe versprochen wird.

Die Möglichkeiten der Selbstanzeige bei einer Bankdurchsuchung

Trotz laufenden Ermittlungsverfahrens gegen die Bank hat der Steuersünder die Möglichkeit der Selbstanzeige (nach § 371 AO). Gründe:

- Die bereits beschriebene Sperrwirkung kann sich in seinem Fall noch nicht entfaltet haben.
- Das Ermittlungsverfahren gegen den Bankkunden kann erst eingeleitet werden, wenn sich bestätigt, dass z. B. die ausländischen Kapitalerträge und das Auslandsvermögen tatsächlich nicht in den betreffenden Jahren versteuert wurden.
- Folglich müssen die Beamten zunächst die Steuerakten der Veranlagungsstellen einsehen. Zudem müssen belastende Kontounterlagen gefunden worden sein – denn eine bloße Auslandsüberweisung reicht noch nicht als hinreichender Beweis für eine begangene oder versuchte Steuerhinterziehung.

Werden die Steuerfahnder jedoch fündig, kommen diese auch direkt zu Ihnen ins Haus, um möglichst schnell weiteres Beweismaterial zu sichern und eine eventuelle Flucht der Beschuldigten zu verhindern (siehe Seite 201 f.).

Auch wenn in Erfahrung gebracht werden konnte, dass gerade bei der eigenen Bank eine Fahndungsaktion läuft, haben es aber viele Anleger vermieden, panikartig eine Selbstanzeige zu erstatten.

Allerdings gehören gute Nerven dazu, es in der Folgezeit einfach mal darauf ankommen zu lassen, ob die Steuerfahnder überhaupt Beweismaterial gegen einen selbst finden können.

Die Beweislage muss eindeutig sein

Ohne Namen und Beweise drohen keine strafrechtlichen Konsequenzen. Wer sicher sein kann, dass sein Name unentdeckt bleibt, für den erübrigt sich eine Selbstanzeige. Denn er kann nur strafrechtlich verfolgt werden, wenn ihm die jährlich angelegten Beträge und die daraus erzielten Zinsen genau nachzuweisen sind.

Es ist also für eine Strafverfolgung nicht ausreichend, dass nur der Hinweis auf eine Auslandsüberweisung oder die Existenz eines Auslandskontos vorliegt. Eventuell hinterzogene Beträge müssten dann nämlich vom Finanzbeamten geschätzt werden. Dies aber ist weder von Finanz- noch von Strafgerichten zu akzeptieren.

Beschlagnahme, Verhaftung – was dürfen Steuerfahnder?

Selbst wenn ein begründeter Verdacht besteht, darf die Steuerfahndung nicht sofort zu den härtesten Bandagen greifen. Sie muss vielmehr (nach § 105 StPO) die Maßnahmen angemessen und nach dem »Grundsatz der Verhältnismäßigkeit« einsetzen. Diese Vorschrift wird jedoch oft nicht eingehalten:

Grundsatz der Verhältnismäßigkeit

- Weil die Fahnder es sich zu einfach machen
- Weil sie schnell fündig werden wollen
- Weil sie einfach darauf bauen, dass sich auch bei anfangs kleinem Verdacht durch weitere Erkenntnisse hohe Beträge aufdecken lassen.

Dies mag sich zunächst als Widerspruch zu der eingangs erwähnten Personalknappheit und Lässigkeit darstellen, mit der Steuerfahnder viele anonyme Hinweise ablegen und nicht verfolgen.

Bei einem ertragsstarken Unternehmen mit hohen Umsätzen oder bei hohen Privateinkünften bauen viele Fahnder einfach darauf, dass sie mit einem Schneeball eine Lawine auslösen können.

Deshalb wenden Steuerfahnder manchmal eben doch vorschnell und unbegründet die härteste Ermittlungsmethode an – ohne Rücksicht darauf, dass eine Hausdurchsuchung bei den Betroffenen viele unangenehme wirtschaftliche Konsequenzen haben kann.

Oft zu harte Bandagen

Fehler bei Durchsuchungsbeschlüssen und welche Rechtsmittel einzulegen sind

Fehlerhaftes Vorgehen der Steuerfahnder kann vom Laien kaum beurteilt werden. Wenn Fahndungsbeamte eine Wohnung durchsuchen, kann zwar (nach § 304 StPO) das Rechtsmittel der Beschwerde gegen die Durchsuchung und

Finanzamt Hamburg - Neustadt - St. Pauli
- Steuerfahndungsstelle -

Zutreffendes ist ☒ anzukreuzen

Geschäftszeichen / - F

Hamburg

Durchsuchungs- und Beschlagnahmebericht im Steuerstrafverfahren gegen

Name	Geburtsdatum
Anschrift	

Ort der Durchsuchung	Zeit der Durchsuchung (Datum)	von	bis	Uhr

Durchsucht wurde(n)

☐ die Person ☐ die Wohnung ☐ die Geschäftsräume ☐ der Pkw ☐ das Schließfach ☐ andere Räume / Sachen

Die Durchsuchung erfolgte gemäß

☐ § 102 StPO ☐ § 103 StPO

☐ aufgrund des Beschlusses des Amtsgerichts | vom | Geschäftszeichen

☐ aufgrund der Anordnung des Prüfers

wegen Gefahr im Verzuge (§ 105 (1) StPO i.V.mit §§ 385 und 404 AO.
Die Gefahr im Verzuge ergab sich aus den nachstehenden aufgeführten Tatsachen :

Die Durchsuchung nahm(en) vor :
Name und Dienstbezeichnung d. Beamten

Als Zeuge(n) wurde(n) hinzugezogen (§ 105 (2) StPO) :
Name(n)

Der Beschuldigte war bei der Durchsuchung

☐ anwesend. ☐ nicht anwesend. ☐ Folgende andere Personen waren bei der Durchsuchung anwesend (§ 106 StPO) :

OFD Hmb Str 125 a (Steufa) - Durchsuchungs- und Beschlagnahmebericht - (Doc.) 11 89

Eine Ausfertigung / auszugsweise Abschrift des Durchsuchungsbeschlusses wurde

☐ dem Beschuldigten ☐ der anderen Person

☐ ausgehändigt. ☐ nicht ausgehändigt.

Bei Nichtaushändigung des Durchsuchungsbeschlusses

Als Grund der Durchsuchung wurde

☐ dem Beschuldigten ☐ der anderen Person - mündlich mitgeteilt, daß die Durchsuchung

☐ zur Auffindung von Beweismitteln für dem Beschuldigten vorgeworfene Steuerstraftaten notwendig war (§ 102 StPO)

☐ bei der anderen Person erfolgte, weil Tatsachen vorlagen, nach denen das Auffinden bestimmter Beweismittel anzunehmen war (§ 103 StPO).

☐ Unterlagen wurden nicht sichergestellt.

☐ Die im Verzeichnis aufgeführten Gegenstände wurden

☐ freiwillig herausgegeben

☐ gemäß §§ 94, 98 (1) StPO i.V. mit §385 AO beschlagnahmt, weil sie als Beweismittel von Bedeutung sein könnten.

☐ und im Gewahrsam des Beschuldigten / der anderen Person unter Hinweis auf § 136 StGB belassen.

☐ Dem Beschuldigten ☐ Der anderen Person - wurde ein Verzeichnis über die in

☐ Verwahrung ☐ Beschlag - genommenen Gegenstände ausgehändigt § 107 StPO).

☐ Ein Verzeichnis der beschlagnahmten und in Verwahrung des Betroffenen belassenen Beweismittel wurde sichtbar angebracht.

Bei wegen Gefahr im Verzug angeordneter Beschlagnahme :

☐ Der Beschuldigte ☐ Die andere Person - wurde gemäß § 98 (2) StPO belehrt.

☐ Der Beschlagnahme wurde widersprochen durch :

Gründe :

Bemerkungen : (z.B. Zufallsfund, Hinweis auf Anlagen)

Unterschrift des verantwortlichen Prüfers vor Ort

Beschlagnahme von Beweismitteln eingelegt werden. Die Beschwerde ist auch nach Beendigung der Durchsuchung noch zulässig. Hierzu ist jedoch die fachkundige Hilfe eines Rechtsanwaltes erforderlich, der gegen behördliche Willkür vorgehen kann, wenn:

Nicht ohne Anwalt

- Eine Durchsuchung nur aufgrund einer Anfangsvermutung und nicht eines Anfangsverdachtes erfolgte
- Der Durchsuchungsbeschluss nur erfolgte, um rein steuerliche Fragen zu klären
- Die Durchsuchung nur erfolgte, um der Finanzverwaltung aus Beweisnöten zu helfen
- Der Durchsuchungsbeschluss aufgrund eines Anfangsverdachtes erfolgte, das Steuerdelikt jedoch vom Ausmaß her geringfügig ist
- Die Verhältnismäßigkeit der eingesetzten Mittel nicht der Schwere des Vergehens angemessen ist
- Der Durchsuchungsbeschluss oberflächlich formuliert wurde, also das steuerrechtliche Vergehen inhaltlich nicht genau beschrieben wurde
- Der Durchsuchungsbeschluss einen »Freifahrtschein« zum Durchwühlen sämtlicher Räume darstellt und die zu durchsuchenden Räume nicht konkret beschrieben sind
- Die Beweismittel, nach denen gesucht wird, nicht genau beschrieben sind

Gründe einer Beschwerde

Die Ermittlungsarbeit der Steuerfahnder wird sich in den meisten Fällen auf die folgenden Punkte konzentrieren:

- Vernehmung von Beschuldigten, Mittätern, Beteiligten
- Auskunftsersuchen an Behörden, Banken, Versicherungen usw.
- Auskunftsersuchen an Mieter, Kunden, Geschäftspartner usw.
- Vernehmung von Zeugen
- Hausdurchsuchungen (erfolgen dann fast immer) von Betriebs- und Privaträumen
- Beschlagnahmung von Unterlagen, Gegenständen, Fotos, Dokumenten, EDV-Material
- Sicherstellungen von Beweismitteln aller Art

- Sofortige vorläufige Festnahmen (Untersuchungshaft) bei Fluchtgefahr und/oder Gefahr im Verzug bzw. bei Durchsuchungsstörungen

Steuerfahnder sind Frühaufsteher

Die meisten Hausbesuche statten Steuerfahnder ihren Kunden zu noch fast nachtschlafender Zeit ab. Beliebt sind die frühen Morgenstunden zwischen sechs und sieben Uhr. Dies erzeugt bei den Betroffenen einen nicht unerheblichen psychologischen Druck, weil sie meistens noch im Bett liegen oder mit der Morgentoilette beschäftigt, noch nicht angezogen sind, sich Kinder im Haus aufhalten und auch die Nachbarn noch zu Hause sind und alles mitbekommen. Folgende Wirkungen werden von den Fahndern beabsichtigt:

Psychologischer Druck soll zu vielen Informationen führen

- Eine große Bereitschaft der Betroffenen, den unangenehmen Besuch so schnell wie möglich wieder loszuwerden und deshalb bereitwillig alle Auskünfte zu geben oder Beweismaterialien zur Verfügung zu stellen.
- Durch gleichzeitige getrennte Vernehmung aller Familienangehörigen jede Absprachemöglichkeit zu vermeiden.
- Andere telefonisch zu warnen oder Anweisungen an Mitarbeiter zu geben ist praktisch nicht gegeben.
- Die Betroffenen dürfen sich nicht allein anziehen, allein die Toilette aufsuchen oder allein telefonieren und sich nicht einmal ohne Begleitung eines Fahnders frei in ihrem eigenen Haus bewegen.
- Zulässig ist zwar die Information des Steuerberaters oder Anwalts, aber auch dann wird normalerweise ein Fahndungsbeamter die Telefonnummer wählen und bei dem Telefonat zugegen sein.

Die Vorermittlungen der Steuerfahnder erstrecken sich allerdings manchmal über einen langen Zeitraum, bis irgendwann der Durchsuchungsbeschluss vorliegt. Der aber ist eigentlich gar nicht notwendig, denn die Steuerfahnder dürfen sich auch gewaltsam Zutritt zu Räumen des Verdächtigen verschaffen, wenn Gefahr im Verzug liegt und/oder Flucht- und Verdunkelungsgefahr besteht.

Wann eine vorläufige Festnahme erfolgen kann

Auch im Rahmen des Steuerstrafverfahrens gelten die Regelungen der Strafprozessordnung (§127), wobei allerdings die (in § 127 Abs. 1) vorgesehene Festnahme durch jedermann bei einer Tätergreifung auf frischer Tat eher unwahrscheinlich ist. Folglich muss (nach § 127 Abs. 2 StPO) Gefahr im Verzuge sein.

Gründe für eine Festnahme

Haftbefehl kann erlassen werden, wenn (nach § 112 StPO):

- Dringender Tatverdacht vorliegt
- Der Grundsatz der Verhältnismäßigkeit gewahrt ist
- Verdunkelungsgefahr
- Fluchtgefahr besteht

Konkret bedeutet dies, dass das Verhalten des Beschuldigten bzw. die Umstände darauf hindeuten müssen, dass:

- Beweismittel gefälscht, beiseite geschafft, verändert oder unterdrückt
- Verfahrensbeteiligte (Mitschuldige, Gutachter, Zeugen) in unlauterer Absicht und Weise beeinflusst
- Andere Personen zu diesen Handlungen veranlasst werden sollen und deshalb die Gefahr einer erschwerten Wahrheitsfindung droht
- Der Beschuldigte sich z. B. durch Flucht oder auf andere Weise voraussichtlich dem Strafverfahren entziehen wird

Wird der Festgenommene nicht wieder auf freien Fuß gesetzt (weil z. B. die Festnahmegründe weiterhin Bestand haben), muss er unverzüglich, jedoch spätestens am Tag nach seiner Festnahme, dem Richter des Amtsgerichts, in dessen Bezirk die Festnahme erfolgt ist, vorgeführt werden.

Durchsuchungen – wie man sich gegen zu rüde Methoden wehren kann

Wegen der allein innerhalb von vier Jahren erfolgten Verdoppelung des Personals in den Steuerfahndungsstellen haben Durchsuchungen in Wohn- und Geschäftsräumen sowie in Banken stark zugenommen. Die Fahndungsbeamten dürfen aufgrund eines richterlichen Durchsuchungsbeschlusses in den Räumen Beweismaterial sicherstellen.

Was allerdings die wenigsten Betroffenen solcher Aktionen wissen: Nach § 102 der Strafprozessordnung darf sich die Steuerrazzia nicht nur auf Wohn- oder Geschäftsräume des Verdächtigen, sondern auch auf die Räumlichkeiten dritter Personen erstrecken.

Hierzu wird ein richterlicher Durchsuchungsbeschluss erteilt, wenn der dringende Verdacht besteht, dass bei einer dritten Person Beweismittel verwahrt werden, die für das Steuerstrafverfahren relevant sind. Und von diesem Druckmittel wird gern Gebrauch gemacht, da hier am ehesten mit schnellen gerichtsverwertbaren Erkenntnissen gerechnet wird. Die betroffenen Personen sind von solchen Übergriffen dann so überrumpelt, dass sie sich oft um Kopf und Kragen reden – was von den geschulten Beamten durch raffinierte Fragen noch provoziert wird.

Beweismaterial bei Dritten

Hinweise auf das Auskunftsverweigerungsrecht werden dann leider oft »vergessen«.

Im Rahmen einer Durchsuchung gibt es nur wenige Tabuzonen. Nicht beschlagnahmefähig sind:

- Testamente (wegen Verletzung des Persönlichkeitsrechts – BGH, 30. März 1994)
- Tagebücher, soweit sie der Intimsphäre angehören

Tabu sind nur Testamente und Tagebücher

Besteht der Verdacht einer bestimmten, genau bezeichneten Straftat, können Staatsanwalt und Straf- und Bußgeldsachenstellen Auskünfte über zurückliegende Telefongespräche und Telegramme einholen, die die Straftat zweifelsfrei dokumentieren. Das Anzapfen und Abhören von Telefonaten in einem Steuerstrafverfahren ist allerdings nicht zulässig.

Wann ein Durchsuchungsbeschluss erlassen wird

Nur innerhalb eines strafrechtlichen Ermittlungsverfahrens ist eine Hausdurchsuchung zulässig (§ 152 StPO). Es reicht also nicht, wenn einfacher Tatverdacht besteht, also lediglich vermutet wird, dass der Steuerpflichtige eine Steuerstraftat begangen hat.

Zunächst muss die Staatsanwaltschaft Anklage erheben, wenn »zureichende, tatsächliche Anhaltspunkte« für die Steuerstraftat vorliegen. Offenkundige Tatsachen oder Indizien reichen für einen Anfangsverdacht aus.

Voraussetzungen für einen Durchsuchungsbeschluss bei dritten Personen

Wie schon erwähnt, kann (nach § 103 StPO) eine Hausdurchsuchung auch bei dritten Personen erfolgen, die selbst keines Steuervergehens bezichtigt werden. Dritte Personen sind z. B. Zeugen, von denen angenommen werden kann oder muss, dass sie wichtige Beweismittel aufbewahren, also vor allem Steuerberater, Anwälte, Geschäftspartner, Lebenspartner usw.

Die Durchsuchung bei anderen Personen ist jedoch (nach § 103 StPO):

- Zur Ergreifung des Beschuldigten
- Zur Verfolgung von Spuren einer Straftat
- Zur Beschlagnahme bestimmter Gegenstände

nur dann zulässig, wenn Tatsachen vorliegen, aus denen zu schließen ist, dass sich die gesuchte Person oder Sache in den zu durchsuchenden Räumen befindet.

Die Rechtslage

Nach der vorbezeichneten Regelung (§103 StPO) ist zur Ergreifung eines Beschuldigten eine Durchsuchung von Wohnungen und anderen Räumen zwar auch zulässig, wenn diese sich in einem Gebäude befinden, von dem aufgrund von Tatsachen anzunehmen ist, dass sich der Beschuldigte in ihm aufhält.

Aber dies gilt ausdrücklich nur bei Straftat nach § 129a des Strafgesetzbuches – und da zeichnen sich manche Fahnder durch mangelnde Gesetzeskenntnis aus. Denn letztere Vorschrift bezieht sich nicht auf Steuerstrafverfahren, sondern auf die Bildung terroristischer Vereinigungen.

Nun mag zwar der Finanzminister auch Steuerhinterziehung als Form des Terrorismus empfinden. Aber die Ausdehnung einer Steuerfahndung auf diesen Rahmen wäre in jedem Fall nicht durch ein Gesetz gedeckt.

Rechtsmittel gegen Durchsuchungen bei dritten Personen

Eine Hausdurchsuchung kann bei den betroffenen Personen erheblichen Schaden anrichten, auch wenn sie nicht die eigentlichen Steuersünder sind. Kunden, Geschäftspartner und Banken vermuten automatisch unsaubere Geschäftsmethoden und könnten künftig ihre Geschäftsbeziehung zur durchsuchten Person einschränken – ob die Maßnahmen gerechtfertigt waren oder nicht.
Die Fahnder müssen deshalb vor Durchsuchungen bei dritten Personen prüfen, ob nicht andere Ermittlungen dazu geeignet sind, die Beweise für das Steuervergehen zu finden.

Durchsuchung bei Dritten nur als letztes Mittel einzusetzen

Wichtig: Vor der Hausdurchsuchung müssen in jedem Fall dritte Personen als Zeugen vernommen und zur Herausgabe der Beweismittel gebeten werden. Die Durchsuchung ist dann sozusagen die letzte Maßnahme, wenn alle anderen Ermittlungsmethoden erfolglos verlaufen.

Wie die Beschuldigten selbst, können auch dritte Personen Beschwerde gegen die Unzulässigkeit einer Hausdurchsuchung einlegen, dies in Verbindung mit einem »Antrag auf Nachholung des rechtlichen Gehörs« (nach § 33a StPO).
Diese Beschwerde kann auch noch nach Beendigung der Durchsuchung erfolgen, dann richtet sich das Rechtsmittel auch gegen die Beschlagnahme von Gegenständen. Diese Beschlagnahme ist fehlerhaft, wenn:

Fehlerhafte Beschlagnahme

- Erhebliche Einschränkungen für den gesamten Geschäftsbetrieb der durchsuchten Person z. B. für mehrere Monate erfolgen.
- Sie bei Außenstehenden unnötiges Aufsehen erregt, weil sie mit viel Personal und indiskret durchgeführt wird.

Beispiel: *Vier Fahndungsbeamte öffnen auf richterlichen Beschluss gewaltsam eine 50 Quadratmeter große Wohnung einer dritten Person zwecks Hausdurchsuchung, dann* *wird eindeutig gegen den verfassungsrechtlichen Grundsatz der Verhältnismäßigkeit der Mittel verstoßen (so genanntes Übermaßverbot).*

Übermaßverbot

Es kann die nachträgliche Aufhebung des rechtswidrigen Durchsuchungsbeschlusses beantragt und Schadensersatz geltend gemacht werden.

TIPP: Sinnvoll kann es sein, während oder nach der Aktion grundsätzlich Beschwerde gegen eine Hausdurchsuchung und/oder die Beschlagnahme von Gegenständen einzulegen. Dann allerdings sollte nichts freiwillig herausgegeben werden, weil sonst die Beschwerde zurückgewiesen wird.

Ermittlungsabschluss und Strafprozess

Nach Abschluss ihrer Ermittlungen fertigt die Steuerfahndung einen Bericht für die Veranlagungsstelle an. Sind die Steuerfahnder fündig geworden, erfolgt in einem weiteren Bericht Mitteilung an die Bußgeld- und Strafsachenstelle. Sie übernimmt die Aufgaben des Staatsanwalts.

Die Bußgeld- und Strafsachenstelle wertet die Ermittlungen der Steuerfahndung aus und fertigt die Anklage. Dann folgt entweder:

Strafverfahren

- Ein Bußgeldverfahren in kleineren Fällen (leichtfertige Steuerverkürzung) oder
- Ein Strafverfahren mit Verurteilung in schwereren Fällen (Steuerhinterziehung)

Steuerhinterziehungen werden (nach § 370 AO) entweder mit Freiheits- oder Geldstrafe sanktioniert, beides zusammen ist seit 1. Januar 1975 nicht möglich.

Bitte beachten Sie: Schon der Versuch der Steuerhinterziehung ist strafbar!

Es kann jedoch in Fällen schwerer Wirtschaftskriminalität auch Geldstrafe neben Freiheitsstrafe verhängt werden, wenn sich der Täter durch die Hinterziehung bereichern wollte oder sich bereichert hat, was bei Steuerhinterziehung eigentlich immer das Motiv ist.
Die verhängte Strafe hängt immer vom Einzelfall ab und richtet sich z. B.:

- Nach der Schwere des Falles
- Nach bestehenden Vorstrafen wegen Steuerdelikten
- Nach der Kooperationsbereitschaft des Angeklagten

Zeigt sich ein Beklagter nicht kooperationsbereit und will stattdessen die Früchte seiner Tat sichern, so wirkt sich dies meist strafverschärfend bei der Urteilsfindung aus.

Strafmildernde Umstände

Zeigt er Reue, sichert sowohl alle Steuernachzahlungen sowie künftiges steuerehrliches Verhalten zu und hat zudem keine diesbezüglichen Vorstrafen, so wirkt sich dies meist strafmildernd aus. Besteht keine Flucht- oder Verdunkelungsgefahr, so bestehen außerdem reelle Chancen, mit Geld- statt mit Gefängnisstrafen davonzukommen.

Bei leichtfertiger Steuerverkürzung droht nur Bußgeld

Je nach Schwere des Falles und Höhe der hinterzogenen Steuern muss die Sache nicht zwangsläufig vors Strafgericht kommen, sondern kann auch mit einem Bußgeldverfahren abgeschlossen werden. Dies ist bei der leichtfertigen Steuerverkürzung (i. S. § 378 AO) üblich.
Wichtigster Unterschied zum Strafverfahren ist bei einem Bußgeldverfahren, dass nach dem Opportunitätsprinzip gehandelt wird. Es steht im Gegensatz zum Legalitätsprinzip bei einem Strafverfahren. Es besteht hier kein Verfolgungszwang, die Verfolgung liegt im Ermessen der Bußgeld- und Strafsachenstelle. Bei einem Bußgeldverfahren gibt es weder Festnahmen noch Verhaftungen.

Zwar können auch leichtfertige Steuerverkürzungen mit einem Bußgeld bis zu 100.000 DM geahndet werden. Aber generell sollte man einen solchen Abschluss der Verurteilung vorziehen.

Weil es sich zum Teil um eine Ermessensfrage handelt, ob die Sache mit einem Bußgeld abgeschlossen werden kann, zahlen sich Kooperation und Einsicht oft auch dann noch aus, wenn sich zunächst dicke Wolken zusammengeballt haben.

10.000 DM Strafe für einen Schaden von 100 DM

Zumeist handelt es sich um Geldstrafen

Im Steuerstrafverfahren beträgt der Anteil der Geldstrafen über 80 Prozent – es ist also sehr wahrscheinlich, bei einem Gerichtsverfahren ohne Haftstrafe davonzukommen. Allerdings werden zum Teil drakonische Strafen verhängt, die oft jeden Bezug zur Bestrafung wegen Kapitalverbrechen gegen Leib und Leben vermissen lassen.

Beispiel: *So wurde ein Steuerzahler, der lediglich zwei Betriebsausgaben-Belege mit einem für den Fiskus gegen etwa 100 DM gehenden Schaden umdatiert hatte, wegen der »Fälschungen« zu einer Strafe von rund 10.000 DM verurteilt.*

Tagessätze

Im Einzelfall verhängt das Gericht Geldstrafen nach Tagessätzen, die sich am Einkommen des Verurteilten orientieren. Dabei soll der Tagessatz praktisch dem Tageseinkommen des Verurteilten entsprechen. Neben der Zahl der Tagessätze und ihrer Höhe kann das Gericht auch eventuelle Erleichterungen bei der Zahlung festlegen.

Eine Geldstrafe beträgt mindestens fünf und höchstens 360 bzw. bei Tatmehrheit 720 Tagessätze. Die Höhe der Tagessätze liegt zwischen mindestens 2.000 und höchstens 10.000 DM.

Außer dem Einkommen werden allerdings beim Tagessatz die gesamten persönlichen und wirtschaftlichen Verhältnissen des Täters betrachtet. Vermögen und Einkommen werden zugrunde gelegt, Unterhaltsverpflichtungen werden berücksichtigt, jedoch keine steuerlichen Freibeträge (z. B. Abschreibungsbeträge für Immobilien).

Der Normalfall: Strafhöhe richtet sich nach Steuerausfall

Einmal abgesehen von solchen Einzelentscheidungen wie der eben erwähnten richtet sich die Höhe der Strafe (die zusätzlich zur hinterzogenen Steuer, zu Zinsen und Hinterziehungszinsen fällig wird) nach dem Umfang der hinterzogenen Steuern.
Dabei wird nach folgendem Prinzip gearbeitet:

Die hinterzogene Steuersumme bestimmt das Maß der Tagessätze

Steuerhinterziehung bis zu 20.000 DM:
- pro hinterzogene 250 DM wird ein Tagessatz fällig, maximal 80 Tagessätze

Steuerhinterziehung ab 20.000 DM bis 100.000 DM:
- pro hinterzogene 500 DM wird ein Tagessatz fällig, maximal 240 Tagessätze

Steuerhinterziehung ab 100.000 DM:
- pro hinterzogene 750 DM wird ein Tagessatz fällig, maximal 360 Tagessätze

Bei einer Einkommensteuer-Hinterziehung von DM 60.000 wird folgendermaßen gerechnet:

1. Für den Betrag bis DM 20.000 gibt es 80 Tagessätze
2. Der darüber liegende Betrag von DM 40.000 wird durch 500 geteilt, dies ergibt weitere 80 Tagessätze
3. Die Gesamtstrafe beläuft sich also auf 160 Tagessätze (2 × 80)

Entsprechend den Vorschriften über die Höhe von Tagessätzen wird sich der gesamte Rahmen einer Geldstrafe im Normalfall also zwischen mindestens 10 DM und höchstens 3.600.000 DM bewegen.

Wann eine Freiheitsstrafe droht

Ab 130.000 DM droht das Gefängnis

Generell sind bei Steuerverkürzungen bis 130.000 DM nur Geldstrafen vorgesehen. Bei Freiheitsstrafen betragen diese zwischen sechs Monaten und zehn Jahren, wobei die Schwere des Falles und Vorstrafen in Steuerdelikten berücksichtigt werden. Bei einer Steuerverkürzung von 130.000 DM muss mit einer Freiheitsstrafe von etwa einem Jahr auf Bewährung gerechnet werden; bei ca. 250.000 DM mit zwei Jahren auf Bewährung.

Die Strafe für Wiederholungstäter ist höher.

Mit welchen Auflagen müssen Sie generell rechnen?

Werden Sie aufgrund eines Freispruchs oder einer Selbstanzeige nicht bestraft, so müssen Sie dennoch für die hinterzogenen Steuern (i. S. § 370 AO) Hinterziehungszinsen (nach § 235 AO) in Höhe von 0,5 Prozent je angefangenen Monat entrichten, dies entspricht dem noch sehr moderaten Satz von 6 Prozent pro Jahr. Nachzahlungszinsen von Steuerforderungen i. S. § 233a, die für denselben Zeitraum festgesetzt wurden, werden dabei angerechnet.

Verjährung – ist Strafverfolgung nicht mehr möglich?

Die Verjährungsfrist für leichtfertige Steuerverkürzung beträgt 5 Jahre, ebenso die für Steuerhinterziehung (nach § 370 AO). Die Frist beginnt zu laufen, sobald die Tat beendet ist. Für die Tatbeendigung bei Veranlagungssteuern (z. B. Einkommensteuer) sind die Festsetzung im Steuerbescheid und dessen Bekanntgabe relevant.

Verjährungsfrist

Wenn Sie in älteren Unterlagen noch auf andere Fristen stoßen: Die Verjährungsfrist für Steuerhinterziehung betrug früher zehn Jahre. Mittlerweile jedoch ist durch den Wegfall des so genannten strafrechtlichen Fortsetzungszusammenhangs Verjährung für alle Veranlagungszeiträume eingetreten, die länger als fünf Jahre zurückliegen. Folglich muss auch keine Selbstanzeige mehr abgegeben werden, wenn der Veranlagungszeitraum länger als fünf Jahre zurückliegt.

Auslandskonten und Steueroasen im Euro-Zeitalter

In Deutschland existiert, wie wir leider schon feststellen mussten, im Gegensatz zu vielen anderen Ländern kein Bankgeheimnis. Schon deshalb liegt es nahe, dass jährlich hohe Milliardenbeträge auf ausländischen Konten landen. Schätzungen zufolge haben deutsche Anleger bisher ungefähr 800 Milliarden DM ins Ausland geschafft, davon ungefähr 300 Milliarden DM nach Luxemburg.

Fleißige Steuerfahnder holten in 1997 nur zwei Milliarden für den Fiskus heraus. Nun sollen zwar innerhalb der EU die Anreize zur Steuer- bzw. Kapitalflucht eingedämmt werden. Aber bis dahin dürfte noch viel Zeit vergehen. Bisher gibt es lediglich Pläne zur Einführung einer Quellensteuer von 20 Prozent auf ausländische Kapitalerträge.

Steueroasen existieren weiterhin

Dies aber müsste von den EU-Ländern einstimmig beschlossen werden. Und ebendiese Einstimmigkeit war bisher eben noch nicht in Sicht.

Neben der Geheimhaltung von Schwarzvermögen sind die Umgehung der 30-prozentigen deutschen Zinsabschlagsteuer plus Solidaritätszuschlag und die Steuervermeidung für die Erträge bzw. das Vermögen im Inland die häufigsten Gründe für eine Kapitalflucht. Doch dabei unterschätzen viele den Automatismus, der ihnen zum Verhängnis werden kann. Denn der Geldtransfer ins Ausland wird überwacht.

Wichtig: Von allen unbaren Zahlungen über 5.000 DM, die per Scheck oder Überweisung ins Ausland gehen oder in ausländischer Währung gebucht werden, erhält die Landeszentralbank Mitteilung. Barzahlungen ins Ausland über 30.000 DM müssen dem Zollamt gemeldet werden.

Im Gegensatz zu den mittlerweile international operierenden Unternehmen sind Privatleute außerdem erheblich schlechter gestellt. Denn Großkonzerne können Tochterfirmen in niedrig besteuerten Ländern gründen und somit bestimmte Abteilungen und Steuerzahlungen auslagern, ohne mit Konsequenzen rechnen zu müssen. Denn dies zählt zur legalen Steuergestaltung, da hier nur die gesetzlich festgelegten Doppelbesteuerungsabkommen ausgeschöpft werden. Privatleute jedoch vertuschen oft gänzlich ihre wirtschaftlichen Auslandsaktivitäten oder beachten bei ausländischer Firmengründung nicht die vorgeschriebenen Spielregeln.

Legal wäre es z. B. für einen privaten Anleger, ganz in eine Steueroase auszuwandern bzw. dort eine Firma zu gründen. Tatsächlich aber wird in den meisten Fällen der einfache und in jedem Fall illegale Weg gewählt.

Von Steuerflucht ist zu reden, wenn der Steuerpflichtige seinen Wohnsitz im Inland behält und in einem Steuerparadies lediglich sein Kapital anlegt, ohne dies den inländischen Finanzbehörden zu offenbaren.

Flucht ins Ausland – Prominente machen es vor

Mit schöner Regelmäßigkeit berichten die Medien darüber, dass sich Sportler, Künstler und TV-Prominente ins Ausland abgesetzt haben, um hohen deutschen Spitzensteuersätzen zu entfliehen. Dabei hilft ihnen in vielen Fällen die Regelung, dass ausländische Staatsbürger ihre in Deutschland verdienten Gelder nicht nach den inländischen Sätzen zu versteuern haben.

Ständiger Wohnsitz im Ausland

Fernsehstars, Sportler, Schriftsteller und sonstige Prominente bekommen dann zwar Gagen oder Honorare aus Deutschland. Hier aber sind sie (nach § 50a EStG) nur noch beschränkt steuerpflichtig, weil sie ihren ständigen Wohnsitz ja im Ausland haben oder dies zumindest angeben. Der Einkommensteuersatz auf die in Deutschland erzielten Einkünfte für die eingangs erwähnten Berufsgruppen beträgt dann nur noch pauschal 25 Prozent (laut § 50a Abs. 4 EStG).

Aufgeflogen sind viele Prominente mit diesem Auslandstrick deshalb, weil sie sich tatsächlich gar nicht an mindestens 183 Tagen pro Jahr im Ausland aufgehalten haben. In diesem Fall nämlich spielt der gemeldete Wohnsitz keine Rolle – wegen seines häufigen Aufenthalts in Deutschland wird der Steuerpflichtige als Steuerinländer behandelt.

Mindestens 183 Tage im Ausland

Tatsächlich wurde zahlreichen Sportlern und Künstlern zum Verhängnis, dass sie nur einen Scheinwohnsitz im nahe gelegenen Ausland gewählt hatten, sich in Wirklichkeit aber überwiegend innerhalb der Bundesgrenzen aufhielten.
Aber auch die Pro-forma-Wohnsitznahme im Ausland mit einer Briefkastenadresse bedeutet Steuerhinterziehung.
Die Steuerhinterziehung besteht hier aus dem (wegen meist sehr hoher Gagen) großen Vorteil durch die Differenz des pauschalen Steuersatzes von 25 Prozent für beschränkt Steuerpflichtige zum gültigen Steuersatz für unbeschränkt Steuerpflichtige.

Pauschaler Steuersatz

Vor allem die schnell erreichbaren Länder Belgien und Frankreich haben sich in der Vergangenheit beim genannten Personenkreis großer Beliebtheit erfreut. Dabei haben einige der Prominenten aber übersehen, dass sie durch häufige Medienpräsenz den Steuerfahndern viele Ansatzpunkte für ihren Aufenthaltsort liefern:

- Durch Pressemeldungen ist auch Steuerfahndern der Aufenthalt z. B. in deutschen Nebenwohnsitzen bekannt.
- Ebenfalls durch Presseberichte lässt sich auch leicht nachvollziehen, an wie viel Tagen sich der jeweilige Sport- oder Fernsehprominente tatsächlich im Inland aufgehalten hat.

Ergeben sich daraus Anhaltspunkte, dass sich der ständige Wohnsitz eher in Deutschland befindet, beginnen die Fahnder zu forschen, wie oft sich der Prominente überhaupt im Ausland aufhält. Dabei werden auch schon mal Stromzähler in der ausländischen Wohnung kontrolliert …

Auch alle berufsbedingten Ausgaben sind mit dem pauschalen Steuersatz von 25 Prozent abgegolten. Eine Ausnahme ergibt sich nur, wenn die mit den Einnahmen in unmittelbarem Zusammenhang stehenden Aufwendungen höher sind als die Hälfte der Einnahmen. Dann erfolgt (nach § 50a Abs. 5 EStG) eine Korrektur des Pauschalsteuersatzes. Dies kann sogar dazu führen, dass sich eine Steuererstattung ergibt, deren Rückzahlung schriftlich beim Bundesamt für Finanzen beantragt werden muss bis zum Ende des Jahres, das auf das Kalenderjahr des Zahlungszuflusses folgt.

Korrektur des Pauschalsteuersatzes

Beispielrechnung zur Pauschalversteuerung mit Korrektur nach § 50a Abs. 5 EStG		
Gage aus TV-Auftritten	100.000 DM	
darauf 25 Prozent Pauschalsteuer		25.000 DM
Betriebsausgaben des Künstlers	60.000 DM	
tatsächlicher Gewinn	40.000 DM	
darauf 50 Prozent Pauschalsteuer	20.000 DM	
Steuererstattung		5.000 DM
tatsächlicher Steuersatz	20 %	

Natürlich müssen die im engen Zusammenhang mit den Einnahmen stehenden Aufwendungen nachgewiesen werden. Wer dabei unrichtige Angaben macht, also z. B. fingierte Belege einreicht, begeht ebenfalls Steuerhinterziehung. Die Steuerhinterziehung für die Künstler-Berufsgruppen (i. S. § 50a Abs. 4 Nr. 1 und 2 EStG) kann aus folgenden Tatbeständen resultieren:

1. Es werden fiktive Betriebsausgaben z. B. durch Rechnungen von Auslandsbriefkastenfirmen eingereicht, die dem Künstler selbst gehören oder von ihm über Strohmänner kontrolliert werden.

2. Es kann gar keine Pauschalversteuerung gewählt werden, weil sich der Künstler überwiegend im Inland aufhält.
3. Oder er gilt als Steuerinländer, weil es sich beim Auslandswohnsitz nur um eine Briefkastenadresse handelt.

Gerade wegen der unter Punkt 1 genannten Umstände sind übrigens immer wieder TV- und andere Prominente im Zusammenhang mit Briefkastenfirmen genannt worden. Denn eigentliches Ziel vieler dieser Steuerflüchtlinge war es gar nicht, den Pauschalsteuersatz von 25 Prozent nutzen zu können, sondern durch hohe Betriebsausgaben auch den Pauschalsteuersatz noch zu drücken.

Wie Auslandsvermögen aufgespürt wird

Wenn Sportler oder Showstars in der Vergangenheit Ärger mit dem Finanzamt bekamen, hatte das oft sehr einfache Gründe: Aus purer Raffgier wurde jegliche Vernunft über Bord geworfen und der Bogen überspannt. Auch wenn im Normalfall die Vorteile der zwischenstaatlichen Doppelbesteuerungsabkommen hätten genutzt werden können und es der Finanzverwaltung wegen sauberer Firmenkonstruktionen nicht möglich gewesen wäre, etwas zu beanstanden. Dabei nämlich handelt es sich dann nur um clevere Steuergestaltung im Rahmen der gesetzlichen Möglichkeiten – aber nicht um Hinterziehung.

Raffgier

Normalerweise mögliche und legale Konstruktionen mit Auslandsfirmen aber flogen auf, weil die Unternehmen von den deutschen Behörden als Briefkasten- oder Scheinfirmen eingestuft oder enttarnt wurden. Dieses Risiko aber droht praktisch immer, weil:

Scheinfirmen

- Betriebsprüfer und Steuerfahnder immer aufmerksam werden, sobald wirtschaftliche Transaktionen zwischen Deutschland und einem der zahlreichen Steuerparadiese erkennbar werden
- Rechnungen von ausländischen Firmen präsentiert werden, um die inländischen Steuern zu kürzen

Wasserdichte Konstruktionen

Automatisch wird dann die Absicht der Steuerverkürzung oder Steuervermeidung angenommen. Und blitzschnell können, wenn die gewählte Konstruktion nicht wasserdicht ist, die Vorteile einer niedrig besteuerten oder steuerfreien Oase zum Bumerang werden – für Privatleute ebenso wie für Firmeninhaber.

TIPP: Selbst wenn tatsächlich Geschäftspartner im Ausland Geld von Ihnen zu bekommen haben, werden solche Zahlungen immer besonders kritisch geprüft. Bei schwer nachvollziehbaren Leistungen wie Beratungsdiensten, Marktstudien, Gutachten, Patentüberlassungen etc. klingelt die Warnglocke der Prüfer sofort.

Der Finanzbeamte (auch von der Veranlagung) vermutet hier sofort Geldverschiebungen durch Scheingeschäfte. Handelt es sich um eine Steueroase, sind die Einkünfte in der Oase niedrig besteuert oder steuerfrei.
Das inländische Finanzamt wäre über die Existenz der Firma in der Steueroase jedoch umgehend zu informieren, wobei aufgrund der Hinzurechnungsbesteuerung die Gewinnanteile in Deutschland genauso steuerpflichtig sind wie die übrigen Einkünfte, egal, ob die Gewinne ausgeschüttet werden oder nicht.

Wie Auslandsverbindungen meistens transparent werden

Die folgenden Umstände führen besonders häufig zur Aufdeckung von Steuerhinterziehung durch die Nutzung von Auslandskonten:

Kreditkartenabrechnungen

- **Häufige Auslandsbesuche:** Die Betriebsprüfer schauen sich besonders gern Kreditkartenabrechnungen an. Tauchen da Hinweise auf regelmäßige kurze Besuche in einem Steuerparadies auf, wird nach den Gründen geforscht – und Prüfer könnten, je nach Qualität der Erklärungen, erste Vermutungen hegen.

- **Auslands-Überweisungen:** Erfolgen Überweisungen von weißen Inlands- auf schwarze Auslandskonten oder umgekehrt, entstehen Querverbindungen, die geheime Vermögen transparent machen. Dies fällt bei Selbstständigen meist durch eine Betriebsprüfung auf. Aber auch Arbeitnehmer liefern sich dadurch häufig ans Messer, wenn sie bei Einreichung der Steuererklärungen zu viele oder falsche Belege beim Finanzamt einreichen, aus denen die Zahlungen erkennbar werden.
- **Auslands-Umweggeschäfte:** Angenommen, Ihre Tochterfirma sitzt in einer Steueroase. Damit dies für den Betriebsprüfer unsichtbar bleibt, schalten Sie eine ausländische Firma davor und überweisen Geld nur auf Umwegen. Werden aber aufgrund eines Formfehlers dennoch Querverbindungen zur Steueroase transparent, sind die Steuervorteile verloren. Findet der Prüfer dann noch Belege für regelmäßige Reisen in eine Steueroase (siehe oben), wird er hellwach.

Gründe für Sonderprüfungen

- **Bar-Einzahlungen:** Auch ohne bargeldlose Überweisungen können die aus dem Ausland herbeigeschafften Barbeträge bei Einzahlung auf deutsche Konten auffallen. Dies geschieht garantiert, wenn der Prüfer die Eingänge bemerkt und Sie deren Herkunft nicht unproblematisch erklären können.
- **Patent- und Rechte-Übertragungen:** In vielen Fällen wird zunächst im Inland ein Patent oder Recht (z. B. als Urheber) angemeldet. Sobald daraus Geld zu sprudeln beginnt bzw. der Wert von Recht oder Patent erkennbar wird, erfolgt eine Übertragung des Rechtes ins Ausland. Einfacher Grund ist, dass man seine Erträge nicht mit dem Fiskus im Hochsteuer-Deutschland teilen will. Erfolgt später aber Geldeingang wegen der Rechte- oder Patenterlöse, wären diese im Inland voll zu versteuern. Grund ist, dass durch die Patentübertragung stille Reserven aufgedeckt werden.

Aus den genannten Gründen funktioniert vor allem eine Idee von Steuerflüchtlingen nie, die mit dem Satz beginnt:

»Überweise mir doch einfach Honorare ins Ausland«. Es ist mit Sicherheit davon auszugehen, dass solche Zahlungen sofort zu Sonderprüfungen führen.

Eigene Unvorsicht führt zur Aufdeckung

Nur zehn Jahre nach dem in George Orwells Roman »1984« geschilderten Alptraum der allgegenwärtigen Überwachung hatten deutsche Finanzbehörden es tatsächlich geschafft, die Vision vom »Big Brother« Wirklichkeit werden zu lassen.

Kameras an der Grenze

In zahlreichen Fällen bekamen deutsche Steuerzahler deshalb Ärger, weil sie ihre Autos vor ausländischen Bankfilialen z. B. in Luxemburg geparkt hatten oder bei häufigen Grenzübertritten z. B. auf dem Weg von Österreich nach Liechtenstein gefilmt wurden.

Zum Teil sollen sich Fahnder wochenlang vor den ausländischen Tochterfirmen deutscher Großbanken auf die Lauer gelegt haben. Aber nicht nur die unvorsichtige Benutzung des eigenen Fahrzeugs hat manchen auffliegen lassen.

Einige Steuerzahler hatten sich auch den Plan ausgedacht, zwar dem Finanzamt ihren Umzug ins Ausland mitzuteilen, blieben aber als Eigentümer oder Mieter weiterhin in Deutschland gemeldet.

Progressionsvorbehalt

Dies aber führt dazu, dass die unbeschränkte Steuerpflicht in Deutschland weiter besteht. Trotz womöglich dicken Bankkontos auf den Bermudas müssen dann alle Erträge hier versteuert werden. Existiert zwischen den Staaten ein Doppelbesteuerungsabkommen, so sind die Einkünfte in Deutschland zwar womöglich steuerfrei. Aber es kann der so genannte Progressionsvorbehalt greifen. Dies bedeutet, dass die ausländischen Einkünfte die Höhe des inländischen Steuersatzes beeinflussen.

Sobald im Inland eine private oder berufliche Postadresse behalten wird, besteht ungeachtet aller Ab- oder Ummeldungen weiterhin volle Steuerpflicht.

Hat der Fiskus erst mal Verdacht geschöpft, wird er nachbohren. Ihm ist nachzuweisen, dass die Aufenthaltsdauer in Deutschland unter 183 Tage im Jahr beträgt. Gelingt dies nicht, kann der deutsche Fiskus die Einstufung als Steuerinländer vornehmen – und den Steuerzahler zur Kasse bitten. Ob man sich im Inland abgemeldet hat und/oder einen Wohnsitz im Ausland unterhält, ist dabei unwichtig.

Gar keine Lösung ist es, nur scheinbar auszuwandern und sich abzumelden, tatsächlich aber Haus oder Wohnung in Deutschland leer stehen zu lassen. Eigentumsverhältnisse werden über die Grundsteuer und Grundbücher transparent, leer stehende Wohnungen ziehen immer den Blick der Behörden magisch an, weil sich die Frage stellt nach:

- Einer eventuellen Zweckentfremdung von Wohnraum oder
- Einer eventuell fälligen Zweitwohnungssteuer

Selbst wenn man sich dann nur zweimal jährlich für jeweils vier bis sechs Wochen im Inland aufhält, bleibt man hier unbeschränkt steuerpflichtig. Beim nächsten Besuch könnte schon die Steuerfahndung warten. Sollte dies geschehen, fällt den Fahndern oft massenhaft Beweismaterial in die Hände, das sofort beschlagnahmt wird. Oft werden deshalb sämtliche Auslandsakten, insbesondere Kontoauszüge, in einem Schließfach gelagert.

Unvorsicht und Anzeigen von anderen liefern Steuerflüchtlinge ans Messer

Verräterische Lebenspartner

Auf die große Gefahr der anonymen Anzeigen durch andere hatten wir bereits ausführlich hingewiesen. Deshalb sollte man auch im Hinblick auf Auslandsanlagen immer bedenken: Wie zuverlässig ein Lebenspartner wirklich ist, wird sich erst im Fall einer Trennung zeigen. Bedenken Sie, dass die größten Erfolge deutscher Steuerfahnder auf der Niedertracht und der Rache ehemaliger Liebespartner basieren. Falls der andere dann auch noch exakt das Schweizer Depot benennen kann oder die Luxemburger Kontonummer des Schwarzgeld-Vermögens, ist nichts mehr zu retten.

Kontoübertragungen

Aber auch Kontoübertragungen auf andere können riskant sein. Werden ausländische Schwarzgeldkonten auf Kinder umgeschrieben, droht durch deren Unvorsicht und/oder deren verständliches Bestreben, an das Geld heranzukommen, große Entdeckungsgefahr. Eventuell kann da auf die frühere (bis 1996) bestehende Vermögensteuerpflicht zurückgegriffen werden.

Falls Sie vermögensteuerpflichtig waren oder eventuell auch rückwirkend werden, erfolgt eine Zusammenveranlagung mit Ihren Kindern und darüber hinaus auch anderen Haushaltszugehörigen.

Berücksichtigt werden muss auch, wie sich andere Personen bei Übertragungen oder Schenkungen dann später verhalten, wenn sie in Erklärungsnot für plötzlichen Wohlstand kommen. Oft gilt da die Devise, nach der das Hemd näher als die Hose sitzt.

Und schon mancher hat, um den eigenen Hals zu retten, schließlich alle Verbindungen auffliegen lassen und sogar eigene Eltern mit Auslandsvermögen auffliegen lassen.

Um keine Begehrlichkeiten zu wecken, die manchmal auch zu Erpressungen innerhalb der Familie führen können, verheimlichen viele Anleger das Auslandsvermögen auch und gerade vor den eigenen Kindern.

Typische Unvorsichtigkeiten im Umgang mit Auslandsfirmen

Tagung in Deutschland

Manchmal genügt es schon, wenn in Deutschland Geschäftsführersitzungen und/oder Gesellschafterversammlungen einer Auslandsfirma abgehalten werden, um alle Konstruktionen zum Einsturz zu bringen.

Findet nämlich ein Betriebsprüfer in der Stammfirma Protokolle der Auslandsfirma, bleiben die Steuervorteile der Auslandsfirma versagt.

Die Geschäftsleitung muss nachweislich im Ausland aktiv sein. Außerdem ist Folgendes zu beachten:

- Unternehmen müssen im Ausland eine eigene Geschäftstätigkeit entwickeln.
- Die reine Postanschrift einer Firma reicht nicht aus.
- Es müssen zwingend auch geschäftliche Aktivitäten erkennbar sein mit im Ausland ansässigen und tätigen Geschäftsführern, Angestellten usw.
- Die Geschäftsführersitzung muss ebenfalls im jeweiligen Steuerparadies stattfinden.

Sind diese Voraussetzungen nicht erfüllt, können die Vorteile aus dem eventuell vorhandenen Doppelbesteuerungsabkommen nicht beansprucht werden. Falls nur Gewinnsegmente durch vorgeschaltete Basisgesellschaften ins Ausland verlagert werden, wird missbräuchliche Gestaltung (i. S. § 42 AO) unterstellt.

Missbräuchliche Gestaltung

Dasselbe geschieht, wenn zwischen In- und Auslandsfirma fleißig Beträge hin- und hergeschoben werden und über diese Leistungen keine schriftlichen Verträge und Vereinbarungen existieren, wie sie unter fremden Firmen üblich wären (Fremdvergleich). Die Steuervorteile wären verloren, weil der Betriebsprüfer Scheingeschäfte annehmen würde.

Zu beachten ist außerdem immer die so genannte »Zugriffsbesteuerung« (nach § 7 Außensteuergesetz). Diese Vorschrift greift automatisch, wenn die ausländische Gesellschaft einer niedrigeren Steuerbelastung als 30 Porzent unterliegt, mehr als 50 Prozent deutsche Anteile und Stimmrechte vorliegen und so genannte passive Einkünfte erzielt werden, denen keine wirtschaftliche Aktivität entgegensteht. Als passive Einkünfte gelten z. B. Erlöse aus:

- Patentverwertung
- Lizenzen
- Vermietung und Verpachtung

In diesen Fällen müsste jede Dividende ganz normal versteuert werden. Dabei spielt es keine Rolle, ob die von der ausländischen Firma erwirtschafteten Gewinne ausgeschüttet werden oder in der Firma verbleiben.

Auslandsfirmen werden vom Bundesamt für Finanzen registriert

Oftmals werden Auslandsfirmen zwar über vorgeschaltete Treuhänder gegründet, um die tatsächlichen Firmeninhaber im Hintergrund zu halten. Doch das Bundesamt für Finanzen sammelt alle Daten über schon registrierte Briefkastengesellschaften. Und ein Steuerbürger ist gesetzlich verpflichtet, dem Finanzamt die Firmenstruktur seines ausländischen Geschäftspartners offen zu legen.

Ausländische Zahlungsempfänger sind dem Finanzamt zu erklären und zu erläutern. Unterbleibt dies, ist der Betriebsausgabenabzug bei der deutschen Firma ernsthaft gefährdet.

Zwischenstaatliche Kontrollmechanismen sind ebenfalls nicht zu unterschätzen. Sie funktionieren immer besser, insbesondere zwischen europäischen Staaten. Die Wahrscheinlichkeit, dass Auslandskonten und/oder Auslandsvermögen vom Fiskus entdeckt werden, schwindet erst mit zunehmender Entfernung vom Heimatstaat Deutschland. Die Bahamas sind also sicherer als Luxemburg oder Liechtenstein.

Internationale Kooperation zwischen Steuerbehörden

Fiskalische Zusammenarbeit

Schon lange hat der Bundesrechnungshof die deutsche Finanzverwaltung dazu aufgefordert, zwischenstaatliche Kontrollmöglichkeiten weitaus stärker zu nutzen als bisher. Zum Teil werden jährlich:

- Nur etwa 200 internationale Kontrollmitteilungen zwischen Deutschland und dem Ausland ausgetauscht
- Nur etwa 150 Auskünfte von deutschen Finanzbehörden an andere Staaten erteilt
- Nur rund 100 Auskunftsersuchen anderer Staaten von deutschen Finanzbehörden beantwortet

Aber die zwischenstaatliche fiskalische Zusammenarbeit entwickelt sich nur zögernd. Bisher gibt es eine gut funktionierende Kooperation deutscher Finanzbehörden praktisch nur mit Frankreich, den Niederlanden, Österreich, den skandinavischen Ländern und den USA. Praktisch keine Zusammenarbeit gibt es mit:

- Andorra
- Gibraltar
- Kanalinseln
- Liechtenstein
- Monaco
- der Schweiz

Erschwerend kommt für den deutschen Fiskus hinzu, dass die Zusammenarbeit mit diesem Ländern ihm allein auch nur wenig helfen würde. Denn ungeachtet einer möglichen Kooperation der Behörden wäre in den letztgenannten Ländern auch noch das staatliche geregelte Bankgeheimnis zu umschiffen.

Anders ist es, wenn aus dem Ausland Nachfragen kommen, die das deutsche Bankgeheimnis berühren. Es ist damit zu rechnen, dass den ausländischen Behörden die entsprechenden Informationen erteilt werden. Denn das deutsche Bankgeheimnis hat nicht annähernd den Stellenwert wie das in Österreich oder Luxemburg. In Deutschland sind die Banken oft zur Auskunft verpflichtet, z. B. in Steuerstrafverfahren oder sonstigen strafrechtlichen Vergehen.

Deutsches Bankgeheimnis

Kontrollmitteilungen zwischen Staaten mit Doppelbesteuerungsabkommen

Etwas anders verhält es sich bei Spontanauskünften. Grundlage für den damit erfolgenden regen Informationsaustausch sind die Doppelbesteuerungsabkommen, die eine zweifache Abgabenbelastung bei Auslandseinkommen bzw. Auslandsvermögen vermeiden sollen.

Sind in dem jeweiligen Doppelbesteuerungsabkommen nennenswerte Amtshilfeklauseln enthalten, ist eine zwischenstaatliche Kooperation möglich. Solche Spontanauskünfte in Form von zwischenstaatlichen Kontrollmitteilungen dürfen jedoch nur erfolgen, wenn es ernsthafte Anhaltspunkte dafür gibt, dass Steuerumgehungen bzw. sonstige steuerli-

Amtshilfeklauseln

che Missbrauchstatbestände vorliegen. Diese Anhaltspunkte jedoch sind schon gegeben, wenn die Vermutung besteht, dass die Steuern des Empfängerlandes verkürzt werden oder indirekte Steuern eines EU-Mitgliedsstaates unzutreffend erhoben wurden oder werden könnten.

Routineauskünfte

In Form von Routineauskünften erfolgt ebenfalls ein regelmäßiger gegenseitiger Datenaustausch zwischen den Ländern, wobei laut deutschem Außenhandelsgesetz folgende Fälle überprüft werden:

- Lieferung von neuen Fahrzeugen im innergemeinschaftlichen Warenverkehr
- Steuerentlastungsverfahren von Steuerausländern von inländischen Einkünften
- Überlassung von Arbeitnehmern
- Vorsteuervergütungsverfahren

Es gibt keinen zügellosen Datenaustausch

Nun sind der grenzüberschreitenden Zusammenarbeit zwischen den Behörden durch das deutsche Steuergeheimnis aber auch noch Riegel vorgeschoben.

Bevor Auskünfte über einen Steuerinländer an das Ausland weitergegeben werden, erhält dieser in jedem Fall rechtliches Gehör.

Wirtschaftlicher Schaden

Wichtig: Der Steuerzahler wird über die Auskünfte informiert, damit hinter seinem Rücken nichts passiert, was ihm wirtschaftlich schaden könnte.

Auch bei Spontanauskünften (internationale Kontrollmitteilungen) müssen die rechtlichen Interessen des Steuerinländers gewahrt bleiben. Von diesen Regelungen gibt es aber Ausnahmen:

- Bei allgemein zugänglichem Datenmaterial, das an eine ausländische Behörde weitergegeben wird, kann durch die Übermittlung das Steuergeheimnis nicht verletzt werden. Deshalb entfällt die vorherige Anhörung.

- Die vorherige Benachrichtigung des Betroffenen entfällt auch bei Ermittlungen der Steuerfahndung, um die Ermittlungen nicht zu gefährden.
- Mit der EU-Amtshilferichtlinie etablierten sich sowohl Auskunftsverbote als auch einige Auskunftsverweigerungsmöglichkeiten. Danach nämlich darf kein Staat einer ausländischen Behörde Auskünfte erteilen, wenn diese Auskünfte nicht nach der inländischen Gesetzgebung zulässig sind.

Wie schon erwähnt, können auch Auskünfte erteilt werden, die man selbst durch das Bankgeheimnis geschützt glaubt. Aber das Finanzamt ist oft gar nicht auf die zwischenstaatlichen Amtshilfeabkommen angewiesen.

Finden sich im Veranlagungsverfahren oder bei einer Außenprüfung Bankbelege, die auf eine ausländische Bankverbindung hinweisen, so muss der Steuerpflichtige den ausländischen Sachverhalt aufklären.

Mitwirkungspflicht

Lehnt der Steuerpflichtige die Mitwirkung ab, erfolgt eine Schätzung der Besteuerungsgrundlagen seitens der Finanzverwaltung. Dies führt meist zu einer weitaus höheren Steuerbelastung, als sie nach den tatsächlichen Verhältnissen zu begründen wäre.

Echten Gebrauch vom Auskunftsverweigerungsrecht kann lediglich ein Staat gegenüber einem anderen machen. Dies ist vor allem möglich, wenn:

Auskunftsverweigerungsrecht

- Im Hinblick auf die weiterzugebenden Informationen die Geheimhaltungspflicht voraussichtlich nicht erfüllt wird
- Zunächst nicht alle innerstaatlichen Möglichkeiten ausgeschöpft wurden, die betreffenden Auskünfte zu erlangen, also eine Verletzung des Subsidiaritätsprinzips vorliegt
- Die Auskunftserteilung nicht nach dem Gegenseitigkeitsprinzip erfolgt, also Routineauskünfte nur von einem Staat, nicht aber vom anderen erteilt werden, wie das z. B. zwischen Deutschland und Österreich der Fall ist.

Im Zweifelsfall jedoch sollte sich der Steuerzahler nicht darauf verlassen, dass – aus welchen Gründen auch immer – in seinem Fall keine Auskünfte weitergegeben werden. Denn schließlich spielen Auskünfte sowieso nur eine eher untergeordnete Rolle.

So spürt die Steuerfahndung Auslandsvermögen auf

Wie schon erwähnt, trägt zunächst ein deutscher Steuerpflichtiger gegenüber der Finanzverwaltung die volle Beweis- und Aufklärungspflicht. Erst wenn er dieser Pflicht nicht nachkommt, kann ein Amtshilfeersuchen an ausländische Staaten gestellt werden. Ehe jedoch deutsche Behörden in dem anderen Staat ermitteln dürfen, muss aber die ausdrückliche Zustimmung des jeweiligen Staates vorliegen. Nun ist allerdings die Findigkeit der deutschen Fahnder nicht zu unterschätzen. Denn oftmals müssen weder Dienstreisen beantragt noch ausländischer Boden betreten werden, um aus der Vermutung einen Verdacht werden zu lassen. Denn

Häuser und Boote im Ausland

im Rahmen so genannter Vorfeldermittlungen prüfen die Steuerfahnder anhand von Tageszeitungsanzeigen vor allem Vermietungs- und/oder Verkaufsanzeigen für ausländische Ferienhäuser oder Schiffe (Sportboote) mit ausländischen Liegeplätzen, bei denen im Zusammenhang mit der jeweiligen Anzeige eine deutsche Telefonnummer angegeben ist.

Bei solchen Ermittlungen rettet es einen Steuerpflichtigen nicht, wenn er eine Anzeige lediglich unter Chiffrenummer erscheinen lässt.

Denn das Chiffregeheimnis ist für die Steuerfahndung praktisch nicht existent. Für Steuerfahndungs-Ermittlungen gibt

Kein Datenschutz

es schließlich nahezu keinen Datenschutz, wenn es sich um einen konkreten Verdachtsfall handelt.

- Als bundesweite Hilfsinstitution für die einzelnen Steuerfahndungsstellen fungiert die Informationszentrale für den Steuerfahndungsdienst (IZ-Steufa) beim Finanzamt Wiesbaden II. Hier werden Steuerfahndungsfälle mit bedeutender oder überregionaler Bedeutung erfasst. Dazu gehören alle Daten sämtlicher steuerstrafrechtlichen Ermittlungsverfahren der Strafsachenstellen, die dann auf Anforderung an die jeweilige Steuerfahndungsstelle weitergegeben werden.

- Die Informationszentrale Ausland (IZA) beim Bundesamt für Finanzen in Bonn fasst alle Daten über Auslandssachverhalte zusammen, die die beteiligten Finanzbehörden für eine Zusammenarbeit benötigen. Dabei richtet sich das Hauptaugenmerk darauf, Erkenntnisse über aktuelle Verschleierungstaktiken der Oasenländer zu gewinnen (Stiftungen, Trusts, zwischengeschaltete Treuhänder etc.).

Langwierige Amtshilfe

Ein Trost für Steuerhinterzieher könnte zwar sein, dass sich die Amtshilfe zwischen den einzelnen Staaten als langwierig, kompliziert und schwerfällig erweist. Formfehler sind daher auch an der Tagesordnung. Und hiergegen kann der Betroffene verschiedene Rechtsmittel einlegen.

TIPP: Deutsche Steuerpflichtige können sich mit einer Unterlassungsklage vor dem Finanzgericht gegen Auskunftsersuchen an das Ausland wehren – gegebenenfalls bei Spontanauskünften auch mit einer einstweiligen Anordnung.

Diese Rechtsmittel müssen jedoch begründet werden. Konkret bedeutet dies, dass der Betroffene durch die Ermittlungsmaßnahmen Nachteile erleiden (beschwert sein) muss. Dies kann z. B. gegeben sein:

- Bei Verletzung des Datenschutzes
- Bei durch Verletzung des Steuergeheimnisses eintretendem schwerem wirtschaftlichen Schaden

Aber bei genauer Betrachtung erweisen sich alle Rechtsmittel als eher stumpfes Schwert in der Hand des Steuerzahlers. Denn im Zweifelsfall wird der Staat seinen Schaden durch Steuerhinterziehung immer größer und schwerwiegender einstufen als die Nachteile des Bürgers.

Und so ist zu befürchten, dass z. B. folgende Ansatzpunkte von deutschen Steuerfahndern im Ausland genutzt werden:

- Sie nehmen Einsicht in ausländische Grundbücher. Diese Vorgehensweise ist zur Zeit in Spanien sehr beliebt. Dabei wird geprüft, ob deutsche Immobilienbesitzer ihre ausländischen Einnahmen bzw. ihr ausländisches Vermögen versteuert haben.

Findige deutsche Fahnder

- Die Fahnder lassen sich auch Namenslisten von Maklern zeigen, aus denen Kauf und Verkauf hervorgehen.
- Deutsche Steuerfahnder schreiben sich die deutschen Namen der in ausländischen Häfen liegenden Jachten auf.
- Außerdem prüfen sie die Versteuerung des regulär gemeldeten Auslandsvermögens insbesondere unter dem Gesichtspunkt, ob das Vermögen mit Schwarzgeld erworben wurde.

Kapitalflucht ins Ausland – nicht nur die Steuersätze sind wichtig

Einerseits die im internationalen Vergleich hohen deutschen Steuersätze, andererseits auch die in Deutschland doppelte Besteuerung (zunächst des Einkommens, später dann auf die mit bereits versteuertem Einkommen erzielten Kapitalerträge) haben schon immer für einen besonderen Reiz von Auslandsanlagen gesorgt. Spätestens seit Einführung von 30-prozentiger Zinsabschlagsteuer und Solidaritätszuschlag hat die Faszination von Steuerparadiesen auch viele Normalverdiener gepackt.

Nun bringt es aber rein gar nichts, sein Geld nur irgendwo im Ausland anzulegen. Denn leicht könnte der deutsche Fiskus Wind davon bekommen und nach den Vorschriften des Außensteuergesetzes (AStG) die Hand aufhalten:

Außensteuergesetz

- Wer im Ausland Einkünfte erzielt, muss diese versteuern, wobei Einzelheiten von Anlageland und Anlageform abhängig sind.
- Zusätzlich regeln bilaterale Abkommen die Besteuerung der Einkünfte in den jeweiligen Ländern, wenn die jeweilige Person nicht in dem Land wohnt, in dem sie Einkünfte erzielt.

- Wer den Hauptwohnsitz im Inland behält und Einkünfte aus dem Ausland bezieht, (z. B. Zinsen, Dividenden, Vermietungseinkünfte), bleibt ungeachtet der Herkunft dieser Einkünfte in Deutschland unbeschränkt steuerpflichtig.
- Eine kleinere Erleichterung stellen lediglich die so genannten Doppelbesteuerungsabkommen (DBA) dar, mit denen vermieden werden soll, dass in beiden Staaten alle Einkünfte voll besteuert werden.

Die Einkünfte sind in Deutschland voll steuerpflichtig, wenn kein Doppelbesteuerungsabkommen besteht. Allerdings können die auf die ausländischen Einkünfte gezahlten ausländischen Steuern im Inland entweder vom Gesamtbetrag der Einkünfte abgezogen oder auf die deutsche Einkommensteuer angerechnet werden.

Ausländische Steuern sind abzugsfähig

Vor diesem Hintergrund wird klar, warum sich nicht jedes Land für die geheimen Anlagen eignen kann. Außerdem sind bei den »Oasen fürs Geld« folgende Unterscheidungen zu treffen:

- Oft handelt es sich um kleine Länder, die wirtschaftlich und politisch schwach sind.
- Davon deutlich abzugrenzen sind allerdings ökonomisch und politisch stabile Steueroasen wie Luxemburg, Liechtenstein, die Schweiz, Monaco etc.
- Allen Ländern gemeinsam ist aber, dass sie mit niedrigen Einkommen- und Körperschaftsteuersätzen locken, einige können sogar ohne Veranlagungsteuern existieren und finanzieren sich nur durch Kommunalsteuern oder (wie in Monaco) durch Spielbankeinnahmen.

TIPP: Bei der Auswahl einer Steueroase sollten jedoch nicht nur die Steuersätze betrachtet werden. Ebenso wichtig ist, dass der gewählte Parkplatz fürs Vermögen nicht zu weit vom Hauptwohnsitz oder Hauptgeschäftsgebiet entfernt ist, also mühelos und schnell erreicht werden kann und wirtschaftlich-politische Stabilität herrscht.

Die ideale Steueroase ist kaum zu finden

Viele Anleger achten außerdem darauf, dass ihre Steueroase Einwanderungsmöglichkeiten ohne umständliche Formalitäten bietet, schnelle und leichte Firmengründungen ermöglicht und niedrige Lebenshaltungskosten bei hoher Lebensqualität garantiert. Aber diese Aufzählung macht bereits die Schwierigkeit deutlich, alle genannten Kriterien in einer Steueroase vereint zu finden.

- Natürlich ist die Versuchung groß, sich der Banken in den der Bundesrepublik geographisch nahe liegenden Ländern wie Luxemburg, Liechtenstein und Österreich zu bedienen. Zumal man seinen Geschäften dort meist in seiner Muttersprache nachgehen kann, weil es sich bei den jeweiligen Banken oft sogar um Tochterfirmen deutscher Geldinstitute handelt. Aber die schon beschriebenen Ermittlungen der deutschen Steuerfahndung bei Banken haben eben viele solcher nahe liegenden Oasen im Nachhinein als untauglich gekennzeichnet.

Depot in fernen Ländern

- Wasserdicher wird die Sache dagegen, wenn ein Depot in viel weiter entfernten Ländern gewählt wird, etwa auf den Bahamas oder Bermudas. Auch schon, weil dorthin kein zwischenstaatlicher Informationsaustausch funktioniert. In der schwierigeren Erreichbarkeit des Gelddepots liegt allerdings ein besonderer Nachteil.

Politische Risiken und Probleme bei Vermögensübertragungen

Abgesehen von der schlechten Erreichbarkeit und der nicht erwünschten Kooperation zwischen den Steuerbehörden gibt es weitere negative Aspekte bei Auslandsanlagen. Hier sind vor allem zu betrachten die:

- Politische und wirtschaftliche Unsicherheit der gewählten Oase
- Der Verlust des Auslandsvermögens in einem Todesfall

Denn bei in Deutschland eröffneten Testamenten sind Notare, Banken und Gerichte gegenüber den Finanzbehörden auskunftspflichtig. So kann nicht versteuertes Vermögen nach einem Todesfall sowohl im Inland als auch im Ausland ans Tageslicht kommen und die Neugier der Beamten der Erbschaftsteuerstelle wecken.

- Oft wird deshalb auf solche Vermögen nur in gesonderten privatschriftlichen Verfügungen eingegangen.
- Erben müssen dann aber schon zu Lebzeiten in alle Details der Anlage eingeweiht werden, weil sie z. B. bei Codewort- oder Nummernkonten sonst kaum an das Vermögen herankommen.
- Besteht eine Stiftung oder Gesellschaft in einem Steuerparadies, wird der Treuhänder meist aus demselben Grund schon zu Lebzeiten darüber informiert, welche Erben zu berücksichtigen sind.

Todesfall

In weit entfernten Steueroasen, die politisch und ökonomisch instabiler als die westeuropäischen Länder sind, gehen Anleger und Erben außerdem wirtschaftliche Risiken ein. Dies trifft z. B. auf viele karibische Staaten zu. Zwar bleibt dort in jedem Fall die Anonymität des Vermögens und Anlegers gewahrt. Was aber nützt dies, wenn die Bank Konkurs anmeldet, bei der das Depot verwaltet wurde, und darüber hinaus 20 Stunden Flugreise erforderlich sind, um an das Geld zu kommen? Folgende Gefahren drohen:

Mangelhafte Einlagensicherung

- Bankguthaben in exotischen Ländern sind oft nicht durch ausreichende Einlagensicherungen gedeckt. Bei Kapitalanlagen in solchen Ecken der Welt streuen viele Anleger zur Risikominimierung mittlerweile ihr Kapital auf mehrere Kreditinstitute.
- Weil den Behörden der Oasenländer hinreichend bekannt ist, dass ihre Staaten häufig als Geldwaschsalon missbraucht werden, ist eine plötzliche Lockerung oder Aufhebung des Bankgeheimnisses oder eine Änderung der Steuergesetze zur Deckung von Staatsdefiziten praktisch jederzeit möglich. Das kann auch bei bereits erfolgten Anlagen plötzlich brisant werden.
- Durch weltwirtschaftliche Auswirkungen oder aus innenpolitischen Gründen können Guthaben in Ländern, die nicht den Euro als Zahlungsmittel kennen oder ihre

Währung daran gekoppelt haben, plötzlich unter erheblichen Abwertungsdruck geraten. Vor allem dann, wenn das Schwarzgeld überwiegend für das Leben im Euro-Land gedacht war, hätte der Anleger deutliche Verluste zu tragen.

Fluchtpunkte in Europa von A bis Z

Vor diesem Hintergrund sollten die Vor- und Nachteile von Oasen-Ländern genau gegeneinander abgewogen werden. Es kann ratsam sein, geringere Vorteile z. B. durch Anlagen innerhalb Europas bewusst hinzunehmen, dafür aber Risiken in exotischen Ländern zu vermeiden. Der besseren Übersicht wegen haben wir bei der folgenden Beschreibung von Geldparkplätzen deshalb eine Grobeinteilung nach der politischen und wirtschaftlichen Sicherheit vorgenommen.

Andorra

Wird als attraktiv eingeschätzt

Von Barcelona ist der Zwergstaat in den Pyrenäen zwischen Frankreich und Spanien mit dem Auto in etwa vier Stunden erreichbar. Auch fliegen von Barcelona aus regelmäßig kleine private Gesellschaften das Steuerparadies an. Gegen Andorra spricht eigentlich nur, dass man den Umweg über Barcelona immer in Kauf nehmen muss, weil es keinen internationalen Flughafen gibt. Andorra verzichtet völlig auf die Erhebung von direkten Abgaben wie Einkommen-, Vermögen-, Erbschaft- und Schenkungsteuer, was den Fluchtpunkt äußerst attraktiv gestaltet. Zudem wird keine Mindestaufenthaltsdauer gefordert (wie z. B. von 183 Tagen in Monaco). Das Bankgeheimnis ist streng geschützt, deutsche Steuerfahnder haben keine Ermittlungsmöglichkeiten. Kontrollen an den Grenzen wurden bisher noch nicht vorgenommen.

Campione

Politisch zählt das knapp zwei Quadratkilometer große Fischerstädtchen zu Italien (italienische Enklave in der Schweiz), zoll- und währungspolitisch jedoch zur Schweiz. Anleger profitieren deshalb hier in vollem Umfang vom Schweizer Bankgeheimnis. Umgeben von schweizerischem Hoheitsgebiet, liegt Campione etwa fünf Kilometer von Lugano entfernt. Das zwischen Deutschland und Italien bestehende Doppelbesteuerungsabkommen (DBA) wird von Deutschland für Campione nicht angewendet, da der Ort bei der deutschen Finanzverwaltung als Steueroase gilt. Mangels eines Hilfeabkommens zwischen Italien und der Schweiz können auch keine weiteren zwischenstaatlichen Überprüfungen vorgenommen werden. Aufgrund der schnellen Erreichbarkeit und der leichten Wohnsitznahme für EU-Bürger wird Campione oft als empfehlenswertes Steuerparadies genannt. Insider schätzen die Gründung einer Domizilgesellschaft in der Schweiz, die von Campione aus verwaltet wird. Zwar gibt es in Campione eigentlich keinen Nullsteuersatz – aber wegen der eher nachlässigen Arbeitsweise italienischer Finanzämter haben sich viele Anleger selbst den Nullsteuersatz gewährt und bleiben damit unentdeckt. Denn es gibt kein einheitliches Steuersystem und keine Sanktionen, folglich wird die Abgabe der Steuererklärungen nicht kontrolliert. Auch die Inhalte von Steuererklärungen wurden bisher nicht überprüft. Mehrwertsteuer oder Kommunalabgaben sind in Campione unbekannt.

Gilt als empfehlenswert

Gibraltar

Die Südspitze der iberischen Halbinsel wird als Steuerparadies zunehmend bekannter und beliebter. Gründe dafür sind wohl auch, dass sich dort immer mehr Töchter internationaler Großbanken niederlassen, die als Mindestkapitalanlage schon Beträge ab 100.000 DM akzeptieren. Ab einer Anlage von etwa 500.000 DM wird von den dortigen Instituten eine komplette Vermögensverwaltung angeboten.

Als besondere Vorteile von Anlagen in Gibraltar schätzen viele Steuerflüchtlinge das dort geltende, angelsächsische Bankenrecht, das intakte Rechtssystem, die politische Stabilität als EU-Staat, die nicht vorhandenen Kapitalverkehrskontrollen und die günstige geographische Lage.

Angelsächsisches Bankenrecht

Briefkastenfirmen können leicht und schnell schon mit einem Einsatz von rund 6.000 DM gegründet werden. Es existiert kein Doppelbesteuerungsabkommen mit anderen Staaten, dafür jedoch ein hervorragendes Bankgeheimnis. Auskünfte an ausländische Behörden werden nur auf Anordnung eines einheimischen Gerichtes erteilt – was aber höchst selten geschieht. Nur bei einer Wohnsitznahme zahlen Steuerinländer maximal umgerechnet 50.000 DM Einkommensteuer, allerdings beginnt die Steuerpflicht erst ab 100.000 DM Einkommen.

- Die Schenkung- und Erbschaftsteuer beträgt maximal 25 Prozent.
- Gibraltar erhebt keine Zinsabschlagsteuer.
- Eine Erbschaftsteuer für Aktien und festverzinsliche Wertpapiere ist unbekannt.

Strenge Geldwäscheregelung

Strengstens eingehalten wird jedoch die Geldwäscheregelung der EU. Bei Kontoeröffnung müssen sich Ausländer legitimieren und die Herkunft des Geldes offen legen. Dabei empfiehlt sich die Vorlage geeigneter Belege, um dem Verdacht eines Geldwäschegeschäftes (Drogen-, Mafiagelder) zu entgehen.

Isle of Man und andere Kanalinseln

Zwischen Englands Südküste und Frankreichs Nordküste liegen die englischen Kanalinseln, zu denen auch Jersey, Guernsey, Alderney, Sark und Herm gehören. Sie profitieren zwar von der außenpolitischen Schirmherrschaft Englands, sind jedoch politisch unabhängig und von Deutschland aus schnell erreichbar. Ein gesetzlich geschütztes Bankgeheimnis gibt es zwar nicht. Die Schweigepflicht der Banken kann jedoch nur aufgrund einer richterlichen Anordnung und auch nur begrenzt durchbrochen werden. Wegen Fiskaldelikten wird nicht ausgeliefert. Es besteht kein DBA mit Deutschland.

- Natürliche Personen und auf den Inseln geschäftlich aktive oder von dort verwaltete Gesellschaften unterliegen einer 20-prozentigen Einkommen- bzw. Körperschaftsteuer.

- Dort registrierte Gesellschaften, die von außerhalb der Inseln verwaltet werden und dort auch nicht geschäftlich aktiv sind, werden mit einer Pauschalsteuer von jährlich 500 Pfund belastet.
- Nichtansässige zahlen für ihre Dividenden der auf den Inseln registrierten Companies 20 Prozent Quellensteuer, die jedoch mit der von der Gesellschaft zu zahlenden Steuer verrechnet werden kann.
- Es existieren keine Kapitalertrag-, Erbschaft- und Schenkungsteuern.
- Die Wohnsitznahme ist – abgesehen von der Insel Jersey – relativ leicht, jedoch aufgrund der 20-prozentigen Einkommensteuer und der hohen Wohnkosten kaum empfehlenswert. Die Kanalinseln eigenen sich jedoch hervorragend zur Gründung von Vermögenstrusts, mit denen sich Steuerspareffekte erzielen lassen, wenn die Trustgründer gleichzeitig auch die Begünstigten sind. Diese Möglichkeit wird von international tätigen Banken bevorzugt. Die Trustgründungen kosten ca. 10.500 DM und die Trustverwaltung nochmals jährlich ca. 3.300 DM.

Trustgründung

Aber Achtung: Solche ausländischen Vermögenstrusts bzw. steuerpauschalierten Oasenfirmen sind deutschen Finanzbeamten immer ein Dorn im Auge. Es wird verlangt, dass die jeweilige Firmenkonstruktion im Rahmen der Auskunfts- und Mitwirkungspflichten des betroffenen Steuerpflichtigen transparent gemacht werden muss.

Kanarische Inseln

Auf der politisch und wirtschaftlich zu Spanien gehörenden Inselgruppe vor der nordafrikanischen Westküste gilt seit 1994 eine steuerfreie Zone (Zona Especial Canarias ZEC). Die ZEC-Gesellschaften unterliegen lediglich einem Körperschaftsteuersatz von 1 Prozent. Gesellschaften ohne Geschäftstätigkeit auf spanischem Staatsgebiet genießen ansonsten Steuerfreiheit.

Tückisch sind jedoch die vielen formalen und materiellen Voraussetzungen. Wenn nur eine nicht erfüllt werden kann, kippt das Steuermodell. Da noch günstigere Gesetzesänderungen im Gespräch sind, bleibt abzuwarten, ob das Modell Änderungen bezüglich der vielfältigen Voraussetzungen erhält.

ZEC-Gesellschaft

Bei der Gründung einer ZEC-Gesellschaft fallen keine Gründungsteuern an, die Gesellschafter dürfen nur mit Nichtresidenten ohne Betriebsstätte in Spanien geschäftliche Beziehungen unterhalten. Allerdings muss die tatsächliche Geschäftsführung auf den Kanarischen Inseln stattfinden. Zu beachten ist, dass weder Niederlassungen, Zweigstellen oder Repräsentanzen auf dem spanischem Festland vorhanden sein dürfen.

Gegründet werden kann auch eine Einmann-Gesellschaft, mindestens einer der gesetzlichen Vertreter muss jedoch seinen Wohnsitz auf den Kanarischen Inseln haben. Das Gründungskapital beträgt mindestens eine Million Spanische Pesetas und ist sofort in voller Höhe einzuzahlen.

Liechtenstein

Als Steueroase ist das Fürstentum Liechtenstein zwischen Österreich und der Schweiz vor allem wegen der leichten Erreichbarkeit und deshalb beliebt, weil das Bankgeheimnis sogar dann noch gilt, wenn der Kunde das Institut von der Schweigepflicht entbindet. Mit der Schweiz ist Liechtenstein zwar durch eine Zoll- und Währungsunion verbunden. Die Bank ist gegenüber den Finanzbehörden aber nur bei einem Strafprozess wegen des Verdachts der Steuerhinterziehung auskunftspflichtig. Und es wird keine Rechtshilfe für ausländische Behörden geleistet. Insofern werden auch Anfragen von Finanzbeamten, Steuerfahndern oder Staatsanwälten ignoriert. Wegen Fiskaldelikten wird nicht ausgeliefert. Es gibt kein DBA mit Deutschland, nur mit Österreich. Das Abkommen findet aber auf eine reine Oasengesellschaft keine Anwendung.

Keine Rechtshilfe für andere Staaten

Angesichts dessen bietet Liechtenstein den idealen Nährboden für Oasenfirmen, von denen es mehr gibt, als das Land Einwohner hat. Was aber auch nicht verwunderlich ist, denn die Wohnsitznahme in Liechtenstein ist fast unmöglich, ebenso ist kaum ein Daueraufenthaltsrecht zu bekommen. Wer jedoch nur ein Bankkonto eröffnen will, hat es einfach: Er muss sich per Personalausweis legitimieren und die legale Herkunft des Geldes (ab 100.000 Schweizer Franken) nachweisen können. Sämtliche Unterlagen können risikolos im Schließfach aufbewahrt werden. Allerdings sollten spätere Erben informiert werden, damit der Inhalt nicht irgendwann herrenlos wird.

Schließfach

Üblich ist es, eine der zahlreichen Oasen-Firmenkonstruktionen und die diesbezüglichen Konten von einem Treuhänder mit Liechtensteiner Staatsangehörigkeit einrichten und abwickeln zu lassen.

Je nach persönlicher Situation kann dies als »Anstalt«, »Treuunternehmen« (Trust), als Aktiengesellschaft oder als Stiftung geschehen.

TIPP: Für Geschäfte mit dem Ausland ist die Aktiengesellschaft die günstigste Unternehmensform, während für reine Vermögens- und Depotverwaltungen Trusts oder Stiftungen vorzuziehen sind.

Der Treuhänder übernimmt zwar Aufsichtsratsfunktion, die eigentliche Geschäftspolitik bestimmt jedoch der wirtschaftliche Eigentümer. Die Anonymität wird in jedem Fall gewahrt, insbesondere auch, weil im Falle einer Stiftungsgründung die Stiftungseigner für die Depotbank nicht transparent werden.

- Für natürliche Personen fallen im Fürstentum Liechtenstein etwa 18 Prozent Einkommensteuer und 0,9 Prozent Vermögensteuer an.
- Nicht in Liechtenstein beschäftigte, jedoch dort wohnende Ausländer zahlen eine pauschale Einkommensteuer von 12 Prozent auf ein fiktives Einkommen, das einfach mit dem fünffachen Mietwert eines Wohnhauses angesetzt wird.

- Stiftungen, Anstalten und Trusts, die als Sitzunternehmen definiert werden können (Sitz in Liechtenstein ohne weitere wirtschaftliche Aktivität), zahlen weder Erwerb-, Ertrag- noch Vermögensteuern. Sie müssen nur auf das eingezahlte Kapital und das in der Gesellschaft befindliche Vermögen eine Steuer von ein Promille zahlen.

Luxemburg

Das kleine Großherzogtum zwischen Deutschland, Frankreich und Belgien hat wegen der Vielzahl der Kontrollmitteilungen, durch die Bankdepots bei den Tochterfirmen deutscher Geldinstitute transparent geworden sind, stark an Attraktivität für deutsche Anleger verloren. Dennoch aber verfügt Luxemburg über ein hervorragendes Bankgeheimnis, dessen Verletzung (z. B. durch Bankangestellte) sogar strafrechtlich verfolgt wird.

Auskunftspflicht

Handelt es sich jedoch um große Einlagen und Kreditengagements bei Luxemburger Banken, so sind Luxemburger Bankenprüfer befugt, dies auch ausländischen Ämtern mitzuteilen. Insofern ist die Auskunftspflicht für die Bankangestellten nicht eindeutig geregelt, was für den Anleger äußerst nachteilig werden könnte. Allerdings wird in simplen Steuerhinterziehungsdelikten den ausländischen Finanzbeamten die Auskunft verweigert.

Bei Einleitung eines Steuerstrafverfahrens kann jedoch Auskunft an deutsche Finanzbehörden erteilt werden.

Rechtshilfe bei Auskunftsersuchen deutscher Finanzbehörden wird aber nur bei Steuerstraftaten geleistet, die auch in Luxemburg Straftaten darstellen. Es muss sich zudem um gravierende Hinterziehungsfälle handeln, bei denen systematisch bestimmte Straftaten begangen wurden, z. B. Unterschriftsfälschungen, Unterschlagungen usw. Meistens werden erst Straftaten ab 500.000 DM verfolgt, auf dieses Limit ist jedoch kein Verlass.

Es gibt ein Doppelbesteuerungsabkommen zwischen Deutschland und Luxemburg. Allerdings verpflichtet dies die Luxemburger Finanzbehörden nicht, deutschen Steuerfahndern Rechtshilfe zu leisten.

- Alle von Ausländern in Luxemburg mit Kapitalkonten erwirtschafteten Erträge sind steuerfrei, wenn der Wohnsitz außerhalb Luxemburgs liegt.
- Anonyme Bankkonten gibt es jedoch nicht mehr, da bei einer Konteneröffnung immer Legitimationsprüfungen erfolgen. Bei Geldtransfers von über 30.000 DM wird die Identität überprüft. Außerdem verlangen einige Luxemburger Banken eine Mindesteinlage von 10.000 DM.
- Weil Luxemburg ansonsten – wie Deutschland – ein Hochsteuerland ist, lohnt sich eine Wohnsitznahme nur unter steuerlichen Gesichtspunkten nicht.
- Nur für Holdinggesellschaften ist Luxemburg eine Steueroase, da diese lediglich eine Abonnementgebühr von 0,2 Prozent zahlen, jedoch keine Körperschaftsteuer und Quellensteuer.

Ein Konto in Luxemburg kann auch per Post eröffnet werden. Dazu ist der Personalausweis in Kopie beizufügen. Und die Einzahlung auf das ausländische Konto könnte von einer deutschen Bank erfolgen. Das aber macht die ausländische Bankverbindung völlig transparent. Oft werden die Konten deshalb, was wegen der Nähe zu Deutschland leicht möglich ist, persönlich betreut und in bar bedient oder geräumt.

Monaco

Mindestaufenthalt

Nur dann, wenn eine Mindestaufenthaltsdauer von 183 Tagen im Jahr nachgewiesen werden kann, lässt sich von der völligen Steuerbefreiung im Fürstentum am Mittelmeer profitieren. Genau dieser Umstand aber ist schon zahlreichen Steuerflüchtlingen zum Verhängnis geworden, denn der geforderte Mindestaufenthalt wird von den monegassischen Behörden streng überprüft.

Auf diese Weise will der Staat verhindern, dass eine bloße Wohnsitznahme erfolgt, das Geld jedoch im Ausland verlebt wird und nicht in Monaco bleibt. Grund: Dies würde zu erheblichen Einbußen bei den Mehrwertsteuereinnahmen (20 Prozent) führen, aus denen der Zwergstaat seinen Haushalt überwiegend finanziert. Hinzu kommen noch z. B. Spielbankabgaben, Verkaufsteuer auf Edelmetalle (sechs Prozent) und Körperschaftsteuer zwischen 35 und 40 Prozent.

- Das Bankgeheimnis ist strafrechtlich geschützt. Bei Verletzung kann eine Freiheitsstrafe bis zu sechs Monaten verhängt werden.
- Ein Doppelbesteuerungsabkommen besteht nur mit Frankreich, es erfolgen keine Auslieferungen bei Fiskaldelikten.
- Es gibt keine direkten Ertragsteuern wie Einkommensteuer, Vermögen- oder Erbschaftsteuern.
- Erhoben werden jedoch kommunale Abgaben (z. B. Grundsteuer).

Bei Kontoeröffnungen muss sich der Anleger legitimieren und die saubere Geldherkunft nachweisen können. Überweisungen aus der Schweiz oder Luxemburg werden allerdings akzeptiert, so können z. B. leicht Liechtensteiner Stiftungen (siehe Seite 237) ihre Konten in Monaco führen. Diese Umwege sind auch für Steuerfahnder schwer zu erkennen. Und über diesen Umweg ist Monaco dann auch eine insgesamt wasserdichte Steueroase. Völlig unmöglich ist aber die Wohnsitznahme für Normalverdiener, die nicht zweistellige Millionenbeträge verdienen und einen prominenten Namen tragen. Denn die Ansiedelung kann nur nach Rücksprache mit dem monegassischen Fürstenhaus erfolgen.

Kaum Wohnsitznahme

Österreich mit Jungholz und Kleinwalsertal

Wegen ihres gesetzlich geschützten Bankgeheimnisses (Verletzung hat strafrechtliche Konsequenzen) und anonymer Anlagemöglichkeiten bietet die Alpenrepublik zahlreiche Anreize für heimliche Kapitalanleger – obwohl sie kein Niedrigsteuerland ist. Außerdem gelten alle steuerlichen Regelungen auch für die österreichischen Zollanschlussgebiete Jungholz und Kleinwalsertal, die von Bayern aus erreichbar sind – ohne Grenzkontrollen.

Anfragen deutscher Finanzbehörden werden aus Österreich nicht beantwortet. Allerdings werden bei einem in Deutschland anhängigen Strafverfahren wegen Steuerhinterziehung Bankendurchsuchungen in Österreich möglich, sobald es in dem Verfahren um einen Betrag ab 140.000 DM geht.

Mit Deutschland bestehen Doppelbesteuerungs- und Rechtshilfeabkommen, hier ist sogar direkte Kommunikation zwischen den Finanzämtern möglich. Allerdings werden Auskünfte nur nach richterlichen Beschlüssen erteilt.

Das anonyme Sparbuch (Nummernkonto) für deutsche Kapitalanleger gibt es zwar schon seit einiger Zeit nicht mehr. Aber wer seinen Wohnsitz nach Österreich verlegt, kann anonyme Wertpapierdepots führen. Und wer länger als drei Monate in Österreich lebt, gilt bereits als Ansässiger bzw. als Deviseninländer. Bei Ein- und Auszahlungen müssen Sie sich nur mit dem Sparbuch ausweisen und das Codewort kennen. Derjenige, der das Sparbuch bzw. die Depotunterlagen besitzt, kann auch über das Depot verfügen, es wird in Todesfällen kein Erbschein verlangt, die Erben können über das Depot verfügen, wenn sie die Unterlagen im Besitz haben.

Anonyme Wertpapierdepots ab dreimonatigem Aufenthalt

- Für Steuerinländer gibt es eine Kapitalertragsteuer auf Zinsen (Abgeltungsteuer) von 25 Prozent.
  Wird aber eine Nichtwohnsitzerklärung abgegeben, entfällt die Steuer ganz.
- Kapitalerträge werden ansonsten nicht weiter mit Einkommensteuer belastet, auf die Erhebung von Vermögensteuer und Erbschaftsteuer in Zusammenhang mit Kapitalerträgen wird ebenfalls verzichtet.

Schweiz

Trotz des gesetzlichen Schutzes ist das Bankgeheimnis in der Schweiz nicht mehr zuverlässig. Banken oder Behörden erteilen deutschen Steuerfahndern schon dann Auskünfte, wenn der begründete Verdacht vorliegt, dass ein Deutscher dem Finanzamt Steuern vorenthalten hat. Dabei ist es egal, ob es sich um leichtfertige Steuerverkürzung oder um Steuerhinterziehung handelt. Hier genügt als schriftlicher Nachweis für den Verdacht jedes Schriftstück, das falsche steuerliche Angaben des Steuerpflichtigen ausweist.

Im Fall eines Steuerstrafverfahrens können Auskünfte durch Banken an deutsche Steuerbehörden erfolgen. Nur kleinere, für die Schweizer normale Abgabe-Betrügereien werden nicht bestraft, und in solchen »Bagatellfällen« werden auch deutschen Steuerbehörden Auskünfte verweigert. Für Anleger ist jedoch nicht erkennbar, wo hier die Grenze liegt.

Identitätsprüfung bei Nummernkonten

Auch Nummernkonten in der Schweiz sind nicht mehr uneingeschränkt sicher, da den Bankangestellten die Identität der Kontoinhaber bekannt ist. Denn bei Nummernkonten erfolgen mittlerweile Identitätsprüfungen, um Geldwäschegeschäfte zu verhindern.

Zwischen der Schweiz und Deutschland gibt es ein Doppelbesteuerungsabkommen, wodurch eine Herabsetzung der Schweizer Quellensteuer auf fünf Prozent für Nichtansässige möglich ist (durch Antrag beim Bundesamt für Finanzen in Bonn auf Erstattung in der Schweiz gezahlter Quellensteuer). Falls der Wohnsitz in die Schweiz verlegt wird, können aber erst nach fünf Jahren die Steuervorteile aus dem Doppelbesteuerungsabkommen in Anspruch genommen werden. Allerdings ist die Wohnsitznahme fast unmöglich, wenn man nicht über 60 Jahre alt ist und in der Schweiz künftig Steuern zahlen will. Möglich ist jedoch ein Aufenthaltsrecht von drei Monaten bis zu sechs Monaten (mit Familie), ohne dass eine Steuerpflicht entsteht.

Wird nicht mehr als echte Steueroase gesehen

Insgesamt ist wegen der unsicheren Handhabe des Bankgeheimnisses und des Wegfalls der Nummernkonto-Regelungen mit völliger Anonymität die Schweiz nicht mehr als echte Steueroase zu sehen. Hinzu kommt, dass Geldanlagen in Schweizer Franken wegen schwer kalkulierbarer Einflüsse durch den Euro von Wechselkursverlusten bedroht sein können. Auch die Gründung einer Steuerspar-Gesellschaft in der Schweiz kann nur eingeschränkt empfohlen werden, da sowohl Gründung als auch Unterhalt teuer sind.

Fluchtpunkte ausserhalb Europas

Auch außerhalb Europas bieten sich dem Kapitalanleger viele Möglichkeiten, die im Folgenden näher beleuchtet werden sollen.

Bahamas

Der Inselstaat vor der südöstlichen Küste der USA ist leicht von Florida aus zu erreichen und (ebenso wie die Bermudas) sehr beliebt für Geldwäschegeschäfte. Denn das Bankgeheimnis auf den Bahamas ist gesetzlich geschützt. Die Zentralbank versucht jedoch selbst, die zahlreichen Geldwäschegeschäfte zu kontrollieren. Insbesondere sind die Banken bei allen größeren Bargeldeinlagen und Devisengeschäften auskunftspflichtig. Wegen Fiskaldelikten erfolgt generell keine Auslieferung. Auskünfte über Bankkonten können nur gerichtlich erwirkt werden. Lediglich zwischen den Bahamas und Kanada, Großbritannien sowie den USA besteht ein Abkommen, wonach das Bankgeheimnis bei Strafdelikten aufzuheben ist.

Gelten nur als bedingt empfehlenswert

- Die Bahamas verzichten auf die Besteuerung von Einkünften, Erträgen und Gewinnen.
- Erhoben werden lediglich Zölle, Stempel- und Grundsteuern.
- Zinsen und Dividenden von den Bahamas sind quellensteuerfrei.
- Ein Doppelbesteuerungsabkommen mit Deutschland existiert nicht.
- Firmen können unproblematisch gegründet werden.

Trotzdem aber sind die Bahamas als Steueroasenland nur sehr bedingt empfehlenswert, weil aufgrund der politischen

Instabilität und latent die Gefahr schneller Gesetzesänderungen besteht, in deren Rahmen Verschlechterungen für ausländische Anleger zu befürchten wären. Andererseits schätzen viele Anleger die Nähe zum Urlaubsland Florida.

Bermudas

Auf der Inselgruppe im westlichen Nordatlantik herrscht noch eine strenge britische Oberaufsicht. Hierdurch ist gesichert, dass nur ein geringeres politisches Risiko besteht. Das Bankgeheimnis ist festgeschrieben, jedoch nicht gesetzlich geschützt. Auslieferungen wegen Fiskaldelikten sind nicht bekannt. Allerdings ist eine Wohnsitznahme wegen der restriktiven Einwanderungsbedingungen sehr schwer. Und Firmengründungen sind wegen hoher Gründungskosten nicht empfehlenswert. Insgesamt sind die Bermudas aber auch noch angesichts der weiten Entfernung zu Deutschland und wegen der geringen Bankenauswahl kein besonders empfehlenswerter Fluchtpunkt.

Weite Entfernung

- Die Bermudas erheben keine Einkommen-, Körperschaft-, Gewinn-, Quellensteuer oder Steuern auf Veräußerungsgewinne.
- Lediglich durch die Erhebung von Zöllen, Erbschaftsteuern, Lizenzgebühren und Grundsteuern wird der Staatshaushalt finanziert.
- DBA besteht nur mit den USA.

Cayman Islands

Auf der Inselgruppe im karibischen Meer südlich von Kuba, die noch eine britische Kronkolonie ist, wird das Bankgeheimnis strikt eingehalten. Es erfolgen keine Auslieferungen wegen Steuerdelikten. Neben den Banken sind auch Versicherungs- und Immobilienmakler sowie Handelsvertreter dort zur besonderen beruflichen Verschwiegenheit verpflichtet. Dies ist ein Grund dafür, dass Geldwäschegeschäfte auf der Inselgruppe an der Tagesordnung sind und sich die Kronkolonie zu einem Eldorado für Kriminelle aus der ganzen Welt entwickelt hat.

- Ertragsteuern sind hier völlig unbekannt.
- Erhoben werden allerdings eine Fahrradsteuer und eine geringe Kopfsteuer für männliche Einwohner.
- Mit Deutschland besteht kein Doppelbesteuerungsabkommen.
- Firmengründungen können schnell, preiswert und problemlos vorgenommen werden.

Die politische Stabilität und die urlaubsfreundliche Lage sowie die fiskalischen Rahmenbedingungen sprechen trotz der großen Entfernung zu Deutschland zwar für die Cayman Islands. Ein großes Risiko besteht aber darin, dass wegen der dubiosen Geschäftspraktiken der dort aktiven Banken die Gefahr besteht, dass ein Anleger sein Geld eventuell auf einen Schlag verliert.

Dubiose Geschäftspraktiken

Curaçao

Diese Insel gehört zu den niederländischen Antillen in der Karibik, die als wichtigste karibische Steueroase gelten. Die niederländischen Antillen (NLA) bestehen aus fünf Inseln (Bonaire, Curaçao, St. Maarten, St. Eustatius, Saba). Es besteht ein Doppelbesteuerungsabkommen mit dem Mutterland Niederlande, was interessante steuerliche Konstruktionen zwischen dem Niedrigsteuerland NLA und dem Hochsteuerland Niederlande ermöglicht. Dies auch, wenn ein Bundesbürger seinen Wohnsitz offiziell in die Niederlande verlegt.

- Dividenden nicht ansässiger Kapitalanleger sind steuerfrei, es wird bei Zinsen, Dividenden, Lizenzgebühren auf die Erhebung einer Quellensteuer verzichtet.
- Für Bürger der NLA allerdings gilt ein progressiver Einkommensteuertarif zwischen 10 und 56 Prozent.
- Für Personen- und Kapitalgesellschaften beträgt die Gewinnsteuer einschließlich lokaler Zuschläge zwischen 36,8 und 44,85 Prozent.
- Für Holdinggesellschaften liegt die Steuerbelastung zwischen 2,4 bis 3 Prozent, Veräußerungsgewinne bleiben steuerfrei.

- Falls eine niederländische Gesellschaft auf den NLA Gewinne ausschüttet, beträgt die niederländische Quellensteuer bei einer Beteiligung unter 25 Prozent nur 15 Prozent, Dividenden werden auf den NLA mit 2,4 bis 3 Prozent besteuert.
- Bei den Einkünften einer NLA-Holding darf ein fiktiver Betriebsausgabenabzug von zwei Drittel der Erträge vorgenommen werden, was den effektiven Steuersatz auf 0,8 bis 1 Prozent reduziert.
- Bei einer Schachtelbeteiligung reduziert sich die holländische Quellensteuer auf 5 Prozent, wobei auf den Antillen eine Quellensteuer von 5,5 Prozent hinzukommt.
- Der Steuersatz kann durch besondere steuerliche Verträge (Rulings) sogar noch weiter bis auf effektiv 1,1 Prozent gesenkt werden.

Gelten als attraktiv

Sportler und Fernsehstars aus Deutschland haben die steuerlichen Effekte durch Vorschaltung einer Gesellschaft auf den NLA in der Vergangenheit gern genutzt. Durch das Doppelbesteuerungsabkommen zwischen Deutschland und den Niederlanden und der damit verbundenen Quellensteuerbefreiung sowie äußerst günstige betriebliche Steuern erscheinen die NLA als Steueroase äußerst attraktiv. Allerdings sollten Sie dann bessere Berater haben als z. B. eine wegen dieses steuerlichen Engagements ins Gerede gekommene Showmasterin, deren vorgeschaltete Firma auf den NLA von der Finanzverwaltung als Briefkastengesellschaft eingestuft wurde. Wenn dies der Fall ist, verärgern Sie den deutschen Fiskus, der die Steuerkonstruktion dann als Gestaltungsmissbrauch (nach § 42 AO) bewertet und eine Schätzung der Besteuerungsgrundlagen für Deutschland vornimmt.

Für eine Wohnsitznahme sind die Antillen ungeeignet, da für ansässige natürliche Personen die genannten hohen Steuersätze gelten.

Für wohlhabende Pensionäre jedoch kann sich die Wohnsitzverlegung lohnen, wenn sie auf den Antillen nicht arbeiten, ohne Unterbrechung fünf Jahre in einem dort erworbenen Haus wohnen und eine Arbeitskraft beschäftigen. Dann können Sie zwischen einem progressiven Einkommensteuersatz und einem fünfprozentigen Steuersatz wählen.

Übrige Karibikinseln

Als besonders heiße Tipps werden gelegentlich Geldanlagen und Unternehmensaktivitäten auch auf anderen karibischen Insel gehandelt, z. B. für:
Anguilla, Antigua, Barbuda, Barbados, Redonda, Jamaica, Montserrat, St. Kitts-Nevis, St. Lucia, St. Vincent, Trinidad, Tobago.
Allen ist allerdings gemeinsam, dass die wirtschaftlichen und politischen Verhältnisse als sehr instabil einzuschätzen sind und Korruption an der Tagesordnung ist. Und obwohl die Steuerbelastung für natürliche sowie juristische Personen sehr niedrig liegt, schnell und problemlos Firmengründungen vorzunehmen sind und Fiskaldelikte quasi unkontrolliert begangen werden können, muss aus Sicherheitsgründen von allen genannten Inseln als Steueroasenländer abgeraten werden. Oft verbirgt sich schon hinter dem Angebot einer Anlage die Vorbereitung zum Betrug. Es wird der totale Verlust des Einsatzes riskiert, zumal die Verfolgung von Straftaten durch hohe Korruption zum Teil praktisch unmöglich ist.

Politisch instabil

Panama

Der mittelamerikanische Staat ist zwar ein steuerliches Paradies und besitzt ein strenges Bankgeheimnis. Es bestehen keine Doppelbesteuerungsabkommen, wegen Fiskaldelikten wird nicht ausgeliefert. Wegen der politischen und wirtschaftlichen Unsicherheit auch durch die Aufgabe der amerikanischen Kanalzone sowie der hohen Wirtschaftskriminalität ist die Insel jedoch als Investitionsland (Kapitalvermögen und Immobilien) für Steuersparer nicht empfehlenswert.

Gilt nicht als empfehlenswert

- In Panama ansässige Personen und Firmen zahlen keine Steuern für ausländische Einkünfte.
- Einkommen- und Körperschaftsteuern werden in Panama nur für natürliche und juristische Personen erhoben, die Einkommen aus Panama beziehen.

- Für Einkommen aus Panama werden progressive Gewinnsteuern von 130, für persönliches Einkommen bis 3.250 Panama-Dollar gezahlt. Ab einem Einkommen über 200.000 Panama-Dollar beträgt der Steuersatz 30 Prozent.
- Für Unternehmen liegt der Körperschaftsteuersatz zwischen 30 und 34 Prozent.

Schnelle Firmengründungen

- Firmengründungen können schnell und anonym und in Form einer mit der deutschen Aktiengesellschaft vergleichbaren SA erfolgen.

Denken Sie immer an das Beispiel von Al Capone

Wie entsteht Schwarzgeld, wie verraten sich die Eigentümer von heimlichen Vermögen selbst, welche Gefahren drohen von anderen, wie arbeitet das Finanzamt, und was erfährt es, ohne dass der Steuerpflichtige vorher die Bombe ticken hört – all das wollte Ihnen dieses Buch vermitteln. Und manch einer könnte den Eindruck gewinnen, dass sich Risiko und Ertrag die Waage halten, wenn man es denn nur clever anstellt. Das mag wohl stimmen.

Es gibt, das wird auch von der Finanzverwaltung nicht bestritten, eine Vielzahl von Steuerpflichtigen, bei denen Sachbearbeiter und Prüfer seit Jahren und Jahrzehnten Vermutungen hegen – aber konkrete Verdachtsmomente sich nicht herausarbeiten und beweisen lassen. Ist das der Beweis dafür, dass sich der Betrug bei den Steuern letztlich doch auszahlt? Oder ist es nur ein Beleg dafür, dass die Schlinge lange genug baumeln muss, ehe sich jemand darin verfängt?

In Sicherheit kann sich niemand wähnen

Wir möchten Ihnen anstelle einer Antwort das Beispiel des legendären Mafiabosses Al Capone nennen, der im Chicago der 20er und 30er Jahre weite Teile des wegen der Prohibition verbotenen Schwarzhandels mit Alkohol, des Glücksspiels, der Prostitution und des Schutzgeldunwesens kontrollierte und auf dessen Konto nach Vermutungen der damaligen Ermittler mehr als 100 Auftragsmorde gingen. Nach Vermutungen wohlgemerkt, denn trotz zahlreicher Mitwisser gab es nie Beweise. Dass Capone schließlich doch zu elf Jahren Gefängnis verurteilt wurde, beruhte einzig und allein auf seinen Steuervergehen. Denn niemand konnte ihm Morde oder andere Gewalttaten nachweisen. Nur die Steuerbehörden konnten leicht vorrechnen, dass er von seinen offen deklarierten Einnahmen nie hätte leben können. Und sie brachten ihn schließlich hinter Schloss und Riegel.

Dieses Beispiel zeigt vor allem eines: Es mag leicht sein, Zeugen einzuschüchtern oder Spuren zu verwischen – aber es ist kaum möglich, Rechnungen aufzumachen, nach denen eins und eins nicht zwei ergibt. Und letztlich sind es diese simplen Rechnungen, mit denen es auch heute noch der Finanzverwaltung gelingt, ihre »Kunden« dingfest zu machen.

Clevere Steuergestaltung statt riskanter Hinterziehung

Einmal abgesehen davon, dass jegliche Anleitung zur Anhäufung von Schwarzgeld oder zum Betrug der Steuerbehörden strafrechtliche Tatbestände tangieren kann, bleibt auch bei den noch so cleveren Tricks der Hinterzieher immer ein nicht unerhebliches Restrisiko. Und jeder, der Schwarzgeld besitzt, unterliegt dem permanenten Zwang und Stress, sein Vermögen unentdeckt zu behalten und/oder auszugeben, eventuell sogar zu vermehren!

Ein Restrisiko bleibt immer

Wer sein geheimes, schwarzes Geld nicht durch eine Selbstanzeige legalisieren möchte, muss praktisch ständig in der Angst leben, beim Finanzamt doch aufzufallen und damit viel Geld zu verlieren. Es ist nun mal nicht möglich, Schwarzgeld so unbefangen auszugeben oder zu investieren wie versteuertes Geld.

Die Risiken bei Auslandsanlagen wurden im vergangenen Kapitel ausführlich erörtert. Falls jemand dennoch im Ausland ein Konto hat und das Geld in dem betreffenden Land nur für Konsumgüter ausgibt (Urlaub, Kleidung), ist die Entdeckungsgefahr zwar gering. Aber schon eine Überweisung, ein unvorsichtiges Wort zu viel gegenüber einer dritten Person kann alle früheren Bemühungen zunichte machen.

Nichts ist hundertprozentig sicher

Und vor manchen tollen Tricks, mit denen einige selbst ernannte Experten anderen Steuerzahlern für viel Geld hundertprozentig sichere Ratschläge versprechen, wie sich Schwarzgeld unentdeckt behalten und vermehren lässt, können wir nur warnen. Denn meistens klingen die nur für den Laien toll – entlocken erfahrenen Steuerfahndern aber nur ein müdes Lächeln.

Wem der ruhige Schlaf wichtig ist, dem bleibt eigentlich nur eine Alternative zum Schwarzgeld: Steuerhinterziehung ist zwar strafbar, die Vermeidung von Steuern durch eine geschickte Gestaltung der steuerlichen Situation aber ist völlig legal. Nur hätte es den Raum gesprengt, auch noch Gestaltungshinweise in das vorliegende Buch aufzunehmen. Die aber finden Sie in den anderen Steuerratgebern des Verlages.

Wenn Schwarzgeld gewaschen werden soll

Ist allerdings doch Schwarzgeld vorhanden, so gibt es nur eine völlig unbedenkliche Möglichkeit, dieses wieder zu waschen. Und das ist die Verwendung von Schwarzgeld ausschließlich für den privaten Konsum. Das bedeutet, dass sowohl die üblichen Lebenshaltungskosten als auch Luxusgüter für den privaten Gebrauch in gewissem Rahmen mit Schwarzgeldern bar bezahlt werden.

Auch der rein private Konsum birgt Gefahren

Aber auch da lauert eine Tücke. Denn bei vielen Luxusgütern, z. B. Jachten oder Feriendomizilen, besteht die große Gefahr, von findigen Steuerfahndern entdeckt zu werden, die dann die Mittelherkunft für die bis 31. Dezember 1996 vermögensteuerpflichtigen Güter erklärt haben wollen. Lediglich alle nicht so offensichtlichen Luxusgüter wie z. B. Schmuck, Teppiche, teure Möbel, Antiquitäten und Kunstgegenstände bleiben auch dann ziemlich sicher unentdeckt, wenn sie mit Schwarzgeld erworben wurden.

Ein Aufpasser für jeden Wurstmaxen – es geht einfacher

Es ist sicherlich kein Zufall, dass es bei keiner anderen gesellschaftlichen Veranstaltung so viele so große Schmuckstücke zu sehen gibt wie bei den alljährlichen Bällen der ambulanten Händler, Marktbeschicker und Schausteller. Oder haben Sie auf dem Wochenmarkt oder an der Kirmeskasse schon mal eine Quittung bekommen oder unbar und auf Rechnung zahlen können?

Natürlich hat es nichts mit Steuergerechtigkeit zu tun, wenn der Wurstmaxe zwei Drittel seines Umsatzes schwarz macht, während in jedem stationären Gewerbe die Kontrollmechanismen des Fiskus immer ausgefeilter greifen. Aber das heißt nicht, dass man jedem Wurstmaxen einen Kontrolleur neben die Geldkiste stellen muss, um für mehr Steuergerechtigkeit zu sorgen. Die lässt sich viel einfacher herstellen.

Zukunftsperspektiven

Dazu aber gehören mutige Schritte zur Vereinfachung des Steuerrechts und zu deutlichen Steuersenkungen, die unbedingt im zweistelligen Bereich liegen müssen. Nur politische Entscheidungen dieser Art können eine Lösung sein. Denn dann macht es keinen Sinn mehr für den Steuerpflichtigen, sich großartige Gedanken um sein Schwarzgeld zu machen, dann stünden nervlicher und zeitlicher Aufwand und Ertrag aller Schwarzgeldgeschäfte in keinem Verhältnis mehr. Nur so lässt sich die Schwarzgeld-Problematik lösen.

Aber gerade solche Lösungen sind nicht in Sicht. Also wird uns die Schwarzgeld-Thematik weiter verfolgen.

Abkürzungsverzeichnis

Abs.	Absatz
AFöG	Arbeitsförderungsgesetz
AO	Abgabenordnung
BFH	Bundesfinanzhof
BGH	Bundesgerichtshof
BpO	Betriebsprüfungsordnung
BStBl.	Bundessteuerblatt
BuStra	Bußgeld- und Strafsachenstelle des Finanzamts
DATEV	Datenverarbeitungsorganisation der steuerberatenden Berufe
DBA	Doppelbesteuerungsabkommen
EStG	Einkommensteuergesetz
GoB	Grundsätze ordnungsmäßiger Buchführung
GoS	Grundsätze ordnungsmäßiger Speicherbuchführung
GrEStG	Grunderwerbsteuergesetz
GwG	Geldwäschegesetz
HGB	Handelsgesetzbuch
i. S.	im Sinne
LStR	Lohnsteuerrichtlinien
StGB	Strafgesetzbuch
StPO	Strafprozessordnung
ZPO	Zivilprozessordnung

Haftung

Alle Angaben in diesem Buch wurden sorgfältig zusammengestellt und überprüft. Die Einschätzung rechtlicher Situationen und die daraus zu ziehenden Schlussfolgerungen sind aber immer von der genauen Lage und Kenntnis des Einzelfalls abhängig. Verlag, Herausgeber und Autor können deshalb keine Haftung übernehmen für Vermögensschäden oder rechtliche Nachteile.

Konzeption und Realisation: Livingston Media, Hamburg

Redaktion: Cornelia Osterbrauck
Projektleitung: Antje Eszerski
Redaktionsleitung: Dr. Reinhard Pietsch
Umschlag: Till Eiden
Produktion: H + G Lidl, München
DTP-Produktion: Fotosatz Völkl, Puchheim

Gedruckt in Italien

ISBN 3-517-07851-4

Register

Andorra 232
Anfangsverdacht 188
Anzeige 105 f.
Anzeigen, anonyme 187 f.
Arbeitgeber 34 ff.
Arbeitnehmer 21 ff.
Arbeitnehmerüberlassung 36
Arbeitsmittel 24 f.
Arbeitszimmer 29 f.
Aufbewahrungsfristen, steuerliche 10
Aufgaben der Buchführung 125 f.
Ausgabenvergleich 156 f.
Aushilfen 30 ff.
Auslandsanlage 17
Auslandsfirmen 220 ff.
Auslandsimmobilie 89 ff.
Auslandskonten 52 f., 211 f.
Auslandsüberweisungen 11
Auslandsvermietungen 90
Auslandsvermögen 215 ff., 226 ff.
Ausreden 177 ff.
Außenprüfung 92 f., 141 ff.

Bahamas 243 f.
Bankenfahndungen 10 ff.
Bankgeheimnis in Deutschland 63 ff.
Bankmitarbeiter 13
Bankunterlagen 11
Bargeldtransporte, riskante 61 f.
Bau einer Immobilie 81 f.
Belege, gefälschte 24
Bermudas 244
Berufe, freie 96, 139
Betriebsprüfung 106 ff.
Betriebsvergleich, externer 94 f.
Betriebsvergleich, interner 94
Bewirtungsaufwendungen 26 f.
Bücher 25 f.
Bundesfinanzminister 6
Bußgeld 207 f.

Campione 232 f.
Cayman Islands 244 f.
CpD-Konten 12
Curaçao 245 ff.

Datenaustausch 152
Denunzianten 55 ff.
Dienstleistungsunternehmen 140
Doppelbesteuerungsabkommen 223 ff.
Durchsuchungen 202
Durchsuchungen bei Banken 193 ff.
Durchsuchungsbeschlüsse 197 ff.

Einkommensteuer 10
Einkommensteuererklärung 23
Einzelprüfungen, punktuelle 111
Erbschaft 40 ff., 52
Ermittlungsabschluss 206 ff.
Euro 67 f.

Fallauswahl 110
Fehler des Steuerzahlers 121 ff.
Festnahme 202
Flucht ins Ausland 212 ff.
Formen der Außenprüfung 145 f.
Freiheitsstrafe 210
Freistellungsaufträge 66

Geldverkehrsrechnung 95
Geldwäschegesetz 58 ff.
Gesamtvermögensvergleich 153, 157 f.
Geschenke an Geschäftsfreunde 28 f.
Gewerbe, produzierendes 141
Gibraltar 233 f.

Haftung des Steuerberaters 175 f.
Handelsunternehmen 140
Hausdurchsuchungen bei Kreditinstituten 166
Hinterziehung 161 f.

Identifizierungspflicht 60
Immobilie 86 ff.
Immobilienbesitzer 73 ff.
Immobilienkauf 88 f.
Instandhaltungsarbeiten 80 f.
Isle of Man 234 f.

Jungholz 240 f.

Kanalinseln 234 f.
Kanarische Inseln 235 f.
Kapitaleinkünfte 65 f.

Kapitaleinkünfte, ausländische 68 f.
Karibikinseln 247 f.
Kassenfehlbeträge 96
Kauf einer Immobilie 81 f.
Kleinwalsertal 240 f.
Konkordanzliste 11
Kontrollmitteilungen 13 ff., 44, 111 ff.

Liechtenstein 236 ff.
Lohnsteuerhinterziehung 34 ff.
Lohnsteuerkarte 22 f.
Lohnsteuerprüfung 39
Luxemburg 238 f.

Mehrverdiener 141
Mitteilungspflicht der Gerichte 82 ff.
Mitteilungspflicht der Notare 82 ff.
Mitwirkungspflicht des Steuerzahlers 146 ff.
Monaco 239 f.

Neider 55

Österreich 240 f.

Plausibilitätsprüfung 37 f.
Privatsphäre 151

Quellensteuer 10

Rache-Anzeigen 50
Rechte des Betriebsprüfers 149 f.
Rechtsmittel bei Durchsuchungen 197 f., 205 f.
Renteneinkünfte, nichtversteuerte 71 ff.
Richtsätze der Betriebsprüfer 98 ff.
Richtsatzverprobung 96

Safe 43
Sammelauskunftsersuchen 17
Schattenwirtschaft 6
Scheinarbeitsverhältnisse 35
Schenkung 40 ff., 51 f.
Schließfach 43
Schlussbesprechung 151 f.
Schuldzinsen 79
Schwarzgeld anlegen 69 ff.
Schwarzgeld, vererbtes 45 f.
Schwarzgeldbildung 7
Schweiz 241 ff.
Selbstanzeige 12 f., 18 f., 165 ff.
Selbstanzeige, mündliche 174
Selbstanzeige, schriftliche 172 f.
Selbstständige 91, 104, 106
Spekulationsgewinn bei Immobilien 81 f.
Spekulationsgewinne bei Wertpapieren 67
Sperrwirkung 166 ff.
Steuerberater 159
Steuererklärungen berichtigen 163 f.
Steuerfahnder 11
Steuerfahndung 138, 158, 184 ff.
Steuerfahndungsprüfung bei Banken 12
Steuergestaltung, clevere 250 f.
Steuerhinterziehung 7, 110
Steuermoral 8 f.
Steuern, hinterzogene 17
Steueroasen 9, 211 ff.
Steuerrazzia 184
Steuerstrafverfahren 192 f.
Steuerverkürzung 160 f., 207
Steuerverkürzung, leichtfertige 170 f.
Strafbefreiung 163 ff.
Strafhöhe 209
Strafklageverbrauch 176 f.
Strafprozess 206 ff.
Strafverfahren, laufendes 169 f.
Strafzinsen 17

Tafelpapiere 47

Unregelmäßigkeiten in der Buchführung 137 f.
Unternehmer 91 ff., 124 ff.

Veranlagungsstelle 189
Verjährung 210
Vermieter 73 ff.
Vermietung an Angehörige 75 f.
Vermietungseinkünfte 74
Vermögenszuwachsrechnung 153 ff.
Verprobungsmethoden 95 ff.
Versicherungsunternehmen 61
Vorsteuerverprobung 95

Werbungskosten 21 ff., 76 ff.
Wertpapiere 49 f.

Zeiträume für Betriebsüberprüfungen 109
Zeitschriften 25 f.
Zufälle 119 ff.
Zufallsprinzip 138 f.